아동
문학교육

Children's Literature
Education

| 성미영 · 민미희 · 정현심 · 김효영 공저 |

학지사

흥미롭고 상상력 가득한 아동문학 작품은 아이들을 새로운 세상으로 안내하고, 다양한 경험을 하도록 함으로써 삶을 풍요롭게 만든다. 아이들은 책 속에서 삶의 지혜와 위안을 얻기도 하고, 즐겁게 지식을 습득하며 세상에 대한 호기심을 해결해 나간다. 다양한 기능과 가치가 있는 아동문학 작품은 영유아나 학령기 아이들의 교육현장에서도 그 중요성이 점점 높아지고 있다. 교사들은 책을 통하여 문학활동을 할 뿐만 아니라 문학활동 이외에도 자연탐구, 예술표현 영역의 활동 등 다방면에 책을 활용함으로써 아이들의 흥미를 돋울 수 있다. 이를 위해서는 아동문학과 작품에 대한 기본적인 이해와 관심이 무엇보다 중요하다. 이 책에서는 아동문학에 대한 이론적 · 역사적 고찰에서 출발하여 아동문학의 장르별 특성과 추천도서들을 다양하게 소개하고 있다. 또한 실제 교육현장에서 활용할 수 있는 아동문학활동과 평가방법을 풍부하게 제공한다.

이 책은 제1부 아동문학의 이론적 접근, 제2부 아동문학의 장르별 이해, 제3부 아동문학의 교육적 활용으로 구성되어 있다. 먼저, 제1부 아동문학의 이론적 접근에서는 아동문학의 개념 및 교육적 가치와 아동문학 관련 이론들을 소개하고, 우리나라와 세계 아동문학의 역사, 연령별 발달

특성과 아동의 기본적 욕구를 고려한 아동문학의 내용과 역할에 대해 알아본다. 또한 제3차 어린이집 표준보육과정과 3~5세 연령별 누리과정에서의 아동문학의 연계에 대해 살펴본다. 다음으로 제2부 아동문학의 장르별 이해에서는 전래동화와 생활동화, 환상동화와 정보동화 그리고 동시의 개념, 특성, 유형 및 각 장르별 교육적 기능과 현장에서의 활용방법에 대해 소개하였다. 마지막으로 제3부 아동문학의 교육적 활용에서는 이야기 들려주기와 책 읽어 주기를 중심으로 아동문학을 교육현장에서 어떻게 활용할 수 있는지를 살펴보고, 아동문학활동 지도를 위한 교사의 역할과 환경구성, 매체활용법, 아동문학활동의 실행과 평가방법을 제공함으로써 교육현장에 실질적인 도움을 주고자 하였다.

장별 내용 구성을 구체적으로 살펴보면, 제1부는 제1장 아동문학의 개념 및 이론, 제2장 아동문학의 역사, 제3장 아동문학과 아동발달, 제4장 아동문학과 표준보육과정(누리과정)으로 구성되었고, 제2부는 제5장 전래동화, 제6장 생활동화, 제7장 환상동화, 제8장 정보동화, 제9장 동시로 이루어졌다. 제3부는 제10장 아동문학활동의 계획, 제11장 아동문학활동의 지도, 제12장 아동문학활동의 실행 및 평가로 이루어졌다.

이 책이 아동문학을 공부하는 학부생과 예비교사, 현장에서 아동문학을 가르치는 교사, 아동문학에 관심이 있는 모든 분께 친절한 안내서가 되기를 바란다. 마지막으로 이 책이 나오기까지 많은 조언과 도움을 주신 학지사 김진환 사장님과 편집부 여러분께 감사의 마음을 전한다.

2016년
저자 일동

차 례

P·A·R·T **2**
아동문학의 장르별 이해

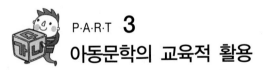

P·A·R·T **3**
아동문학의 교육적 활용

1 P·A·R·T

아동문학의 이론적 접근

Chapter

01

아동문학의 개념 및 이론

아동문학은 아동을 대상으로 하는 문학이다. 아동은 다양한 문학작품을 통해 감성과 정서를 발달시키고, 자신과 타인을 이해하며, 지식과 정보를 획득하고, 삶의 깨달음을 얻을 수 있다. 이러한 경험은 아동의 삶에 중요한 영향을 미치게 된다. 이 장에서는 아동문학의 개념과 교육적 가치와 함께 그림책의 개념과 유형에 대해 알아보고, 아동문학에 대한 이론적 접근방법에 대해 살펴보고자 한다.

1. 아동문학의 개념 및 교육적 가치

1) 아동문학의 개념

아동문학의 개념은 여러 학자에 의해 다양하게 정의되어 왔다. 아동문학에 대한 학자들의 정의를 살펴보면, 아동문학의 가치를 강조하면서 정의를 내리는 경우와 아동문학의 대상을 강조하면서 정의를 내리는 경우로 구분할 수 있다.

먼저, 아동문학의 교육적 가치와 심미적 가치를 강조하는 이재철(1983), 니콜라에바(Nikolajeva, 1998)의 정의는 다음과 같다. 이재철(1983)은 아동문학은 아동을 대상으로 하는 특수문학이므로 그 특수성에 따른 목적과 사명을 지니기 위해 예술성과 문학성을 상실하지 않는 범위 내에서 아동의 단계적 발달에 이바지할 수 있어야 한다고 보았다. 니콜라에바(Nikolajeva, 1998)는 아동문학은 탁월한 예술성과 문학성을 갖춤으로써 아동이 즐거움을 찾을 수 있어야 한다고 주장하였다.

아동문학의 대상을 강조한 경우로는, 이재철(2003), 석용원(1989), 박민수(1998)의 정의를 들 수 있다. 석용원(1989)은 아동문학이란 아동을 대상으로, 아동을 위하여 창작한 문학이며 유아기, 소년·소녀기에 있는 아동을 대상으로 씌인 것이라고 하였다. 이재철(2003)은 아동문학이란 아동이나 동심을 가진 아동다운 성인에게 읽히기 위하여 창작한 모든 저작으로, 문학의 본질에 바탕을 두면서 어린이를 위해 쓰고 어린이가 골라 읽어 온 혹은 골라 읽어 갈 특수문학으로 동시·동요·동화·아동소설·아동극 등의 장르를 통틀어 일컫는 명칭이라고 하였다. 박민수(1998)는 아동문학에는 반드시 아동을 위한다는 적극적 의도가 포함되어야 한다고 설명하고 있으나 독자층을 아동에게만 국한시키지는 않고 있다.

아동문학은 아동과 문학의 합성어로, 우선은 아동을 독자로 하는 문학이다(박화목, 1989). 또한 아동문학은 작가가 아동이나 동심의 고향으로 돌아가고 싶어 하는 어른들에게 읽힐 것을 목적으로 창조한 시, 동화, 소설, 희곡 등을 총칭한다. 다시 말해, 아동을 위주로 하여 이루어진 문학작품 또는 성인 작가가 아동을 깊이 의식하면서 동심을 바탕으로 창작한 모든 문학작품이다. 따라서 아동문학이란 아동과 동심을 가진 성인을 독자로 하는 문학으로 정의되기도 한다(공인숙, 김영주, 최나야, 한유진, 2013).

2) 아동문학의 교육적 가치

영유아는 태어나면서부터 자장가, 동요, 동시, 동화, 인형극, 만화, 영화 등을 접하며 문학적 경험을 하게 된다(강문희, 이혜상, 2008). 아동은 다양한 문학작품을 통해 지식이나 정보를 획득하고, 이러한 경험이 아동의 삶에 많은 영향을 미친다. 따라서 아동문학의 가치와 교육적 의의에 관심을 가져야 한다.

매터슨(Matterson, 1975)은 아동문학의 가치를 사고의 확장, 어휘의 확장, 언어적 기술의 확장, 지식의 확대, 즐거움 및 대화 기회와 육체적 휴식 등의 제공에 두고 있다. 야콥스(Jacobs, 1950: 이상금, 장영희, 2007에서 재인용)는 문학은 아동에게 즐거움을 주고, 주인공과 동일시하며 웃고 울면서 카타르시스를 경험하게 하고, 삶과 인간을 체험하고 이해하여 자신과 타인을 통찰하고 이를 자신의 생활에 반영할 수 있다는 점에서 문학교육의 가치를 강조하였다. 이외에 여러 학자가 제시한 아동문학의 가치에 대해 살펴보면 다음과 같다.

첫째, 문학작품은 즐거움을 준다. 아동은 이야기의 구성, 등장인물의 정서, 언어 자체의 리듬이라는 세 가지 측면에서 즐거움을 얻는다(강문희, 이혜상, 2008). 아동은 이러한 기쁨과 즐거움을 통해 정서적 만족감과 행복감을 느낄 수 있다. 예를 들어, 모리스 센닥의 『괴물들이 사는 나라』를 본 아이들은 주인공 맥스가 괴물들이 사는 나라에 간 것을 자신이 실제 괴물나라에 간 것처럼 흥분하고 즐거워한다. 항문기에 있는 아동의 경우 똥이나 방귀에 대한 내용에 흥미를 보이므로, 『누가 내 머리에 똥 쌌어?』와 같은 문학작품에서 재미를 얻을 수 있다. 그 과정에서 아이들은 자연스럽게 문학을 친숙한 것으로 느끼게 되며 책 읽는 습관 또한 형성할 수 있

다(노운서, 노명희, 김명화, 백미열, 2013).

둘째, 아동문학은 아동의 상상력을 풍부하게 한다. 문학의 환상과 마술적 요소는 아동이 상상의 세계에 흥미를 느끼고 몰입하게 함으로써 환상의 세계와 공상의 세계로 동화되는 상상력을 발달시키는데, 이러한 상상은 아이들을 즐겁게 한

다(노운서 외, 2013). 예를 들어, 버지니아 리 버튼의 『작은 집 이야기』를 보는 경우, 아이들은 자신이 작은 집이 되어 있는 듯한 상상을 하므로 책 속 이야기가 더욱 재미있고 생동감 있게 느껴지는 것이다. 이렇듯 동화의 환상적 내용은 아동의 상상력을 계발시키고 정서를 풍부하게 해 주므로 동화를 읽는 것은 아동에게 필수적이고 중요한 경험이다(김영주, 1998).

셋째, 아동의 문학적 경험은 언어발달에 도움을 준다. 특히 즐겁게 언어를 발달시킬 수 있다는 측면이 중요하다. 유아기 때 좋은 책을 통해 즐거운 경험을 많이 한 유아는 성공적으로 글자를 익힐 수 있다(Schickedanz, 1995). 특히 유아기 때 어머니의 동화구연을 듣거나 녹음테이프를 통한 문학적 경험을 하면 남의 이야기를 집중적으로 잘 들을 수 있는 듣기 능력도 기를 수 있다. 언어 영역에서 듣기 영역

은 말하기 능력만큼 중요한데, 이는 의사소
통의 가장 중요한 요소이기 때문이다(노운
서 외, 2013). 운문에서 나타나는 간결한 시
적 언어의 사용과 어휘의 반복적 사용, 산
문에서 표현되는 다양한 어휘와 의인법과
같은 수사법들을 통하여 아동은 언어 능력
을 신장시킬 수 있다(공인숙 외, 2013). 예를
들어, 마거릿 와이즈 브라운의 『난 자동차
가 참 좋아』는 아이들에게 친숙한 '참 좋

아'라는 문장을 반복적으로 제시하여 글을 즐겁게 읽을 수 있도록 하였다. 또한 아
동은 현실을 생생하게 묘사한 동화작품을 통하여 언어 능력을 향상시키며 사물에
대한 관점이나, 생각, 느낌을 풍부히 하고 논리적 사고력을 발달시킬 수도 있다.

넷째, 아동은 문학작품을 통해 도덕성을 발달시킬 수 있다. 콜버그(Kohlberg,
1964)의 전인습적 도덕단계에 있는 아동에게는 상과 벌이 도덕적 판단의 기준이
되기 때문에 이들이 읽는 문학작품에는 상벌의 기준이 명확하게 나타나야 한다.
아동문학의 주된 주제가 전래동화에서처럼 권선징악적인 것이 되어야 하는 까닭
이 여기에 있다. 따라서 이 시기의 문학작품으로는 가치판단을 요구하는 것보다

사회가 요구하는 도덕적 규범을 내포한 창작
동화가 선정되어야 한다. 인습적 단계에서 후
인습적 단계로 넘어가는 시기의 아동은 사회
적으로 인정되는 두 규범이 갈등을 일으킬 수
있다는 것을 인식하므로, 이들이 읽는 동화는
주인공의 갈등상태를 중심으로 하는 주제가
형상화되어야 한다. 아동은 작품 속에서 전개
되는 자아와 세계의 끝없는 대결을 통하여 도
덕적 가치를 판단하고 그것을 자기 인격에 수

용하게 되어 양심과 삶을 살아가는 지혜를 배울 수 있다. 예를 들면, 윌리엄 스타이그의 『치과 의사 드소토 선생님』의 경우 교활한 여우가 자기 이를 치료해 준 생쥐 의사를 잡아먹으려 하는 장면에서 유아들은 나쁜 여우라고 판단을 하며 도덕적 양심을 발달시킬 것이고, 생쥐 부부가 지혜로 교활한 여우를 이겨 내는 장면에서는 살아가는 지혜를 배울 수 있을 것이다(노운서 외, 2013).

다섯째, 아동은 문학작품을 통해 사회성을 발달시킬 수 있다. 아동은 문학작품을 통하여 다른 사람의 느낌과 의도에 관하여 예측해 보는 경험을 한다(Glazer, 1997). 즉, 다른 사람의 입장을 생각하고 느껴 보는 타인조망능력을 기를 수 있는 것이다. 아이들은 주인공을 동일시하고 그들에 공감하면서 다른 사람의 관점이나 역할 등을 배울 수 있고, 이를 통해 사회성을 발달시켜 나간다. 예를 들어, 『엄마의 의자』에서 주인공이 문제상황을 극복하는 과정을 통해 주인공이 겪는 어려움을 생각해 보고 이해하는 경험을 하게 된다. 또한 아동은 문학작품을 읽음으로써 사회 가치에 어울리게 행동하는 방법을 습득한다.

여섯째, 아동문학은 정확한 개념이나 지식 혹은 사고력을 형성하게 한다. 글레이저(Glazer, 1997)는 아동이 문학작품을 통하여 개념을 획득하고 정리하며 다양한 사고과정 속에서 지적 능력을 계발한다고 하였다. 예를 들어, 에릭 칼의 『배고픈 애벌레』를 통해 나비의 성장과정에 대한 지식을 획득할 수 있게 된다. 또한 아동은 문제해결을 요구하는 이야기 속에서 비판적으로 사고하는 능력을 기를 수 있

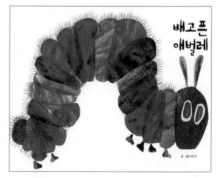

다. 아동에게 도덕적인 갈등을 내포한 이야기를 들려주어 아동으로 하여금 사고
력과 판단력을 기르게 해 줄 수 있다.

결론적으로 아동문학은 아동으로 하여금 즐거움과 기쁨을 느끼게 하고, 상상력
을 풍부하게 하며, 다른 사람이 경험하는 정서와 관점을 이해하고 느껴 봄으로써
정서 및 사회성 발달을 증진할 수 있게 한다. 또한 정확한 지식이나 사고력을 획
득하게 함으로써 언어, 인지 및 도덕성 발달을 가져온다.

2. 그림책의 개념 및 유형

1) 그림책의 개념

그림책은 글과 그림의 상호작용을 통해 독자에게 의미를 전달하는 책을 의미한
다(고문숙, 임영심, 김수향, 손혜숙, 2013). 그림책은 문학과 미술이라는 서로 다른
예술형식이 결합한 형태(Nodelman & Reimer, 2003)로, 글과 그림이 결합하여 이야
기를 엮어 가는 독특한 문학적 특성을 이루고 있다. 좋은 그림책이라는 하나의 텍
스트는 상호 내적 연관성을 갖는 글과 이미지라는 씨실과 날실로 잘 짜여진 옷감
과 같은 것이라 할 수 있다. 글과 그림은 마치 생명이 있는 유기체처럼 역동적으
로 살아 움직이며 때로는 유연하게, 때로는 복잡하고 다양하게 서로가 서로에게
영향을 미치며 의미를 생성하기도 하고 변환하기도 한다(고문숙 외, 2013).

그림책의 그림은 발달 특성상 글자만으로 이야기를 이해하기 어려운 유아들에
게 글을 이해하는 데 도움이 되는 자료로 이야기를 시각화한 것으로(노운서 외,
2013), 그림은 시각적 각성의 효과와 함께 글자를 해독하는 데 필요한 노력을 줄
여 주기 때문에 손쉽게 정보를 전달하거나 감동을 주기 위해 사용된다(공인숙 외,
2013). 그림책에는 글이 아예 없는 그림책도 있고 글과 그림이 하나로 통합됨으로
써 하나의 내용을 이루는 그림책도 있다. 아이들은 그림 없이 글만 있는 이야기책

의 내용을 이해하기보다는 글과 그림이 하나의 내용을 설명하고 이야기의 분위기를 보완하며 통합을 이루는 그림책에서 이야기의 내용을 더 잘 이해할 수 있게 된다(노운서 외, 2013).

2) 그림책의 유형

그림책은 주제, 연령 등 다양한 방식으로 분류할 수 있는데, 먼저 연령에 따라 영아, 유아를 위한 그림책으로 구분할 수 있다. 영아를 위한 그림책은 두꺼운 하드보드지로 만드는 보드책, 영아가 직접 만져 보고 막힌 부분을 들어서 속에 숨은 사물을 찾아보며 조작하는 참여책, 다양한 촉감을 경험할 수 있는 촉감책 등 영아에게 친숙한 경험이 간단한 플롯으로 제시되며 명확한 그림으로 표현되는 그림책이 적합하다. 유아를 위한 책은 세상에 대한 지식을 획득하는 데 도움이 되는 개념책, 한글 순서에 따라 정보를 배열한 글자책, 숫자와 수세기에 대해 알려 주는 수세기책 등 다양한 정보를 주는 그림책이 적합하다(공인숙 외, 2013). 연령에 따른 그림책은 이 책의 제3장에서 상세히 다루고 있다.

그림책은 주제에 따라 다양하게 구분할 수 있다. 현은자와 김세희(2005)는 그림책을 판타지 그림책, 사실주의 그림책, 옛이야기 그림책, 정보 그림책, 운문 그림책, 영아 그림책, 성경 그림책, 알파벳 그림책 등으로 분류하고 있다. 신헌재, 권혁준, 곽춘옥(2007)은 그림책을 가족 사이의 문제, 어린이의 요구와 성장 이야기, 전통문화와 역사 체험, 옛이야기와 명작 패러디, 자연과 환경문제, 성 문제, 현실 및 사회 문제, 장애 문제 등으로 나누고 있다. 이 책에서는 선행연구(고문숙 외, 2013; 공인숙 외, 2013; 노운서 외, 2013)의 분류를 참고하여 전래동화, 생활동화, 환상동화, 정보동화, 동시로 구분하였다. 전래동화는 오랜 세월 구전된 설화를 바탕으로 아동에게 맞게 재구성된 이야기로, 아동문학의 대표적인 장르다. 생활동화는 아동의 실제 생활 모습을 사실적으로 다룬 창작동화로, 가정과 학교, 사회 속에서 펼쳐지는 다채로운 삶의 모습과 고민들이 생생하게 담겨 있다. 환상동화는 비현실적인 인물이나 사건이 일어나는 동화로, 주로 일상에서 경험하는 일들과 공상적인 요소들을 자연스럽게 결합하여 다루고 있기 때문에 아동은 동화를 통해 실재성을 경험하면서도 자유로운 상상을 하고 창의적인 사고를 할 수 있다. 정보동화는 사실적이고 정확한 정보전달을 일차적 목적으로 하는 동화로, 아동이 필요로 하는 정보자료를 찾아보고 활용하는 태도를 기르게 하며, 객관적인 자료를 전달하는 동시에 아동의 흥미를 불러일으킨다. 동시는 아동의 문학적 감수성과 언어감각을 키워 주고, 우리말의 아름다움을 전할 수 있는 문학장르다. 이러한 주제에 따른 그림책의 유형은 이 책의 제2부에서 상세하게 살펴보겠다.

3. 아동문학 관련이론

아동문학에 대한 이론적 접근을 위한 선행연구(구인환, 우한용, 박인기, 최병우, 2004; 이상구, 1998; Nodelman & Reimer, 2003)를 중심으로 구조이론, 독자반응이론, 정신분석이론, 원형이론에 대해 살펴보고자 한다.

1) 구조이론

구조이론은 하나의 본문을 문학이게 하는 문학성이 무엇인가를 해명하는 이론이다(권용희, 2012). 구조주의자들은 본문의 요소 간의 관계에 초점을 두고 이야기의 문법을 개발하고자 하였다(공인숙 외, 2013). 구조이론의 토대는 러시아의 형식주의, 미국의 신비평, 프랑스의 구조주의에 의해 이루어졌다(박철희, 2009). 러시아 형식주의는 예술적 형식을 통한 지각이 독자로 하여금 인생과 경험에 대한 감각을 새롭게 해 준다고 보면서, 예술적인 형식, 즉 문학적인 형식이란 무엇인가 하는 데에 관심을 두었다. 그래서 이 이론은 본문을 문학작품으로 만드는 기법에 관심을 기울인다. 또한 러시아 형식주의는 일상언어는 단순하고 실용적이며 자동화된 언어인 반면, 시적인 언어는 일상언어의 자동화를 파괴하는 언어라고 보아, 일상언어와 시적인 언어를 구별한다. 미국의 신비평은 운율법이나 언어매체 자체 내의 어떤 패턴을 중요시한 것이 아니라, 그 언어의 의미가 갖고 있는 아이러니, 역설, 메타포 등의 국면들이 한 작품 안에서 복잡하게 상호작용하는 것을 중요시 하였다. 프랑스의 구조주의는 현대 언어학을 모델로 하여 문학작품을 분석하고 해석한다. 소쉬르(Saussure)는 구조주의 언어학의 관점을 개발한 학자로, 기호는 자체로는 의미가 없지만 서로가 관련을 맺으면 의미 있는 언어가 된다는 것에 주 목하였다(공인숙 외, 2013). 소쉬르의 언어관에 따르면, 언어는 자족적 체계이기 때 문에 의미는 발언자의 주관적인 의사에 의해 결정되지 않는다. 즉, 구조주의 이론 은 의미 자체보다는 의미가 만들어지는 방식에 주목하는 것이다. 그래서 구조주 의 이론은 언어조직의 음성적 수준과 형태소적 수준의 구별이나, 계열관계와 결 합관계의 구별 등 언어학적 개념을 적용하여 문학작품을 분석한다.

2) 독자반응이론

독자반응이론은 독자의 경험으로부터 의미를 만들어 내는 독자의 능동성을 강 조한 문학적 관점이다(이상구, 2013). 다시 말해, 독자의 참여 없이는 문학작품의 의미가 완전히 형성될 수 없다고 본다. 이전의 본문 자체에서 의미를 찾는 관점이 아니라, 본문과 독자가 이야기를 만들어 내기 위해 상호작용하여(Rosenblatt, 1978), 독자의 참여를 통해 이야기를 만들어 내도록 의미를 부여하는 것이다. 이 는 독자가 문학작품을 읽을 때 본문에 대해 독특한 반응을 많이 하고 개인적인 상 호작용을 한다는 것을 의미한다. 본문의 의미는 그 속에 담겨 있는 것이 아니라 독자의 기존 지식에 의해 형성되므로, 하나의 본문에 대한 독자들의 의미가 각자 다르고, 이러한 경험을 통해 자신에게 변화를 가져오게 된다. 즉, 독자반응이론은 현대 문학이론에서 신비평, 구조주의로 대표되는 본문 구조 자체에 대한 관심에 서, 독자에 대한 관심으로 옮겨 가는 것과 맥락을 같이한다(구인환 외, 2004). 독자반응이론은 기존의 본문 중심적 문학에서 독자의 능동성을 장려한다는 점에서 새로운 전기를 마련하였다고 볼 수 있다(이상구, 1998).

독자반응이론에 의하면 아동이 독서를 할 때, 문맥의 의미는 아동에 따라, 집단에 따라, 장소에 따라, 시간에 따라 다르게 나타날 것이다(공인숙 외, 2013). 일반적으로 아동문학에서 볼 수 있는 아동의 반응은 다음의 4가지로 정리할 수 있다(Purves, 1968: 6-8: 경규진, 1993에서 재인용). 첫째, 아동 자신을 인물의 행위 또는 감정과 연합하는 정서적 반응이다. 이는 스콰이어(Squire, 1964)의 자기-몰입 반응에 해당하는 것으로, 정도의 범위는 동일시나 거부의 정도로 표현될 수 있다. 둘째, 아동이 이야기의 의미나 인물의 성격을 일반화하고 발견하려는 데서 나타나는 해석적 반응이다. 해석적 일반화를 안내하는 이야기로부터 증거가 되는 지시를 포함하는 해석적 반응은 아동이 그들 자신의 경험을 해석하고 확장하도록 격려한다. 셋째, 일반화된 논평을 포함하여, 이야기의 문학적 질을 판단하거나 언어, 인물 묘사, 문학 형식에 대하여 특별히 반응하는 비판적 반응이다. 넷째, 어떤 절대적인 기준에 비추어서 주인공이 반드시 이렇게 행동해야 한다고 보는 평가적(규범적) 반응이다.

독자반응이론이 아동문학 교육에 미치는 함의는 다음과 같다(이성은, 2003). 첫째, 학습자 중심 문학교육의 이론적 근거를 제공한다. 즉, 학습자의 능동적 참여를 이끌어 내게 하는 이론적 근거가 될 것이다. 둘째, 독서과정을 통한 문학적 상상력과 감수성의 계발을 극대화한다. 셋째, 문학작품에 나타나는 빈자리에 대해 아동이 자신의 의미구성능력에 따라 다양한 의미를 생성할 수 있다. 넷째, 심미적인 경험의 중요성을 인식하게 한다.

3) 정신분석이론

정신분석이론가에게 언어와 본문은 읽는 상황적 맥락의 측면에 따라 다르게 고려된다. 프로이트는 꿈의 맥락과 이러한 맥락을 정확히 해석하는 것에 관심을 두었다. 베텔하임은 문학적 본문이 독자에게 미치는 영향에 초점을 두었고, 라캉은 의미 있는 본문의 구조에 흥미를 가졌다(Nodelman & Reimer, 2003).

특히 베텔하임(Bettelheim)은 『신데렐라』를 형제간 경쟁과 오이디푸스적 질투를 표현하는 것으로 보고, 이러한 심리학적인 문제를 해결하는 것으로 이야기의 사건을 설명하였다. 즉, 옛이야기는 수백 년 동안 거듭되면서 표면적 의미와 심층적 의미를 지니게 되었으므로 의식, 전의식, 무의식 등 모든 정신 층위에 작용한다(Bettelheim, 1998)고 본다. 정신분석이론에 따르면 아동은 전래동화를 통해 자아의 발달, 전의식이나 무의식의 억압에서 벗어나며, 자아나 초자아가 허용하는 범위 안에서 본능을 충족시킬 방법을 찾게 된다. 일반적으로 아동은 생애 초기에 어머니와 분리하여 자신만의 정체감을 형성하는 과정에서 분리불안을 경험한다. 또한 배변훈련, 훈육과정 등을 거치면서 오이디푸스 콤플렉스, 형제간의 갈등, 성인이 되기 위한 성적 성숙 등의 발달과업을 이루게 된다(공인숙 외, 2013).

또한 라캉은 구조주의 언어학 이론의 관점에서 프로이트의 정신분석이론을 재조명하였다. 무의식은 언어처럼 문법적 규칙으로 구성되고, 언어의 구조인 문법은 무언의 규칙의 합이다. 이 문법적 규칙은 사람들이 의미 있는 말을 타인에게 할 수 있게 하고, 사람들이 스스로를 개인으로 인식하게 하는 숨겨진 맥락이 된다.

4) 원형이론

원형이론은 정신분석이론에서 제시하는 텍스트의 대안적 해석을 제안하였다. 원형이론을 주장한 학자는 융과 프라이를 들 수 있다(Nodelman & Reimer, 2003). 정신분석이론이 개개인이 경험하는 개인적인 드라마에 대해 강조하였던 반면, 융(Jung)은 꿈이나 문학작품 속에서 표현되는 대중이 공유하는 기본적이며 보편적인 상징의 원형인 집단무의식을 강조하였다. 아동문학에서 주인공이 모험을 찾아 집을 떠나고, 모험이 충족되면 집으로 돌아오는 것과 같은 기본 구조가 원형적 구성을 표현한다고 본 것이다. 중요한 원형으로는 개인적 성격의 어두운 측면인 음영(Shadow)이 있다. 음영은 동물이나, 마술사, 사기꾼과 같은 형태로 등장하는데, 통합적이고 건강한 개인으로 성장하기 위한 과정에서 자신의 음영을 인식하고 흡수할 수 있는지가 중요하다.

캐나다의 비평가인 프라이(Frye) 역시 원형이론을 아동문학에 적용하였는데, 그는 문학을 인류가 수 세기에 걸쳐서 조직화의 유형과 고유한 내적 원형 이미지를 구축해 온 결과라고 보았다. 이런 관점은 아동문학 연구에서 등장인물과 환경의 관계를 분류하는 데 적용하여 다음과 같은 4가지 형태로 구분할 수 있다. 인간이나 환경에 비해 절대적으로 우월한 존재인 신이 등장하는 신화, 어느 정도 우월한 존재인 영웅에 대한 이야기인 로맨스, 인간보다 뛰어나나 환경보다 약한 인물 혹은 환경과 인간보다 뛰어나지 않은 인물이 등장하는 의태, 힘이나 지력에서 열등한 인물이 등장하여 우월성을 느낄 수 있는 아이러니다.

아동문학에 대한 이론적 접근은 교육분야에서는 주로 독자반응이론의 적용으로 아동의 능동적 참여를 중시하는 방향이 강조되고 있다. 정신분석이론과 원형이론 역시 아동심리 연구와 아동문학 연구를 결합시켜 다양한 전래동화나 민화 연구에 적용되고 있다. 또한 구조주의 분석을 통해 아동문학이 근거한 사회나 문화에 대한 이해를 넓힐 수 있을 것이다(공인숙 외, 2013).

 참고문헌

강문희, 이혜상(2008). 아동문학교육. 서울: 학지사.

경규진(1993). 반응 중심 문학 교육의 방법 연구. 서울대학교 대학원 박사학위논문.

고문숙, 임영심, 김수향, 손혜숙(2013). 아동문학교육. 경기: 양서원.

공인숙, 김영주, 최나야, 한유진(2013). 아동문학. 경기: 양서원.

구인환, 우한용, 박인기, 최병우(2004). 문학교육론. 서울: 삼지원.

권용희(2012). 국어과 교육과정의 문학이론 수용 양상 연구: 역사적 전개와 변화 과정을 중심으로. 이화여자대학교 교육대학원 석사학위논문.

김영주(1998). 전래동화와 창작동화에 나타난 아버지 역할 비교. 서울대학교 대학원 박사학위논문.

노운서, 노명희, 김명화, 백미열(2013). 아동문학. 경기: 양서원.

박민수(1998). 아동문학의 시학. 서울: 도서출판 하우.

박철희(2009). 문학이론입문-무엇을 어떻게 읽을 것인가. 서울: 형설출판사.

박화목(1989). 아동문학개론. 서울: 민문고.

석용원(1989). 아동문학원론. 서울: 학연사.

신헌재, 권혁준, 곽춘옥(2007). 아동문학과 교육. 서울: 박이정.

이상구(1998). 학습자 중심 문학 교육 방안 연구. 한국교원대학교 대학원 박사학위논문.

이상구(2013). 반응중심 문학교육과 구성주의 문학교육의 기본 관점과 교육 내용 비교 고찰. 문학교육학, 40, 334-362.

이상금, 장영희(2007). 유아문학론. 경기: 교문사.

이성은(2003). 아동문학교육. 서울: 교육과학사.

이재철(1983). 아동문학의 이론. 서울: 형설출판사.

이재철(2003). 아동문학개론. 서울: 서문당.

현은자, 김세희(2005). 그림책의 이해 1. 서울: 사계절.

Bettelheim, B. (1998). 옛이야기의 매력 1(김옥순, 주옥 역). 서울: 시공주니어. (원저는 1975년 출판).

Glazer, J. I. (1997). *Introduction to children's literature* (2nd ed.). Upper Saddle River, NJ: Prentice-Hall.

Kohlberg, L. (1964). Development of moral character and moral ideology. In M. L. Hoffman & L. W. Hoffman (Eds.), *Review of Child Development Research, I* (pp. 381-431). New York: Russel Sage Foundation.

Matterson, E. M. (1975). Play with purpose for under-sevens. Great Britain. Penguin Books.

Nikolajeva, M. (1998). 용의 아이들: 아동문학의 새로운 지평(김서정 역). 서울: 문학과 지성사. (원저는 1996년 출판).

Nodelman, P., & Reimer, M. (2003). *The pleasure of children's literature* (3rd ed.). NY: Allyn and Bacon.

Rosenblatt, L. M. (1978). The reader, the text & the poem: The transactional theory of the literary work. Carbondale, IL: Southern Illinois University Press.

Schickedanz, J. A. (1995). 읽기와 쓰기를 즐기는 어린이로 기르는 방법: 유아의 읽기와 쓰기 기초단계 이해(이영자 역). 서울: 이화여대 출판부. (원저는 1986년 출판).

Squire, J, R. (1964). *The responses of adolescents while reading four short stories.* Champaign, IL: NCTE.

 ## 본문에 실린 아동문학 작품

괴물들이 사는 나라　모리스 센닥 글·그림. 강무홍 옮김. 시공주니어. 2002.

난 자동차가 참 좋아　마거릿 와이즈 브라운 글, 김진화 그림. 최재숙 옮김. 비룡소. 2006.

누가 내 머리에 똥 쌌어?　베르너 홀츠바르트 글, 울프 에를브루흐 그림. 사계절. 2002.

배고픈 애벌레　에릭 칼 글·그림. 이희재 옮김. 더큰. 2007.

엄마의 의자　베라 윌리엄스 글·그림. 최순희 옮김. 시공주니어. 1999.

작은집 이야기　버지니아 리 버튼 글·그림. 홍연미 옮김. 시공주니어. 1993.

치과의사 드소토 선생님　윌리엄 스타이그 글·그림. 조은수 옮김. 비룡소. 1995.

Chapter

Chapter

02

아동문학의
역사

서양뿐 아니라 우리나라의 아동문학은 신화나 전설, 민담 같은 전승문학에 뿌리를 두고 있으므로 그 역사 또한 매우 길다고 할 수 있다. 하지만 각 나라의 아동문학이 본격적으로 시작된 것은 아동기에 대한 개념이 생기기 시작한 근대화 시기 이후이며, 그 사회의 역사와 문화적·지리적 배경에 영향을 받으며 발전해 왔다. 이 장에서는 우리나라와 미국, 영국을 중심으로 한 세계 아동문학의 역사와 발전과정, 주요 작품들을 살펴보고자 한다.

1. 우리나라 아동문학의 역사

우리나라의 아동문학사는 연구자나 학자마다 다르게 구분하고 있으나 갑오개
혁(1894)을 기점으로 전승문학과 근대문학, 즉 창작문학시대로 크게 분류하여 그
특징을 이해하는 편이다(노운서 외, 2013). 근대 아동문학은 아동을 어른과 동등한
인격체로 보고 아동을 위해서 창작되었다는 점에서 전승문학과 구분되며, 본격
아동문학의 기틀을 마련했다는 점에서 큰 의의가 있다. 이후 우리나라의 아동문
학은 일제 강점기, 광복과 6 · 25 전쟁, 산업사회의 등장이라는 역사적 사건과 사
회, 문화적 변화에 영향을 받으며 발전해 왔다. 여기에서는 선행 연구(노운서 외,
2013; 이재철, 1983; 이춘희, 2005)의 분류를 바탕으로 1900년대 이후 우리나라 아동
문학의 흐름을 시기별로 살펴보고자 한다.

1) 태동초창기(1908~1923년)

근대적 의미에서의 우리나라 아동문학은 최남선이 잡지 『소년』(1908~1911)을
창간한 1908년에 시작되었다고 볼 수 있다. 『소년』지는 우리나라 최초의 종합 월
간지로, 서양문물과 과학지식을 소개하고 애국사상의 고취에 힘썼으며, 신문학
형성에도 큰 역할을 하였다. 최남선은 이 잡지를 통해 현대시의 출발점이 된 신체
시 「해에게서 소년에게」와 최초의 동요인 「우리 운동장」을 발표하였다. 또한 「어
른과 아이」 「거인국 표류기」 「이솝 이야기」 「로빈슨 무인절도 표류기」 등의 번역,
번안 작품들도 수록하여 우리 어린이들이 세계 명작을 접할 수 있는 계기를 마련
해 주었다.

1911년 5월 『소년』지가 일제의 탄압으로 폐간되자 최남선은 『붉은 저고리』
(1913), 『아이들 보이』(1913~1914), 『새별』(1913~1915) 등 순수 아동잡지를 창간
하였다. 제목과 내용을 순 한글로 표기한 이 잡지들은 언문일치의 선구적 역할을

잡지 『소년』

잡지 『사랑의 선물』

하였으며, 민족문화운동으로서의 의의도 크다. 이광수는 1913년 「엉클 톰즈 캐빈」을 번역 출간하였으며, 1919년에는 우리나라 최초의 단편소설인 「어린 벗에게」와 「소년의 비애」를 발표하였다. 1922년에는 방정환이 우리나라 최초의 세계명작동화집 『사랑의 선물』을 출간하였다. 이 책에는 「아라비안나이트」와 안데르센, 그림 형제의 동화들이 수록되어 있어 아이들에게 귀한 선물이 되었다.

이 시기는 최남선과 이광수 등이 신문과 잡지 발간을 주도하며 신문화운동을 펼치던 때로, 아동문화운동의 태동기이자 아동문학운동의 발아기라 할 수 있다.

2) 발흥성장기(1923~1940년)

1920년대는 민족운동, 독립운동의 일환으로 문학을 통한 아동문화운동이 활발히 펼쳐진 시기다. 그 중심에 소파 방정환(1899~1931)이 있었다. 한국아동문학은 1923년 방정환이 발간한 우리나라 최초의 아동문예지 『어린이』(1923~1934)를 기점으로 태동기에서 발흥성장기로 접어들게 된다.

아동문학의 보급과 아동보호운동의 선구자이자 아동문학가인 방정환은 청년문학단체인 '청년구락부'를 조직하면서 어린이운동에 관심을 보였고, 1920년 평생 아이들을 위한 일을 하기로 결심하고 일본 유학길에 올랐다. 일본에서 아동예술과 아동심리학을 공부한 그는 유학생활 틈틈이 고국으로 돌아와 아이들을 존중하자는 소년운동을 벌였고, 아이들을 높여 부르는 '어린이'라는 말을 만들었다. 또 최초의 아동문화운동단체인 색동회를 조직하고 5월 1일을 '어린이날'로 제정하기도 했다. 1923년에는 『어린이』(1923~1934)지를 창간하여 마해송, 윤극영, 윤석중, 이원수 등의 작가를 발굴하면서 아동문학의 성장을 이끌었다. 이 잡지를 계기로 어린이라는 호칭이 보편화되었으며 감상적인 동요의 보급으로 동요의 황금시대를 이루었다. 또한 동요, 동화, 동화극본이라는 아동문학의 장르로 구분하여 작품을 실어 아동문학 장르에 대한 분명한 인식을 갖게 하였다(이춘희, 2005). 동화와 동요 같은 문학작품뿐 아니라 우리나라 문화유산과 인물 이야기, 재미있는 역사, 과학상식 등을 담은 『어린이』지는 아이들의 입소문을 통해 퍼지며 많은 사랑을 받았다. 이후 『신소년』『새벗』『별나라』 등 아동잡지들이 활발히 출간되며 아동문화운동을 이어 갔다. 이 시기의 문예사조는 방정환을 중심으로 한 주관적 동심주의와 정치, 사회의 영향을 받은 사회적 현실주의, 선교적 교양주의로 크게 나눌 수 있다. 1930년대에 이르자 프로문학시대의 팽창과 문학적 자각현상이 대두되면서 아동문학에서도 문학성에 대한 관심이 싹트기 시작했고(노운서 외, 2013), 동심주의와 사회적 현실주의의 입장이 대립되면서 아동문학에 대한 이론적 논쟁들이 대두되었다.

이 시기 한국아동문학은 양적, 질적으로 많은 성장을 하였으나 체계적인 발전은 이루지 못한 채 문화운동으로서의 활동에 그치고 말았다. 주요 작품으로는 방정환의 동화 『동생을 찾으러』『만년샤쓰』, 마해송의 동화 『바위나리와 아기별』, 윤석중의 동시집 『잃어버린 댕기』, 윤극영의 동요 「반달」「설날」, 한정동의 동시 「따오기」, 이원수의 동요 「고향의 봄」, 동시집 『종달새』『빨간 열매』 등이 있다. 그 외 작가로는 현덕, 서덕출, 노양근, 강소천, 이주홍, 송영 등이 있다.

잡지 『어린이』

『바위나리와 아기별』(마해송, 길벗어린이, 1998)
한국 최초의 창작동화인 마해송의 동화를
그림책으로 만든 작품

3) 암흑수난기(1940~1945년)

1937년 중일전쟁 이후 일본은 우리말과 글 사용을 금지하고, 창씨개명과 일본어 사용을 강요하는 등 탄압의 강도를 높였다. 1940년에는 『소년조선일보』가 폐간되고, 당시 유일한 아동잡지였던 『아이생활』도 선교사들의 도움으로 명맥을 유지하다가 1944년에 폐간되면서 우리나라 아동문학은 암흑기를 겪었다. 이후 임인수, 이윤선, 우효종, 이종성 등이 중심이 되어 회람잡지 『동원』 『초가집』 『파랑새』 등을 비밀리에 출간하며 지하활동을 이어 갔으나, 일본의 영향에서 크게 벗어날 수는 없었다. 이 시기 주요 동시작가로는 박화목, 임인수, 권태응 등이 있고, 동화작가로는 김요섭, 이원수 등이 있다.

4) 광복혼미기(1945~1950년)

1945년 광복 이후 우리 사회는 정치, 사회, 경제적으로 커다란 혼란을 겪게 되었다. 특히 좌우 대립의 정치적 혼란은 성인문학뿐 아니라 아동문학계에도 많은 영향을 주었다. 이 시기에는 순수 아동문학과 계급논쟁을 위한 문학의 대립이 더욱 격화되었다(공인숙 외, 2013). 대립과 분열로 잡지 또한 좌우로 나뉘게 되었다. 좌익 진영에서는 『새동무』(1945)와 『별나라』(1945), 『신소년』(1946)을 발간했고, 우익 진영에서는 윤석중, 정진숙, 조풍연 등이 『소학생』(1946)을, 김기오와 방정환 등이 『소년』(1948)을, 고한승이 『어린이』(1948)를 발간했다.

단행본과 동요, 동화집에서는 우리말 출판물이 급증했다. 대표적인 작품으로는 윤석중의 동시집 『초승달』(1946), 『굴렁쇠』(1948), 이원수의 동시집 『종달새』(1948), 윤복진의 동시집 『별초롱 꽃초롱』(1949), 마해송의 동화 『토끼와 원숭이』(1946), 이주홍의 동화 『못난 돼지』(1946), 노양근의 동화 『열세 동무』(1946), 임인수의 동화 『봄이 오는 날』(1949) 등이 있다.

이 시기에는 운문이 쇠퇴하고 산문문학이 완성되는 등 장르적으로도 변화가 있었다. 성인문학가들이 아동문학 창작에 참여하면서 소설적 형태를 갖춘 소년소설이 등장했고, 이원수, 마해송에 의해 최초로 장편동화, 생활동화, 환상동화의 유형이 나타났다. 『걸리버 여행기』 『이솝 이야기』 『로빈슨 크루소』 등 외국명작을 번역한 책도 다수 출간되며 아이들의 읽을거리가 풍성해졌다. 하지만 아동문학 시장이 양적으로 팽창하고, 사회적 혼란이 지속되는 가운데 조악한 단행본이나 만화가 무분별하게 출간되는 등 혼란이 가중되기도 했다.

5) 통속팽창기(1950∼1960년)

1950년대는 6 · 25 전쟁으로 인한 경제적 파탄과 정치, 문화적 혼란으로 많은 분야에서 어려움을 겪어야 했다. 물론 출판계도 예외는 아니었다. 전쟁으로 인해 출판시설이 파괴되고, 잡지 매출이 줄어들면서 사정이 악화되자 아동문학계도 변질되기 시작했다. 대중의 기호와 흥미에 맞춘 상업적 통속문학들이 등장한 것이다. 특히 성인문학의 인기 작가들이 대거 아동문학에 참여함으로써 이런 경향은 심화되었다(김자연, 2003). 1954년 이후 통속적 정기간행물과 만화가 범람했고, 홍미 위주의 소년소설, 탐정모험물, 명랑소설, 공상과학소설 등이 주류를 이루었다.

이런 와중에 마해송, 이원수, 강소천 등이 문학의 통속화를 극복하고 순수문학을 보호, 발전시키기 위해 꾸준히 창작활동을 펼쳤다. 주요 작품으로는 마해송의 『떡배 단배』(1953), 이원수의 『숲속나라』(1953), 강소천의 『꽃신』(1953), 이주홍의 『아름다운 고향』(1954) 등의 동화집과 서덕출의 『봄편지』(1951), 이종택의 『새싹의 노래』(1956), 박은종의 『호롱불』(1958) 등의 동시집이 있다. 황순원의 『산골아이』, 『소나기』 등 대표적인 소년소설도 발표되었다.

통속팽창기는 아동문학 발전의 침체기로, 1960년대 본격 문학시대로의 다리 역할을 했다고 할 수 있다. 또한 각종 문학단체 내에 아동문학 분과가 설치되고, 1950년대 후반 일간 신문의 신춘문예 제도가 확립되는 등 현대적 아동문단이 형성되고 공인을 받는 계기가 되기도 하였다.

6) 정리형성기(1960~1970년)

1960년의 4·19는 아동문학계의 자각과 반성의 실마리를 가져와 아동문학을 본격문학으로 정리, 형성하게 하는 강력한 배경이 되었다(유창근, 1997). 즉, 4·19를 계기로 역사의식에 대한 자각이 고조되어 문학의 주제성에 관심이 많아졌고, 아동문학계에서도 문학의 본질에 충실하려는 자성의 움직임들이 나타났다. 1950년대에 팽배했던 대중적 상업주의와 비문학성, 교훈주의에 대한 반발과 반성이 일어났고, 이를 해소하기 위한 정리작업들이 펼쳐졌다. 보통 이 시기를 정리형성기라고 하는데, 구체적인 배경을 살펴보면 다음과 같다.

첫째, 동인 중심의 순수아동문학단체들이 결성되었다. 1966년에 동시인동인회가 창립되어 동시도 시여야 한다는 주장을 하며 동시 본연의 모습을 찾기 위해 노력했고, 1968년에는 한국동화문학회가 창립되면서 동화가 문학으로서 정착되어야 한다는 의식을 가지고 동화의 성장을 도모했다. 이들 단체는 동인지를 발간하고 각종 문학행사를 진행함으로써 작품의 질적 향상을 꾀했고, 아동문학의 새로운 방향을 제시해 주는 역할을 하였다.

둘째, 각종 아동문학상이 제정되어 창작활동이 활발해졌다. 문학상을 통해 역량 있는 신인들이 대거 등단하였고, 문학적 검증이 이루어진 작품들이 많아지면서 아동문학의 질적 향상을 가져왔다. 소천아동문학상(1965), 해송동화상(1967), 세종아동문학상(1968), 한정동아동문학상(1969) 등이 대표적이다.

셋째, 아동문학 발표의 장인 다양한 아동잡지가 발행되었다. 대표적인 잡지로는 『새소년』(1964), 『소년세계』(1966), 『어깨동무』(1967), 『소년중앙』(1969), 『소년동아』(1964), 『소년조선』(1965) 등이 있다. 이러한 잡지들은 본격 아동문학운동에 중요한 역할을 해 주었다.

넷째, 아동문학 출판물들의 정리 작업이 이루어졌다. 세계명작시리즈와 『한국아동문학전집』(12권, 1964), 『강소천 아동문학전집』(1963~1964), 『소파 아동문학전집』(1969) 등이 대표적이다. 이를 통해 작가들의 창작 의욕을 높이고, 반성과 자각의 계기로 삼았다.

다섯째, 아동문학가들이 국내 유수의 문학상을 수상하며 아동문학에 대한 인식이 달라지기 시작하였다. 1957년 자유문학상을 받은 마해송을 시작으로, 1961년

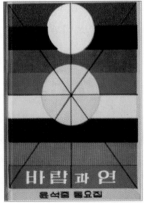

『바람과 연』(윤석중, 1966)
윤석중 선생 탄생 100주년 기념으로
2011년 재미미주에서 다시 발간함

잡지 『어깨동무』

윤석중이 3·1문학상을, 1963년 강소천이 5월 문예상을, 1964년 마해송이 한국
문학상을 수상하였다.

　이 시기 주요 단행본으로는 마해송의 『마해송 동화집』(1962), 이원수의 『파란
구슬』(1960), 김요섭의 『날아다니는 코끼리』(1967)가 있고, 동시집으로는 이원수
의 『빨간 열매』(1964), 윤석중의 『바람과 연』(1966) 등이 있다. 1962년에 출간된
김인평의 『창경원』은 근대적 의미에서 최초의 그림책이라고 평가받는다(류재수,
1985). 이후 인쇄술의 발달로 컬러 그림이 등장하면서 아동문학이 한 단계 성장하
는 데 큰 영향을 주었다.

7) 비평발전기(1970~1988년)

　1971년에 아동문단은 '한국아동문학가협회'와 '한국아동문학회'로 양분되었
다가, 1979년에 '한국현대아동문학가협회'가 창립되면서 삼분되었다. 이는 문단
의 파벌화 인상을 주기도 하였으나, 기관지 발행을 통해 아동문학의 발전 방향 등
의 비평이 활발해지기도 하였다(공인숙 외, 2013). 또한 『아동문학사상』과 『아동문
학평론』 『아동문예』 등이 창간되어 침체한 아동문학 평론 활동에 활기를 불어넣
었으며, 이를 계기로 아동문학 사상에 새로운 전기가 마련되고 이론적 기초가 형
성되었다.

　이 시기 두드러진 특징으로는 창작과비평사, 웅진출판사 등이 국내 아동문학가
들의 창작동화와 아동소설 전집을 발간한 점이다. 대표적으로 『웅진 아동문고』
『창비 아동문고』 『한국아동문학총서』 『소년·소녀 한국창작 동화』 『이원수 아동
문학전집』 『새의 벗 윤석중 전집』 등이 있다. 동시 분야에서는 서사시, 동화시,
연작시 등 다양한 형태의 시들이 등장하며 변화를 모색했다. 주요 동화작가로는
권정생, 정채봉, 강재규, 송재찬 등이 있고, 동시 작가로는 정두리, 박두순, 문삼
석 등이 있다.

　1980년대에는 교육에 대한 관심이 커지면서 학습 위주의 전집들이 활발하게

잡지 『동화 읽는 어른』

『몽실 언니』(권정생, 창작과비평사, 1984)
권정생의 대표작으로, 1981년에 발표되었고
단행본으로 만들어진 후 여러 차례 개정판이
나오며 지금까지도 꾸준히 사랑받고 있음

출판되었고, 어린이 만화잡지 『보물섬』(1982)이 창간되면서 문예잡지들의 인기
가 떨어졌다. 컬러텔레비전의 영향으로 아동도서들도 컬러로 바뀌기 시작했고,
대형서점이 출현하여 유통구조가 바뀌었다. 1980년에는 어린이책 비평·연구모
임인 '어린이도서연구회'가 설립되어 권장도서목록과 『동화 읽는 어른』을 발간
하였고, 도서벽지에 좋은 책 보내기 활동을 하여 어린이 교육문화 운동을 펼치기
도 했다(김세희, 2000). 또한 대학의 유아교육과와 아동 관련 학과에 '아동문학'이
라는 과목이 개설되면서 학문적 영역이 구축되었다. 1987년에는 국내 저작권법
이 세계 저작권협약을 수용하면서 국내외 저작물의 무단 복제, 출판 관행이 사라
지기 시작했다. 이에 따라 국내 작가의 창작활동이 활성화되었다(조은숙, 2006).

8) 중흥기(1988~1999년)

1980년대 후반 이후 아동문학계에서는 전쟁과 분단, 가난이라는 주제를 탈피하
여 다양한 소재와 주제의 작품들이 발표되었고, 판타지, 사실동화 등 장르도 다양

해지며 중흥기를 맞게 되었다. 출판사나 문학단체들이 주최하는 아동문학 공모전
이 활성화되면서 아동문학작가로의 등단방법이 다양해지고, 이를 통해 참신하고
개성 있는 작품들이 출간되기도 하였다. 주요 작품으로는 채인선의『그 도마뱀 친
구가 뜨개질을 하게 된 사연』『내 짝꿍 최영대』, 황선미의『나쁜 어린이 표』, 이
금이의『영구랑 흑구랑』, 이가을 단편집『가끔씩 비 오는 날』, 위기철의『쿨쿨 할
아버지 잠깬 날』등이 있다. 주요 동시작가로는 김용택, 임길택 등이 있고, 초기
그림책을 이끌었던 1세대 작가로는 이우경, 홍성찬 등이 있다.

　1990년대 초반부터는 시공주니어와 비룡소, 보림, 길벗어린이 등을 중심으로
다양한 소재를 다룬 국내외 그림책이 출판되기 시작하면서 유아문학이 두각을 나
타냈다. 주요 창작작품으로는 류재수의『백두산 이야기』, 정승각의『까막나라에
서 온 삽사리』, 이억배의『솔이의 추석 이야기』, 전통문화 그림책인『솔거나라』
시리즈, 박은영의『기차 ㄱㄴㄷ』, 권정생의『오소리네 집 꽃밭』, 이영경의『아씨
방 일곱 동무』, 권윤덕의『만희네 집』등이 있다.

　1990년대 중반부터는 컴퓨터가 보편화되면서 아동을 위한 동화 사이트가 증가
하고, CD-ROM 형태로 동화를 제작·보급하기도 했다. 어린이 도서에 대한 신간
소개, 동화 비평 등 다양한 아동문학 관련 정보를 제공하는 각종 인터넷 사이트도
생겨나고, 작가와 평론가들이 개인 홈페이지를 제작하여 독자와 거리를 좁히려는
노력도 하기 시작했다(이성은, 2003). 1995년에는 대학의 유아교육과 및 아동학과
의 교수들을 주축으로 '한국어린이문학교육연구회'가 창립되어 그림책 발전 및
어린이 문학교육 이론과 실제에 관한 다양한 연구를 실시하고 학술대회를 개최하
여 연구결과를 보급하였다. 1996년에는 국제어린이도서협의회(IBBY) 한국지부
(KBBY)가 결성되어 한국 동화와 그림책들을 알리는 다양한 활동을 하기 시작했
다. 또한 어린이책 전문서점이 출현하였고, 좋은 책을 선정하려는 움직임이 많아
지면서 아동문학에 대한 평론활동도 활성화되었다. 아동문학 연구 집단이나 동호
회, 어린이 책방인 '초방' 등을 통해 비평이 활성화되고, 독서문화 운동이 일어나
기도 했다.

『백두산 이야기』(1988)

『아씨방 일곱 동무』(1998)

『솔이의 추석 이야기』(1995)

『내짝꿍 최영대』(1997)

9) 확장발전기(2000년~현재)

1990년대 말 IMF의 여파로 출판시장은 크게 침체되었다. 하지만 대형출판사들이 아동문학에 관심을 갖기 시작하면서 아동문학은 오히려 더욱 확장되고 발달하였다. 다양한 소재의 창작동화, 과학동화, 경제동화, 수학동화, 역사동화, 탐정동화를 비롯하여 그리스 로마 신화, 세계역사 만화 등이 활발하게 출간되며 양적·질적 성장을 이루었다.

2000년대 후반기에는 동화와 동시가 그 고유 장르의 한계를 넘어 변화하는 양상을 보였다. 첫째, 동화의 소설화 경향은 주변 환경의 변화와 내포독자로서의 아동상의 변모에 남다른 자극을 받은 작가들에 의해 일어난 것이다. 그들은 서사문학의 다양성과 풍성함을 동화에 가미함으로써 아동문학의 수준을 끌어올렸으며, 이는 긍정적인 의의로 받아들일 만하다. 둘째, 동시의 경계 넘나들기 경향은 동시인들 간에 일어난 동시의 개념 확장과 질적 수준 향상의 발로다(신헌재, 2011). 2005년 『최승호 시인의 말놀이 동시집』 출간을 계기로 성인 시인들이 동시 창작에 적극적으로 참여하면서 주제나 형식 면에서 다양한 동시가 나타났고, 『동시마중』 같은 동시 전문잡지가 출간되는 등 동시의 발전을 위한 노력들이 행해지고 있다.

이 시기 주요 창작동화로는 황선미의 『마당을 나온 암탉』, 김진경의 『고양이 학교』, 원유순의 『까막눈 삼디기』, 김향이의 『달님은 알지요』, 김중미의 『괭이부리말 아이들』, 고정욱의 『아주 특별한 우리 형』, 배유안의 『초정리 편지』, 이금이의 『너도 하늘말나리야』, 유은실의 『나의 린드그렌 선생님』, 한정기의 『플루토 비밀 결사대』 시리즈 등이 있고, 주요 동시집으로는 최승호의 『최승호 시인의 말놀이 동시집』 시리즈, 김용택의 『콩, 너는 죽었다』 등이 있다.

그림책 시장 또한 눈부시게 성장하였다. 다양한 주제와 기법, 내용을 지닌 세계적인 그림책이 활발하게 번역 출간되었고, 한국적인 정서와 문화를 재미난 글과 신선한 이미지에 담은 전래동화 그림책, 우리 문화 그림책도 계속 변화 · 발전하였다. 창작과비평사의 『우리시그림책』 시리즈나 길벗어린이의 『작가앨범』 시리즈처럼 기존에 발표되었던 시나 동화를 그림책으로 재구성하여 그림책의 새로운 가능성을 보여 주려는 의미 있는 시도도 있었다. 중견 및 신인 작가들의 기발한 상상력과 개성 있는 일러스트레이션을 바탕으로 한 창작그림책들도 점점 증가하고 있다. 이런 노력 덕분에 한국 그림책은 국제도서전에서 주목을 받으며 꾸준히 세계로 진출하고 있고, 볼로냐 라가치상, BIB 일러스트레이션상 등 세계적인 그림책 상을 수상하는 쾌거를 이루고 있다. 특히 볼로냐 어린이도서전에서는 2004년 첫 라가치상 수상을 시작으로 2010년을 전후한 시기부터는 해마다 수상작이 서너 권씩 나오고 있다. 한국의 그림책은 소재와 기법에서 다양하고 개성적인 면모를 보여 준다. 그리하여 이제 세계 출판계의 뜨거운 관심을 받으면서 학습만화와 함께 한국 도서 수출의 견인차 역할을 하는 장르로 주목받고 있다(김서정, 2014). 대

『마당을 나온 암탉』(2002)

『고양이 학교』(2001)

『달님은 알지요』(2004)

『플루토 비밀결사대』(2005)

표적인 작품으로는 백희나의 『구름빵』『장수탕 선녀님』, 이수지의 『파도야 놀자』『동물원』, 최숙희의 『괜찮아』, 서현의 『눈물바다』, 권윤덕의 『고양이는 나만 따라해』, 고경숙의 『마법에 걸린 병』 등이 있다.

이처럼 2000년대 이후 한국 아동문학은 양적·질적으로 많은 성장을 하였다. 하지만 학습에 대한 지나친 관심과 아동도서를 학습도구로 여기는 인식은 여전히 남아 있어서 교과서 수록도서나 학습과 관련되는 논픽션 등이 선호되었고, 이러한 경향이 점점 심화되면서 문학성을 갖춘 순수창작동화들이 소외되고 있다. 또

『구름빵』(2004)

『파도야 놀자』(2009)

『괜찮아』(2005)

『마법에 걸린 병』(2005)

한 동심과 환상, 모험을 중심으로 한 이야기보다는 성폭력, 이혼, 아동학대, 다문화 등 주제가 확실하고 현실적인 문제를 다룬 생활동화들이 주류를 이루는 등 장르별 다양성이 줄어들고 있다. 최근에는 경기침체와 모바일 사용 증가, 도서정가제, 독서문화 부재 등으로 인해 성인도서뿐 아니라 아동도서들의 판매량도 현저히 줄어들며 정체기를 겪고 있다.

2. 세계 아동문학의 역사

세계 어느 나라나 아이들을 위한 읽을거리가 처음부터 만들어진 것은 아니다. 근대 이전에는 '아동기'에 대한 개념도 없었고, 어린이를 단순히 어른의 축소판이라 여겼기 때문에 아동문학의 필요성에 대한 인식조차 없었다. 아동문학 시장이 형성되기 위해서는 경제적 이윤을 남길 만한 큰 시장이 있어야 하고, 많은 사람이 글을 읽고 쓸 줄 알아야 했다. 하지만 무엇보다 중요한 것은 아동에 대한 관점의 변화였다.

18세기 후반 프랑스의 사상가 장 자크 루소(Jean-Jacques Rousseau, 1712~1778)의 소설 『에밀』(1762)이 출간되면서 근대적 아동관이 성립되기 시작했고, 이를 토대로 19세기에는 진정한 의미의 아동문학이 생겨났다. 아동을 성인과 동등한 인격체로 인정하고, 고유의 성장과 발달에 필요한 교육과 보호를 해야 한다는 인식이 생기면서 어린이만을 위한 문학이 만들어진 것이다. 18세기 말에서 19세기 초 유럽 전역에서 발생한 낭만주의사상과 낭만주의문학 또한 아동에 대한 시각에 변화를 주었고 아동문학에 큰 영향을 미쳤다.

19세기는 근대적 아동관과 낭만주의의 영향으로, 아동을 대상으로 한 본격적인 아동문학이 출현하였다. 근대 아동문학의 창시자 안데르센에 의해 새로운 창작문학의 기틀이 마련되었고, 기존의 교육적이고 교훈적인 작품 대신 『이상한 나라의 앨리스』같이 아이들의 흥미와 상상력을 자극하는 환상동화와 가정이나 학교생활을 다룬 생활동화들이 나오기 시작했다. 또한 삽화의 중요성이 부각되면서 그림책도 등장했다. 뿐만 아니라 인문주의를 바탕으로 한 문맹률의 저하, 근대적 출판업의 등장, 뉴베리 서점을 필두로 하는 아동문학 유통의 시작 등으로 인해 19세기의 아동문학은 비약적으로 발전하였다(Townsend, 2000).

20세기는 아동문학의 전성기였다. 제2차 세계대전 이후 영국과 미국에서는 아동도서를 대량으로 출판하며 양적 성장을 이끌었고, 국가적으로 아동도서에 대한 제도적·재정적 지원을 확대해 나갔다. 아동서점과 도서관이 증가했으며, 국제아동도서전이 개최되어 책의 유통과 저작권 판매가 활발해졌다. 아동도서에 대한 진지한 비평이 활성화되고, 다수의 아동문학상이 제정되어 좋은 작품이 나올 수 있는 풍토도 만들어졌다. 이를 바탕으로 오늘날의 아동문학은 공상과학동화, 환상동화, 모험동화, 탐정동화, 동물이야기, 역사동화, 생활동화 등 다양한 장르를 아우르며 발전하고 있다. 또한 영유아 도서에 대한 요구와 인쇄기술의 발달로 인해 그림책이 양적·질적으로 획기적인 발전을 하며 아동문학의 중심 장르로 떠올랐다.

다음에서는 서양 아동문학의 발달을 이끌었던 대표적인 국가들을 중심으로 아동문학의 흐름과 대표 작가 및 작품을 구체적으로 살펴보고자 한다.

1) 영국의 아동문학

(1) 19세기 이전

영국은 일찍부터 아동교육과 자녀교육에 관심이 많았다. 따라서 아동문학도 다른 어느 나라보다 먼저 발생하였다(이춘희, 2005). 영국 최초로 인쇄를 시작한 윌리엄 캑스턴(William Caxton, 1422~1491)은 1474년부터 민간설화와 전설, 우화, 교훈서 등 다양한 읽을거리를 발행했다. 대부분 성인을 위한 책이었으나 아동들에게도 널리 읽혔다. 18세기 초까지도 아동문학이라고 할 만한 제대로 된 책은 없었기 때문에 아이들은 성인소설 중 존 번연(John Bunyan, 1628~1688)의 『천로역정』

(1678), 다니엘 디포(Daniel Defoe, 1660~1731)의 『로빈슨 크루소』 (1719), 조너선 스위프트(Jonathan Swift, 1667~1745)의 『걸리버 여행기』 (1726) 같이 흥미로운 책들을 찾아 읽었다. 『로빈슨 크루소』와 『걸리버 여행기』는 18세기 시민계급을 배경으로 하는 근대소설로, 영국문학의 흐

『걸리버 여행기』 초판

름은 물론 세계 아동문학에 영향을 끼쳤는데, 동심이 추구하는 모험과 환상의 가치를 인식시킴으로써 아동문학이 태동하는 계기를 마련하게 되었다(노운서 외, 2013).

18세기 중반 산업혁명을 기점으로 영국에서는 아동도서가 활발하게 출판되기 시작했고 아동서점도 등장했다. 그 중심에 출판업자 존 뉴베리(John Newberry, 1713~1767)가 있었다. 그는 가격이 싸고 크기가 작은 챕북(Chapbook)을 만들어 아동문학의 대중화에 기여했다. 짧고 단순한 이야기에 그림이 많았던 챕북은 당시 특권계급의 전유물로만 여겨졌던 책이 서민들에게도 보급되었다는 점에서 최초의 대중서적이라 할 수 있다. 또한 책에서 그림의 중요성이 부각되면서 오늘날 그림책의 전형이 되었다. 뉴베리는 1750년경 런던에 세계 최초로 아동을 위한 서점을 열어 큰 성공을 거두기도 하였다. 미국에서는 존 뉴베리를 기념하고자 1922년부터 뉴베리상을 제정하여 해마다 가장 우수한 아동도서에 이 상을 수여하고 있다.

(2) 19세기

영국의 아동문학은 19세기 아동문학을 주도하면서 획기적으로 발전하였다. 찰스 램(Charles Lamb, 1775~1834)과 메리 램(Mary Lamb, 1764~1847) 남매를 시작으로 실력 있는 작가들이 대거 등장했다. 1807년 램 남매는 최초로 아동을 대상으로 셰익스피어의 작품을 재구성하여 『셰익스피어 이야기』를 출간했다. 이후 찰스 디킨스(Charles Dickens, 1812~1870)의 『올리버 트위스트』(1838), 『크리스마스 캐럴』(1843), 찰스 킹즐리(Charles Kingsley, 1819~1875)의 최초의 환상동화 『물의 아이들』(1863) 등이 출간되었다.

1865년에는 루이스 캐럴(Lewis Carroll, 1832~1898)이 『이상한 나라의 앨리스』를 내놓으며 아동문학의 절정기를 열었다. 본격적인 환상동화인 『이상한 나라의 앨리스』는 기존의 작품들과 달리 아이들에게 순수한 즐거움과 기쁨을 주기 위해 쓰였다는 점에서 큰 의의가 있다. 옥스퍼드 대학교의 수학교수이자 목사였던 도지슨은 학장의 딸 앨리스에게 들려주었던 이야기를 바탕으로 직접 그림까지 그려 '앨리스의 땅속나라모험'을 완성했으며, 이를 보완하여 루이스 캐럴이라는 필명으로

『이상한 나라의 앨리스』 삽화
존 테니엘(1865)

『이상한 나라의 앨리스』
초판 표지

『앨리스의 땅속나라모험』(1864)

『이상한 나라의 앨리스』를 출간했다. 공상과 흥미로운 모험들로 가득한 이 책은 폭발적인 인기를 얻었고, 1871년에는 후속작 『거울나라의 앨리스』가 출간되었다.

　　이후 환상문학의 고전으로 평가받는 조지 맥도널드(George Macdonald, 1824~1905)의 『북풍의 등에서』(1871), 로버트 스티븐슨(Robert L. Stevenson, 1850~1894)의 『보물섬』(1883), 러디어드 키플링(Joseph Rudyard Kipling, 1865~1936)의 『정글북』(1894), 헬렌 배너먼(Helen Bannerman, 1862~1946)의 『꼬마 깜둥이 삼보』(1899) 등이 출판되었다. 『꼬마 깜둥이 삼보』는 하인리히 호프만(Heinrich Hoffmann, 1809~1894)의 『더벅머리 페터』(1845)와 함께 일상생활을 소재로 한 생활동화의 근거를 마련했다고 평가된다(노운서 외, 2013).

　　19세기에는 고전적인 그림책들이 출판되기 시작했다. 챕북이 급속히 대중화되자 제작의 질적 수준에 문제가 생기기 시작했는데, 이를 누구보다 걱정했던 사람은 당대 최고의 조판사이자 출판업자였던 에드먼드 에번스(Edmund Evans, 1826~1910)였다. 좋은 그림책을 만들기 위해 본격적으로 제작에 착수한 그는 세 명의 거장을 만들어 냈고 그림책 역사의 황금시대를 이루어, 최초의 그림책 전성기를 열었다(신명호, 2009). 세 거장은 바로 월터 크레인과 케이트 그리너웨이, 랜돌프 칼데콧이다. 에번스는 경제적·기술적 지원을 아끼지 않았고 이러한 노력 덕분에

『개구리 왕자』(1874)

『이솝이야기』(1887) 표지

『이솝이야기』(1887) 본문

지금까지도 소장 가치가 있는 아름답고 예술적인 그림책들이 만들어졌다.

월터 크레인(Walter Crane, 1845~1915)은 주로 옛이야기, 전설, 동요 등을 소재로 한 이야기에 새로운 표현기법과 편집디자인을 가미하여 아름다운 채색 그림책을 만들어 냈다. 1864년 첫 책을 선보인 이후『개구리 왕자』『이솝이야기』등 50여 권을 남겼다.

케이트 그리너웨이(Kate Greenaway, 1846~1901)는 화가로서의 뛰어난 재능과 문학적 소질을 발휘하여 당대 그림책의 수준을 높였다. 1877년에 에번스와 함께 만든 첫 그림책『창가 아래서』는 매력적인 글과 시, 우아하고 섬세한 그림, 심혈을 기울여 만든 다색 목판인쇄가 어우러져 아름다운 예술작품이 되었고, 비싼 가

『창가 아래서』표지

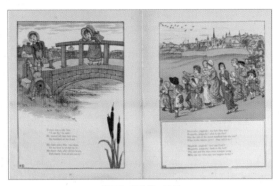

『창가 아래서』본문

『하멜른의 피리 부는 사나이』

격에도 불구하고 당시 7만 부 판매라는 대기록을 세웠다. 그 외 작품으로는 『하멜른의 피리 부는 사나이』 등이 있다. 1956년 영국도서관협회는 그를 기념하기 위해 '케이트그리너웨이상'을 제정하여 매년 영국에서 발행된 어린이책 중 그림이 가장 뛰어난 일러스트레이터에게 시상하고 있다.

랜돌프 칼데콧(Randolph Caldecott, 1846~1886)은 에번스의 후원으로 1878년부터 1886년 세상을 떠날 때까지 크리스마스 때마다 그림책을 2권씩 출간하여 총 16권의 그림책을 남겼다. 주로 짧은 시와 전래동요, 희극, 시 등을 바탕으로 그림책을 제작했으며, 작품으로는 『존 길핑의 유쾌한 이야기』『익살꾸러기 사냥꾼 삼총사』『숲 속의 어린이들』 등이 있다. 그는 배경과 인물 묘사를 생략하고 최소한의 선만으로 인

『존 길핑의 유쾌한 이야기』(1878)

『숲 속의 어린이들』(1879)

『익살꾸러기 사냥꾼 삼총사』(1880)

물의 성격과 이야기의 이미지를 그려 내어 독자들이 일러스트레이션에 구속받지 않고 그림책을 자유롭게 즐길 수 있게 하였다. 1938년 미국도서관협회에서는 그를 기념하기 위해 '칼데콧상'을 제정하여 매년 전년도 우수 그림책에 상을 주고 있다.

(3) 20세기

20세기에는 19세기에 이어 환상동화가 활발하게 출간되었다. 대표적인 작품으로는 제임스 베리(James M. Barrie, 1860~1937)의 『피터 팬』(1911)을 들 수 있다. 영원히 어른이 되지 않는 매력적인 주인공 피터 팬의 공상과 흥미진진한 모험이 가득한 이 작품은 남녀노소 모두가 좋아하는 고전명작이 되었다. 1926년에는 앨런 밀른(Alan Alexander Milne, 1882~1956)의 『곰돌이 푸우 이야기』가 출판되었다. 『곰돌이 푸우 이야기』는 밀른이 아들에게 들려주기 위해 쓴 작품으로, 유아의 세계를 정확하게 파악했을 뿐 아니라 먹보 푸우를 통해서 유아의 심리상태를 잘 보여 주고 있으며, 유머와 풍자가 알맞게 접목되면서 순박한 어린이의 마음을 잘 드러내준다(유창근, 1997). 1934년에 출간된 패멀라 트래버스(Pamela Travers, 1899~1996)의 『메리 포핀즈』는 계속해서 후속편이 나올 정도로 좋은 반응을 얻었다.

　1954년에는 현대 판타지의 바이블로 평가받는 톨킨(J. R. R. Tolkien, 1892~1973)의 『반지의 제왕』이 출간되었다. 1950년에는 톨킨과 함께 영국 3대 판타지 작가 중 한 명으로 꼽히는 C. S. 루이스(Clive Staples Lewis, 1898~1963)의 『나니아 연대기』(1950~1956) 시리즈 중 첫 권인 『사자와 마녀와 옷장』이 출간되었다. 1958년에는 필리파 피어스(Philippa Pearce, 1920~2006)의 대표작 『한밤중 톰의 정원에서』가 출간되었는데, 그는 이 작품으로 카네기상을 받으며 영국 어린이 문학계의 대표작가로 떠올랐다. 1967년에는 재미난 이야기꾼 로알드 달(Roald Dahl, 1916~1990)의 『찰리와 초콜릿 공장』이 출간되어 아이들에게 큰 사랑을 받았다.

　1997년에는 조앤 롤링(Joan K. Rowling, 1965~)의 『해리 포터』 시리즈(전 7권)가 출간되기 시작했다. 이 시리즈는 지금까지 100여 개 나라에 소개되었고, 성경 다음으로 많이 팔린 책으로 기록되었다. 2001년에는 영화로도 만들어지기 시작해 10년 동안 8편의 후속편이 나왔다. 스마티즈상을 비롯하여 많은 문학상을 받았고, 세계 최우수 아동 도서로 선정되는 등 작품성 또한 인정받으며 명실 공히 21세기 고전으로 평가받고 있다.

　영국은 동화뿐 아니라 그림책의 발달에 있어서도 중심적인 역할을 하였다. 1902년에 20세기 현대 그림책의 시작이라 할 수 있는 베아트릭스 포터(Beatrix Potter, 1866~1943)의 『피터 래빗』 시리즈가 출간되기 시작하였다. 이 시리즈는 아이들 손으로 쥘 수 있

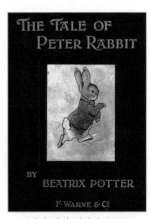

『피터 래빗 이야기』(1902)

는 작은 크기와 맑고 부드러운 수채화에 담긴 생생한 동물들, 밝고 생명력 넘치는 이야기로 지금까지도 많은 사랑을 받고 있으며 영국 아동문학의 자랑이 되었다.

이후 20세기 영국의 대표적인 그림책 작가로는 찰스 키핑, 브라이언 와일드스미스, 존 버닝햄, 앤서니 브라운 등이 있다. 찰스 키핑(Charles Keeping, 1924~1988)은 1966년 첫 그림책을 출간했으며, 주로 자신의 어린 시절이나 삭막해져 가는 대도시의 모습을 비판적으로 담았다. 『찰리, 샬럿, 금빛 카나리아』(1967)와 『노상강도』(1981)로 케이트그리너웨이상을 두 번 받은 찰스 키핑은 존 버닝햄, 브라이언 와일드스미스와 함께 영국 3대 그림책 작가로 꼽힌다. 브라이언 와일드스미스(Brian Wildsmith, 1930~)는 다채롭고 화려한 색상을 자유자재로 사용하여 '색

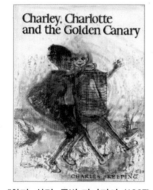

『찰리, 샬럿, 금빛 카나리아』(1967)

『ABC 동물원』(1962)

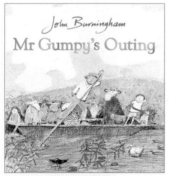

『검피아저씨의 뱃놀이』(1970)

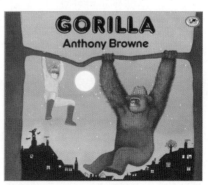

『고릴라』(1983)

채의 마술사'로 불린다. 1962년에 출간한 첫 그림책 『ABC 동물원』으로 케이트그리너웨이상을 받으며 널리 이름을 알렸다. 존 버닝햄(John Burningham, 1937~)은 1963년 첫 그림책 『깃털 없는 기러기 보르카』로 케이트그리너웨이상을 받았고, 1970년에 『검피 아저씨의 뱃놀이』로 다시 같은 상을 받으면서 세계적인 작가로 떠올랐다. 간결한 글과 아이가 그린 듯한 자유로운 그림에 아이들의 심리와 상상의 세계를 재치 있으면서도 진지하게 담아내어 아이들뿐 아니라 어른 팬도 많다. 앤서니 브라운(Anthony Browne, 1946~)은 『고릴라』(1983)와 『동물원』(1992)으로 케이트그리너웨이상을 두 번 받았으며, 2000년에는 그림책의 노벨상이라 할 수 있는 안데르센상을 받으며 현대를 대표하는 그림책 작가의 반열에 올랐다. 현대사회의 단면을 기발한 상상력과 유머, 자신만의 독특한 시각과 스타일로 담아낸 그의 그림책은 아이들뿐 아니라 어른들의 마음까지 사로잡는 매력을 지녔다.

2) 독일의 아동문학

(1) 19세기 이전

17세기 독일에서는 최초의 아동용 그림책이 등장했다. 바로 체코의 사상가이자 교육자인 요한 아모스 코메니우스(Johann Amos Comenius, 1592~1670)가 만든 『세계도회』(1658)다. 『세계도회』는 150장의 목판그림을 통해 세상에 대한 다양한 지식을 쉽게 알려 주는 교육용 책으로, 지식그림책의 출발이라 할

『세계도회』

수 있다. '어린이'라는 존재를 인정하고 그들의 특성과 성장을 고려한 교육을 실행했다는 점, 누구에게나 평등한 교육기회를 제공한다는 범사회적인 자세에서 출

발했다는 점 그리고 삽화를 체계적으로 처리하여 시각적인 매력과 역할을 충분히
살리면서 내용 이해와 지식 습득을 추구했다는 점(신명호, 2009)에서 큰 의의가 있다.

(2) 19세기

1805년에는 독일 최초의 아동문학으로 알려진 민담집 『소년의 마술피리』(1805~
1808)가 출간되었다. 아힘 폰 아르님(Karl Joachim Friedrich Ludwig von Arnim, 1781~
1831)과 클레멘스(Clemens Brentano, 1778~1842)가 함께 펴낸 작품으로, 독일의 옛
민요와 민담, 찬미가 등 600여 편이 수록되었다.

1812년에는 야코프 그림(Jacob Grimm, 1785~1863)과 빌헬름 그림(Wilhelm
Grimm, 1786~1859) 형제가 독일의 전설과 민담을 채록한 이야기 모음집 『어린이
와 가정을 위한 동화집』을 출간하여 세계 아동문학의 발달에 커다란 영향을 미쳤
다. 언어학자이자 문헌학자였던 그림 형제는 독일 여러 지방의 전설과 민담을 채
록하고, 이를 연구·분석하여 잔인하거나 외설적인 요소들을 제거하는 등 아이들
에게 맞게 재구성하였다. 1812년부터 1857년까지 수정·보완된 이 동화집에는
약 200편의 이야기가 실려 있다. 그림 형제의 동화집은 자료의 정확성뿐 아니라
문학적·예술적으로도 뛰어난 작품으로 인정받고 있다. 대표적인 작품으로는 『헨
젤과 그레텔』 『브레멘의 음악대』 『개구리 왕자』 『라푼젤』 등이 있다. 이 이야기들
은 독일은 물론 전 세계에 널리 알려졌으며, 전승문학이 아동문학으로 성립하는 데

『어린이와 가정을 위한 동화집』(1819)

큰 공헌을 하였다. 이런 점이
인정되어 그림 형제는 안데르
센과 함께 세계 아동문학사에
가장 뛰어난 인물로 평가되고
있다(노운서 외, 2013).

1816년에는 E. T. A 호프
만(Enerst Theodor Amadeus
Hoffmann, 1776~1822)이 『호

두까기 인형』을 발표했다. 이 작품은 호프만이 친구의 아이들을 위해 쓴 이야기로, 본래 제목은 '호두까기 인형과 생쥐 왕'이었다. 그러나 1892년 이를 모티브로 만든 차이콥스키의 발레극 「호두까기 인형」이 유명해지면서 지금의 제목으로 더 많이 알려지게 되었다.

(3) 20세기

독일의 20세기 대표 아동문학 작품으로는 발데마르 본젤스(Waldemar Bonsels, 1881~1952)의 『꿀벌 마야의 모험』(1912), 에리히 캐스트너(E. Kästner, 1889~1974)의 『하늘을 나는 교실』(1933) 등이 있다. 현대 독일문학을 대표하는 작가이자 나치즘에 저항한 지식인으로 잘 알려진 캐스트너는 특유의 날카로운 풍자와 재치 있는 유머, 발랄한 상상력으로 아이들의 마음을 사로잡은 아동문학가로도 유명하다. 『하늘을 나는 교실』은 아동소설의 걸작으로 평가받는다.

1960년대 이후 독일을 대표하는 작가는 미하엘 엔데(Michael Ende, 1929~1995)다. 그는 첫 작품 『짐 크노프와 기관차 루카스』(1960)로 독일청소년 문학상을 수상하며 작가의 길에 들어섰다. 이후 『모모』(1973)와 『끝없는 이야기』(1979) 등을 출간하며 세계적인 판타지 아동문학가로 이름을 알렸다. 엔데가 세상을 떠나자, 세계 언론에서는 '동화라는 수단을 통해 돈과 시간의 노예가 된 현대인을 비판한 철학가'라고 평하며 그의 죽음을 애도했다.

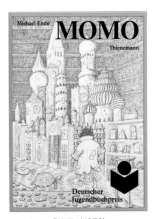

『모모』(1973)

3) 프랑스의 아동문학

(1) 19세기 이전

1668년에 프랑스의 시인 라 퐁텐(Jean de La Fontaine, 1621~1695)이 이솝우화와

로마 시기 우화들을 운문으로 각색하여 『우화집』을 펴냈다. 동물들을 인간에 빗대어 인간사를 풍자한 이 작품에는 총 124편의 이야기가 실려 있다. 잘 알려진 이야기로는 「개미와 베짱이」 「시골 쥐와 도시 쥐」 「토끼와 거북이」 등이 있다. 당시 아이들 교육용으로 활용되었던 우화는 문학적 가치를 인정받지 못했지만, 라 퐁텐의 우화시는 프랑스 고전주의 시문학을 대표할 만큼 탁월하다는 평가를 받았다.

1697년에는 샤를 페로(Charles Perrault, 1628~1703)가 자녀들에게 들려주기 위해 구전되어 오던 옛이야기를 재화하여 『페로 동화집』을 펴냈다. 이 책은 아동을 직접적인 독자로 인식하고 쓴 최초의 작품이라는 점에서 큰 의의가 있으며, 이로 인해 페로는 세계 최초의 아동문학 작가이자 '근대 아동문학의 아버지'라 불린다. 페로의 동화집은 교훈과 풍자가 가득했고, 아름답고 간결한 문장으로 인해 아이들에게 큰 사랑을 받았다. 대표적인 이야기로는 『잠자는 숲속의 미녀』 『빨간 모자』 『장화 신은 고양이』 『신데렐라』 등이 있다.

『페로 동화집』 표지와 본문

(2) 19세기

근대적 아동관이 성립된 19세기 프랑스에서는 아동문학에 대한 관심이 많아졌고, 아동잡지와 아동신문의 발간이 활발해져 작가들의 등용문이 되었다. 아동잡지를 통해 잘 알려진 작가로는 쥘 베른(Jules Verne, 1828~1905)이 대표적이다. 공상과학소설의 선구자인 베른은 과학적 사실과 논리에 근거한 공상과 모험의 세계를 치밀한 구성과 문학적 상상력으로 펼쳐 보이며 많은 사랑을 받았다. 주요 작품으로는 『80일간의 세계 일주』(1872), 『15소년 표류기』(1888) 등이 있다.

(3) 20세기

20세기 프랑스 아동문학을 대표할 만한 작품으로는 1931년에 출간된 장 드브루노프(Jean de Brunhoff, 1899~1937)의 『코끼리 왕 바바의 모험』이 있다. 이 작품은 아내가 두 아들에게 들려주던 아기 코끼리의 좌충우돌 모험 이야기를 바탕으로 만든 그림책으로, 교훈적이고 도덕적인 기존 책들과 달리 신나는 모험과 상상의 세계를 담아내어 아이들의 마음을 사로잡았다. 그는 그림과 글이 어우러져 함께 이야기를 끌고 나가게 했다는 점에서 오늘날의 그림책에 큰 영향을 준 '현대 그림책의 아버지'라 불리기도 한다.

1945년에 출간된 생텍쥐페리(Antonie de Saint-Exupéry, 1900~1944)의 『어린 왕자』 또한 20세기 프랑스의 대표적인 작품이다. 소박하면서도 격조 있는 문장에 철학적 깊이와 성찰이 담긴 이 작품은 아이들뿐 아니라 어른들도 사랑하는 세계적인 명작이 되었다.

4) 북유럽의 아동문학

(1) 19세기 이전

북유럽의 대표적인 나라로는 노르웨이, 스웨덴, 핀란드, 덴마크, 아이슬란드 등이 있다. 이 나라들은 본질적으로 공통되는 언어, 습관, 풍속, 신앙이 있다. 이 중에서도 고대 북유럽의 신화 및 영웅전설을 서사시로 엮은 『에다』는 아동을 위한 문학은 아니지만 북유럽의 아이들에게 친숙하게 전해지고 있다. 『에다』는 구비문학의 귀중한 자료 중 하나이며 영국과 독일의 문학에도 많은 영향을 끼친 근대문학의 소중한 원천이 되었다(이춘희, 2005).

(2) 19세기

19세기 초 덴마크의 어촌 마을 오덴세에서는 창작동화의 길을 연 근대아동문학의 거장 한스 크리스티안 안데르센(Hans C. Andersen, 1805~1875)이 태어났다. 그는 세계 아동문학사에서 가장 뛰어난 인물로 평가받고 있다. 안데르센은 1835년 『어린이를 위한 동화집』을 시작으로, 1870년경까지 매해 크리스마스 때 동화집을 출간하였다. 이렇게 발표한 동화가 150여 편에 이른다. 대표적인 작품으로는 『인어공주』『눈의 여왕』『성냥팔이 소녀』『미운 오리 새끼』 등이 있다. 민담이나 전설을 바탕으로 적극적인 상상력을 발휘해 창작한 그의 작품들은 전래문학이 현대의 환상문학으로 발전하는 다리 역할을 하였다. 전승문학을 채록, 집대성한 그림 형제와 달리 안데르센은 전승문학에 바탕을 두었으나 자신만의 자유롭고 풍부한 상상력과 경험을 바탕으로 새로운 이야기를 만들어 낸 것이다. 시적이면서도 간결한 문장과 섬세한 감정 표현, 독창적이고 풍부한 상상력을 지닌 안데르센의 동화는 문학성과 예술성이 뛰어나다는 평가를 받고 있다. 1956년 스위스 취리히에 설립

한스 크리스티안 안데르센
(1805~1875)

『어린이를 위한 동화집』(1835)

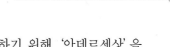

된 국제아동도서협의회(IBBY)에서는 안데르센을 기념하기 위해 '안데르센상'을 제정하여, 2년마다 가장 우수한 동화를 쓴 작가에게 시상해 오고 있다. 1966년부터는 그림책 분야도 신설하였다.

(3) 20세기

20세기 북유럽을 대표하는 아동문학 작가로는 스웨덴의 아스트리드 린드그렌(Astrid Lindgren, 1907~2002)을 들 수 있다. 1945년에 출간한 첫 책 『내 이름은 삐삐 롱스타킹』은 나오자마자 선풍적인 인기를 끌었다. 너무 황당한 이야기라며 출판을 거절당하기도 했던 삐삐 이야기는 전 세계 60여 개 언어로 번역되었고, 40여 편의 영화와 텔레비전 시리즈로도 제작되는 등 지금까지도 많은 사랑을 받고 있다. 장례식에 스웨덴 국왕 내외가 참석하고, 독일에만 그녀의 이름을 딴 초등학교가 150개가 넘을 정도로, 린드그렌은 스웨덴을 넘어 세계적인 아동문학가로 이름을 남겼다.

5) 미국의 아동문학

(1) 19세기 이전

미국의 아동문학은 영국의 영향을 크게 받았다. 17세기에 아메리카 대륙으로 건너간 영국의 아동문학은 청교도주의와 교훈주의가 주가 되었다. 아이들에게 청교도주의를 심어 주고, 문학에도 관심을 갖도록 하기 위한 종교서적과 교본류가 중심이 되어 내용이 그다지 재미있지는 않았다. 그러다가 18세기 후반 영국에서 뉴베리가 출판한 아동도서들이 들어오자 비로소 본격적인 아동문학의 역사가 시작되었다(이춘희, 2005).

(2) 19세기

미국의 아동문학은 19세기 초에 이르러 본격적으로 발전하기 시작하였고, 1820년

『톰 소여의 모험』(1876)

대 이후에는 유럽 문학의 영향에서 벗어난 독자적인 아동문학의 길이 열렸다.

1852년에 출간된 해리엇 스토우(Harriet B. Stowe, 1811~1896)의 『톰 아저씨의 오두막』은 미국 소설로는 처음으로 밀리언셀러를 기록하며 문학사에 커다란 영향을 주었다. 이 작품을 계기로 노예제에 대한 깊은 반감이 일어났으며 노예해방운동과 남북전쟁의 불씨가 되기도 했다. 1868년에는 루이자 메이 알코트(Louisa M. Alcott, 1832~1888)의 『작은 아씨들』이 출간되어 독자들에게 많은 감동을 전해 주었다.

1876년에는 마크 트웨인(Mark Twain, 1835~1910)의 『톰 소여의 모험』이 출간되며, 미국 아동문학의 독자적인 발전에 큰 영향을 주었다. 19세기 미시시피 강 유역의 소년을 주인공으로, 소년의 꿈과 이상, 모험과 자립정신을 담아낸 이 작품은 교훈성과 도덕성을 배제했다는 점에서 미국 아동문학이 영문 문학의 틀을 벗어나 한 단계 발전했음을 보여 준다.

1886년에는 프랜시스 호지슨 버넷(Frances Hodgson Burnett, 1849~1924)이 『소공자』를 출판하여 선풍적인 인기를 얻었다. 이후 불우했던 어린 시절을 바탕으로 쓴 『소공녀』(1888)와 『비밀의 화원』(1911)도 많은 사랑을 받았다.

(3) 20세기

20세기에 들어서자 청교도 정신은 힘을 잃었고, 정신적인 자유에 대한 관심이 높아졌다. 이런 분위기 속에 미국 아동문학은 빠른 속도로 성장하였다. 20세기 미국의 대표적인 동화로는 라이먼 프랭크 바움(L. F. Baum, 1856~1919)의 『오즈의 마법사』(1900), 루시 몽고메리(Lucy Montgomery, 1874~1942)의 『빨간 머리 앤』(1908), 휴 로프팅(Hugh Lofting, 1886~1947)의 『돌리틀 선생의 항해』(1922), 엘윈 화이트(E. B. White, 1899~1985)의 『샬롯의 거미줄』(1952) 등이 있다. 『샬롯의 거미줄』은 동물을 다룬 가장 뛰어난 환상동화라는 평을 받으며 지금까지 많은 사랑을 받고 있다.

　20세기에는 인쇄기술의 비약적인 발달과 영유아 도서에 대한 요구로 그림책이 획기적으로 발달했다. 특히 미국은 1930년대 이후 세계 그림책의 중심 역할을 하며 걸출한 작가들을 배출하였다. 1930년대부터 1960년대까지는 미국 그림책의 전통이 나타난 황금기로, 대표적인 작품으로는 완다 가그(Wanda Gag, 1893~1946)의 『백만 마리 고양이』(1928), 버지니아 리 버튼(Virginia Lee Burton, 1909~1968)의 『작은 집 이야기』(1942), 레오 리오니(Leo Lionni, 1910~1999)의 『파랑이와 노랑이』(1959) 등이 있다.

　현대적 그림책은 1963년 모리스 센닥 (Maurice Sendak, 1928~2012)의 『괴물들이 사는 나라』를 시작으로 본격적으로 발전했다고 할 수 있다. 환상그림책의 새로운 장을 연 『괴물들이 사는 나라』가 출판되었을 당시에 센닥은 아동문학계는 물론 교육자, 아동심리학자 등으로부터 신랄한 비판을 받았다. 해괴망측한 괴물들과 말 안 듣는 맥스가 나오는 이 책이 예쁘고 귀여운 어

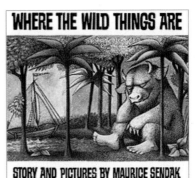

『괴물들이 사는 나라』(1963)

린이 세계를 배반했다는 것이다. 이로 인해 도서관에서 대출 금지 소동이 벌어지기도 했다. 그러나 『괴물들이 사는 나라』는 아이들의 열광적인 지지를 받았고, 이듬해 칼데콧상을 수상했다.

　에즈라 잭 키츠(Ezra Jack Keats, 1916~1983) 또한 미국의 대표적인 그림책 작가다. 1962년에 출판된 『눈 오는 날』은 그림책 최초로 흑인 아동을 주인공으로 등장시키는 등 큰 반향을 일으켰다. 어느 날 잡지에서 흑인 아이의 사진을 보고 자신의 가난했던 어린 시절의 모습을 떠올리며 만든 작품으로, 마블링과 콜라주 기법을 사용한 새로운 이미지를 선보이며 그림책의 신세계를 열었다. 유니세프에서는 그의 이름을 딴 '에즈라 잭 키츠상'을 설립하여 전 세계의 우수한 그림책에 시상

하고 있다.

　이 밖에 대표적인 그림책 작가로는 레오 리오니, 윌리엄 스타이그, 유리 슐레비츠, 데이비드 위즈너, 마르쿠스 피스터, 케빈 헹크스 등이 있다.

 참고문헌

공인숙, 김영주, 최나야, 한유진(2013). 아동문학. 경기: 양서원.

김서정(2014). 한국출판연감. 대한출판문화협회.

김세희(2000). 유아교사를 위한 유아문학교육. 경기: 양서원.

김자연(2003). 아동문학 이해와 창작의 실제. 서울: 청동거울.

노운서, 노명희, 김명화, 백미열(2013). 아동문학. 경기: 양서원.

류재수(1985). 우리나라 어린이도서 일러스트레이션의 현황 및 근본 문제: 그림책 일러스트레이션을 중심으로. 디자인. 1985년 5월호, 38-44.

신명호(2009). 그림책의 세계. 서울: 주니어김영사.

신헌재(2011). 한국 아동문학이 나아갈 지향점. 한국아동문학연구, 21, 5-24.

유창근(1997). 현대 아동문학의 이해. 서울: 동문사.

이성은(2003). 아동문학교육. 서울: 교육과학사.

이원수(2001). 아동문학입문. 서울: 소년한길.

이재철(1983). 아동문학의 이론. 서울: 형설출판사.

이춘희(2005). 유아문학교육, 창의성 향상을 위한 이론과 실제. 서울: 동문사.

정선혜(2000). 한국 아동문학을 위한 탐색. 서울: 청동거울.

조은숙(2006). 한국 그림책의 발전. 어린이문학교육연구, 7(2), 113-151.

Townsend, J. R. (2000). 어린이책의 역사(강무홍 옮김). 서울: 시공주니어. (원저는 1965년 출판).

본문에 실린 아동문학 작품

가끔씩 비 오는 날   이가을 글. 창비. 1998.

고양이 학교   김진경 글, 김재홍 그림. 문학동네어린이. 2001.

고양이는 나만 따라해   권윤덕 글·그림. 창비. 2005.

괜찮아   최숙희 글·그림. 웅진주니어. 2005.

괭이부리말 아이들   김중미 글, 송진헌 그림. 창비. 2001.

구름빵   백희나 글·그림. 한솔수북. 2004.

그 도마뱀 친구가 뜨개질을 하게 된 사연   채인선 글, 강을순 그림. 창비. 1999.

기차 ㄱㄴㄷ   박은영 글·그림. 비룡소. 1997.

까막나라에서 온 삽사리   정승각 글·그림. 초방책방. 1994.

까막눈 삼디기   원유순 글, 이현미 그림. 웅진주니어. 2007.

나의 린드그렌 선생님   유은실 글, 권사우 그림. 창비. 2005.

내 짝꿍 최영대   채인선 글, 정순희 그림. 재미마주. 1997.

너도 하늘말나리야   이금이 글, 송진헌 그림. 푸른책들. 2007.

눈물바다   서현 글·그림. 사계절. 2009.

달님은 알지요   김향이 글, 정순희 그림. 비룡소. 2004.

동물원   이수지 글·그림. 비룡소. 2004.

마당을 나온 암탉   황선미 글, 김환영 그림. 사계절. 2002.

마법에 걸린 병   고경숙 글·그림. 재미마주. 2005.

만희네 집   권윤덕 글·그림. 길벗어린이. 1995.

몽실 언니   권정생 글. 창작과비평사. 1984

바위나리와 아기별   마해송 글, 정유정 그림. 길벗어린이. 1998.

백두산 이야기   류재수 글·그림. 통나무. 1988.

샘마을 몽당깨비   황선미 글, 권사우 그림. 웅진주니어. 1999.

솔이의 추석 이야기   이억배 글·그림. 길벗어린이. 1995.

아씨방 일곱 동무   이영경 글·그림. 비룡소. 1998.

아주 특별한 우리 형   고정욱 글, 송진헌 그림. 대교출판. 2008.

오소리네 집 꽃밭   권정생 글, 정승각 그림. 길벗어린이. 1997.

장수탕 선녀님   백희나 글·그림. 책읽는곰. 2012.

초정리 편지   배유안 글, 홍선주 그림. 창비. 2006.

최승호 시인의 말놀이 동시집 1　최승호 시, 윤정주 그림. 비룡소. 2005.

콩, 너는 죽었다　김용택 시, 박건웅 그림. 실천문학사. 2003.

쿨쿨 할아버지 잠깬 날　위기철 글. 사계절. 1998.

파도야 놀자　이수지 지음. 비룡소. 2009.

플루토 비밀 결사대　한정기 글, 유기훈 그림. 비룡소. 2005.

A Christmas Carol(크리스마스 캐럴)　Charles Dickens. Chapman & Hall. 1843

A Little Princess(소공녀)　Frances Hodgson Burnett. Charles Scribner's Sons. 1905.

A.B.C.(ABC 동물원)　Brian Wildsmith. Oxford University Press. 1962

Alice's Adventures in Wonderland(이상한 나라의 앨리스)　Lewis Carroll, John Tenniel.
    Macmillan. 1865.

Anne of Green Gables(빨간 머리 앤)　Lucy Maud Montgomery. L.C. Page & Co. 1908.

At the Back of the North Wind(북풍의 등에서)　George MacDonald. 1871.

Babes in the Wood(숲 속의 어린이들)　Randolph Caldecott. 1879.

Borka: the Adventures of a Goose with No Feathers(깃털 없는 기러기 보르카)　John
    Burningham. Jonathan Cape Ltd. 1963.

Charley, Charlotte and the Golden Canary(찰리, 샬럿, 금빛 카나리아)　Charles Keeping Oxford
    University Press. 1967.

Charlie and the Chocolate Factory(찰리와 초콜릿 공장)　Roald Dahl. Alfred A. Knopf, Inc.
    1967.

Charlotte's Web(샬롯의 거미줄)　E. B. White. Harper & Brothers. 1952.

Das fliegende Klassenzimmer(하늘을 나는 교실)　E. Kastner. 1933.

Der Struwwelpeter(더벅머리 페터)　Heinrich Hoffmann. 1845.

Deux ans de vacances(15소년 표류기)　Jules Verne. Pierre-Jules Hetzel. 1888.

Die Biene Maja(꿀벌 마야의 모험)　Waldemar Bonsels. 1912.

Die unendliche Geschichte(끝없는 이야기)　Michael Ende, Thienemann Verlag. 1979.

Eventyr, fortalte for Børn(어린이를 위한 동화집)　Hans Christian Andersen. C. A. Reitzel.
    1935.

Gorilla(고릴라)　Anthony Browne, Julia MacRae. 1983.

Harry Potter and the Philosopher's Stone(해리 포터와 마법사의 돌)　J. K. Rowling, Thomas
    Taylor. Bloomsbury. 1997.

Histoire de Babar(코끼리 왕 바바의 모험)　Jean de Brunhoff. L'Ecole des loisirs. 1931.

Jim Knopf und Lukas der Lokomotivführer(짐 크노프와 기관차 루카스)   Michael Ende. 1960.

Kinder-und Hausmärchen(어린이와 가정을 위한 동화집). The Brothers Grimm. 1812.

Le Petit Prince(어린 왕자). Antonie de Saint-Exupéry. Gallimard. 1945.

Le tour du monde en quatre-vingts jours(80일 간의 세계 일주)   Jules Verne. Pierre-Jules Hetzel. 1873.

Little Blue and Little Yellow(파랑이와 노랑이). Leo Lionni. Astor-Honor Inc. 1959.

Little Lord Fauntleroy(소공자)   Frances Hodgson Burnett. Charles Scribner's Sons. 1886.

Little Women(작은 아씨들)   Louisa May Alcott. Roberts Brothers. 1868.

Mary Poppins(메리 포핀스)   P. L. Travers, Mary Shepard. HarperCollins. 1934.

Millions of Cats(백만 마리 고양이)   Wanda Gag. Coward-McCann, 1928.

Momo(모모)   Michael Ende. Thienemann Verlag. 1973.

Mr Gumpy's Outing(검피 아저씨의 뱃놀이)   John Burningham. Jonathan Cape Ltd. 1970.

Nussknacker und Mausekönig(호두까기 인형)   E. T. A. Hoffmann. 1816.

Oliver Twist(올리버 트위스트)   Charles Dickens. Cathay Books, 1838

Peter and Wendy(피터 팬)   J. M. Barrie, F. D. Bedford. Hodder & Stoughton. 1911.

Pippi Långstrump(내 이름은 삐삐 롱스타킹)   Astrid Lindgren. Rabén & Sjögren. 1945.

The Adventures of Tom Sawyer(톰 소여의 모험)   Mark Twain. American Publishing Company. 1876.

The Baby's Own Aesop(이솝 이야기)   W. J. Linton, Walter Crane. 1887.

The Diverting History of John Gilpin(존 길핑의 유쾌한 이야기)   Randolph Caldecott. 1878.

The Frog Prince and other stories(개구리 왕자)   Walter Crane. 1874.

The Highwayman(노상강도)   Charles Keeping. Oxford University Press. 1981.

The Jungle Book(정글북)   Rudyard Kipling, John Lockwood Kipling. Macmillan Publishers. 1894.

The Lion, the Witch and the Wardrobe(사자와 마녀와 옷장)   C. S. Lewis. Pauline Baynes. Geoffrey Bles. 1950.

The Little House(작은 집 이야기)   Virginia Lee Burton. New York Scholastic Inc. 1942.

The Lord of the Rings(반지의 제왕)   J. R. R. Tolkien. George Allen & Unwin. 1954.

The Pied Piper of Hamelin(하멜른의 피리 부는 사나이)   Robert Browning, Kate Greenaway. Frederick Warne and Co., Ltd. 1888.

The Secret Garden(비밀의 화원)   Frances Hodgson Burnett. Frederick A. Stokes. 1911.

The Snowy Day(눈 오는 날)   Ezra Jack Keats. Puffin. 1962.

The Story of Little Black Sambo(꼬마 깜둥이 삼보)   Helen Bannerman. Grant Richards. 1899.

The Tale of Peter Rabbit(피터 래빗 이야기)   Beatrix Potter. Frederick Warne & Co. 1902.

The Three Jovial Huntsmen(익살꾸러기 사냥꾼 삼총사)   Randolph Caldecott. 1880.

The Voyages of DR Dolittle(돌리틀 선생의 항해)   Hugh Lofting. J. B. Lippincott & Co. 1922.

The Water-Babies(물의 아이들)   Charles Kingsley. Macmillan. 1863.

The Wonderful Wizard of Oz(오즈의 마법사)   L. F. Baum. George M. Hill Company. 1900.

Through the Looking-Glass(거울나라의 앨리스)   Lewis Carroll, John Tenniel. Macmillan. 1871.

Tom's Midnight Garden(한밤중 톰의 정원에서)   Philippa Pearce, Susan Einzig, Oxford University Press. 1958.

Treasure Island(보물섬)   Robert Louis Stevenson. Cassell and Company. 1883.

Uncle Tom's Cabin(톰 아저씨의 오두막집)   Harriet. B. Stowe. John P. Jewett and Company. 1852.

Under the Window(창가 아래서)   Kate Greenaway, Edmund Evans. George Routledge & Son. 1879.

Where the Wild Things Are(괴물들이 사는 나라)   Maurice Sendak. HarperTrophy. 1963.

Winnie-the-Pooh(곰돌이 푸우 이야기)   A. A. Milne, E. H. Shepard. Methuen & Co. Ltd. 1926.

Zoo(동물원)   Anthony Browne, Julia MacRae. 1992.

Chapter

03

아동문학과
아동발달

아동에게 적합한 문학작품을 선정하기 위해서는 아동의 발달단계에 따른 특성과 아동의 기본적 욕구를 이해하고 있어야 한다. 이 장에서는 연령별 발달특성과 그에 적합한 그림책에 대해 알아보고, 매슬로 이론에 따른 인간의 기본적 욕구를 충족시켜 줄 수 있는 그림책에 대해 살펴보고자 한다.

1. 연령별 발달특성과 아동문학

아동의 발달적 특성에 따라 각각 어떤 종류의 그림책이 적절한지에 대해서는 다음과 같은 기준이 있다. 그러나 이 기준이 절대적이지 않음에 유의해야 한다. 즉, 글자를 전혀 모르는 영아도 문장의 수가 많은 그림책의 그림을 따라가면서 풍부한 이야기를 이해할 수 있고, 유아나 성인이 영아 대상의 그림책을 읽을 수도 있기 때문이다.

1) 0세 영아

영아는 출생 후 4개월 정도가 지나면 관심의 대상이 자신의 신체에서 외부로 확대된다. 즉, 주변의 놀잇감이나 모빌에 관심을 보이고 손에 쥐어지는 것을 잡고 흔들기 시작한다. 양육자와의 적극적인 옹알이 상호작용이 시작되는 시기는 6~8개월 정도부터다. 이처럼 다른 사람의 말을 주의 깊게 듣거나 눈을 마주치고 반응하기 시작하면 간단한 영아용 책을 보여 주기 시작할 때다.

(1) 발달적 특성

0세 영아는 보고, 맛보고, 냄새 맡고, 만지는 등 모든 감각을 사용하여 직접적이고 구체적인 경험을 통해 주변 세계를 탐색하고 개념을 형성한다. 양육자와의 적극적인 옹알이 상호작용이 시작되는 시기는 6~8개월 정도부터인데, 영아는 놀이를 지원해 주는 양육자와의 애착을 통해 더욱 잘 배우고 발달한다. 다른 사람의 말을 주의 깊게 듣거나 눈을 마주치고 반응하기 시작하는 시기로 간단한 영아용 책을 보여 주는 것이 좋다.

구분	0세 영아 발달특성
신체 발달	· 4~6개월까지는 구르기, 손으로 발을 잡고 놀기, 배밀이, 물건을 잡고 앉기 등을 할 수 있다. · 8개월경 배밀이를 통해 몸을 이동시킬 수 있으며, 혼자 앉기 시작한다. · 12개월경에는 혼자 일어설 수 있고, 어른이 붙잡아 주면 걸을 수 있게 된다. · 일어서거나 잡고 돌아다니는 등 움직임의 범위가 커지지만 아직 균형감각이 부족한 시기다. · 사물을 부딪쳐 큰 소리 내기, 넣어 보기, 깨물기, 던져 보기, 열고 닫기, 밀거나 당기기, 쏟고 채우기, 질질 끌고 다니기 등을 시도한다. · 계단을 기어서 오른다. · 물장구치는 목욕놀이를 좋아한다.
언어 발달	· 울음으로 시작된 신생아의 의사표현은 차츰 쿠잉과 옹알이와 같은 좀 더 적극적인 시도로 변화된다. · 1개월경 소리를 내기 시작한다. · 6개월경 영아는 마, 다, 나와 유사한 발성을 한다. · "안 돼."라는 말의 어조에 반응한다. · 9~10개월경 의도적으로 다른 소리를 모방한다. · 생후 1년경 한 단어 말을 할 수 있고, 운율, 리듬, 노래를 즐긴다. · 언어로 지시하면 사물을 바라볼 수 있다.
인지 발달	· 눈과 귀, 손, 발, 입의 오감각을 통해 환경을 적극적으로 탐색하기 시작한다. · 출생 시 녹색과 적색을 구분할 수 있고, 2개월이면 삼원색을 구별할 수 있다. · 직선보다는 곡선을 선호하고 대조되는 색 패턴을 좋아한다. · 생후 3개월간 영아의 자기조절 능력이 향상되고, 3개월 이후에 환경을 탐색하는 외부와의 상호작용이 활발해진다. · 4개월 이후에 의도적으로 어떤 행동을 시도하는 목적성을 갖게 된다. · 6~8개월경에 의도적으로 어떠한 행동을 시도하거나, 흥미 있는 결과를 기대하며 반복하여 행동하기를 즐긴다. 즉, 행동이 목표 지향적이 된다. · 대상영속성이 발달한다. · 그릇과 그릇에 담긴 것과의 관계에 관심이 있으며, 벽장, 서랍, 용기에 담긴 것을 쏟아 버리기를 좋아한다. · 열고 닫기, 밀고 당기기 등 간단한 장치를 작동하는 것을 좋아하고 그 결과를 관찰한다. · 사람, 물체, 게임, 장난감을 가지고 한 행동 등을 기억해 낸다.
정서 · 사회성 발달	· 생후 3개월부터 주양육자와 밀접한 심리적 유대감을 형성하게 된다. · 6개월이 되면 새로운 사람에 대해 전보다 두려움을 나타낸다. · 주의 끌기와 사람과의 접촉을 추구하기 시작한다. · 자신의 감정을 차츰 구체적으로 표현하게 된다. · 어른이나 다른 사람을 지켜보고 모방할 때도 있다. · 간단한 사회적 놀이(예: 까꿍놀이)를 즐긴다. · 다른 영아에 대한 호기심과 관심이 더욱 증가된다.

출처: 보건복지가족부(2008).

(2) 적합한 그림책의 특성

0세 영아는 책을 '본다'는 것보다는 책과 '상호작용한다'는 편이 더 적절하다 (고문숙 외, 2013). 이 시기에는 책을 만져 보고 들여다보면서 책의 특성을 탐색하므로 헝겊책, 촉감을 느낄 수 있는 책, 비닐책, 소리 나는 책 등 다양한 형태의 책을 제공해 주어 감각적인 경험을 즐길 수 있도록 해 주는 것이 바람직하다.

- 큰 그림이나 대조적 색상의 패턴이 있는 그림책
- 촉각적인 경험을 줄 수 있는 촉감 그림책
- 누워서 볼 수 있는 모빌 형태의 그림책
- 세워 놓을 수 있는 병풍 형태의 그림책
- 영아의 손에 잡히는 작은 사이즈의 책
- 세탁할 수 있는 헝겊 그림책
- 물에서 가지고 놀 수 있는 무독성 비닐 그림책
- 두꺼운 종이로 만든 보드북
- 신체 부위나 일상생활에서 흔히 보이는 소재의 반복이 많은 그림책
- 운율, 리듬, 노래가 들어간 그림책
- 수 그림책, 사물 그림책, 동물 그림책

꿈꾸는 달팽이 아기 헝겊책
(차보금 글, 최민정 그림, 꿈꾸는 달팽이, 2012)

세밀화로 그린 보리 아기그림책 1
(편집부 편저, 이태수 그림, 보리, 1994)

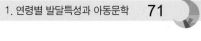

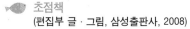

초점책
(편집부 글 · 그림, 삼성출판사, 2008)

퐁당퐁당 아기 목욕책
(편집부 글 · 그림, 애플비, 2004)

도리도리 짝짜꿍
(김세희 글, 유애로 그림, 보림, 1998)

2) 1세 영아

(1) 발달적 특성

1세는 감각기관과 운동기관의 협응을 통해 정신적 표상능력과 인지발달이 이루어지는 시기다. 또한 한 단어를 시작으로 어휘발달이 폭발적으로 이루어지고, 두 단어를 결합시킨 문장을 사용하기 시작한다. 강한 행동으로 자신의 정서를 표현하고, 자기 스스로 하려는 행동을 보이며 기본적인 생활습관이 형성되기 시작한다.

구분	1세 영아 발달특성
신체 발달	· 다른 사람의 도움 없이 혼자 걸을 수 있게 된다. · 계단을 오르고 내리는 것을 좋아한다. · 공을 던질 수 있다. · 잘 달릴 수 있고 달리다가 멈출 수 있다. · 질질 끌고 다니기, 뒤집어 비우기, 끌어당기기, 쌓기, 부수기, 비우고 채우기를 좋아한다. · 관심의 대상이 확대되고, 손과 팔의 협응력이 발달한다.
언어 발달	· 말할 수 있는 단어의 수가 증가하고, 간단한 명령을 이행할 수 있다. · 반복적인 운율이나 리듬이 있는 그림책을 즐긴다. · 12~18개월경 사물의 이름을 말할 수 있고 의성어를 흉내 낼 수 있다. · 12~18개월경 운율 있는 노래를 들으면 일부분을 따라한다. · 두세 단어로 된 문장을 사용할 수 있다.
인지 발달	· 문제를 해결하기 위해 새로운 행동을 시도하고 시행착오를 겪게 된다. · 움직일 수 있는 놀잇감을 좋아한다. · 어떠한 것이 일어나는 원인을 인식하게 된다. · 대상영속성 개념이 완전히 발달한다. · 과거 사건을 모방하고 내적 표상에 의해서 생각을 기억하며 후에 그것을 재생산한다.

구분	1세 영아 발달특성
정서 · 사회성 발달	· 분노, 부끄러움, 공포까지도 완성되지만, 아직은 그 표현이 세분화되지 못하여 대개 화를 내거나 짜증을 부리거나 우는 것으로 표현하는 경우가 많다. · 떼쓰기가 나타난다. · 성인에게 애정을 표시한다. · 성취감을 통해 긍정적인 자존감을 발달시킨다. · '싫어.'라는 부정적인 태도를 자주 표현한다. · 다른 영아들과 함께 놀이를 하나 상호작용이 많지 않고, 놀잇감이나 물건을 다른 사람과 나누기가 어렵다.

출처: 보건복지가족부(2008).

(2) 적합한 그림책의 특성

1세 영아를 위한 그림책으로는 그 자체가 감각적인 놀이요소를 가지고 있는 것이 좋으며, 일상생활에서 친근하게 접하는 탈것, 사물, 동물들을 소재로 한 내용의 그림책이 적절하다.

- 신체표현이나 동작을 따라할 수 있는 그림책
- 친숙한 사물이나 그림이 있는 그림책(사물 그림책, 이름 말하기 책)
- 의성어나 의태어가 나오는 그림책
- 단어, 구, 문장이 반복되는 그림책
- 운율이나 리듬이 들어간 그림책
- 영아가 가지고 다니기에 적당하게 손잡이가 달린 그림책
- 만져 보거나 잡아당기는 등 상호작용이 가능한 그림책
- 이야기가 짧고 단순한 그림책
- 탈것, 동물 등에 관한 그림책

사과가 쿵!
(다다 히로시 지음, 정근 옮김,
보림, 2006)

두드려 보아요
(안나 클라라 티돌름 글 · 그림,
사계절, 2007)

싹싹싹
(하야시 아키코 글 · 그림,
이영준 옮김, 한림출판사, 1989)

뭐하니?
(유문조 글, 최민오 그림,
길벗어린이, 2001)

🐟 한 살배기 아기그림책
(보물섬 지음, 천둥거인, 1999)

🐟 잘 자요, 달님
(마거릿 와이즈 브라운 글,
클레먼트 허드 그림, 이연선 옮김,
시공주니어, 1999)

🐟 모두 잠이 들어요
(마거릿 와이즈 브라운 글,
진 샬럿 그림, 나희덕 옮김,
비룡소, 2001)

🐟 친구를 보내 주세요!
(로드 캠벨 지음, 염현숙 옮김,
문학동네어린이, 2004)

🐟 안아 줘!
(제즈 앨버로우 글 · 그림, 웅진닷컴, 2000)

3) 2세 영아

(1) 발달적 특성

2세 영아는 운동기능이 발달하고 신체움직임이 유연해지며, 자신의 감정을 다른 사람이 알아 주기를 원한다. 친구들에게 관심을 갖기 시작하고, 언어를 사용하여 어른들과 교류하게 되며, 주변을 탐색하기 위해 관찰, 질문, 조작, 분류, 측정을 사용하게 된다.

구분	2세 영아 발달특성
신체 발달	· 한 발로 서기, 뛰기, 뛰다 멈추기, 뛰어넘기, 오르내리기 등의 운동기능이 발달한다. · 발 바꿔 계단 오르내리기를 한다. · 소근육의 발달로 숟가락, 빨대를 효과적으로 사용할 수 있다. · 문 손잡이나 핸들을 돌릴 수 있다. · 단추를 채우고 지퍼 잠그는 것을 시도할 수 있다.
언어 발달	· 의사소통 능력이 증가한다. · 질문하고 질문에 답할 수 있다. · 어휘가 급격하게 증가한다. · 극놀이를 통해 사회적 맥락에 적절한 언어를 연습한다.

구분	2세 영아 발달특성
인지 발달	· 2세 말경에 뇌 크기가 성인의 80%에 도달한다. · 만 2세를 전후해서 시냅스와 뇌세포가 연결되는 과정이 가장 빠르게 일어난다. · 가상놀이가 나타난다. · 크고 작은 것의 차이를 안다. · 지연 모방을 나타낸다. · 호기심이 많고, 탐색적이다. · 주변을 탐색하기 위해 관찰, 질문, 조작, 분류, 측정을 사용한다.
정서· 사회성 발달	· 도움의 필요성을 깨닫지만 보다 독립적이 되어 간다. · 성인에게서 볼 수 있는 거의 모든 정서로 자신의 감정을 표현한다. · 자신의 감정을 다른 사람이 알아 주기를 원한다. · 소유하려는 행동을 나타낸다. · 다른 사람의 관심을 얻으려고 한다. · 내 것과 너의 것의 차이를 인지한다. · 남을 도울 수 있다. · 순서 지키기를 할 수 있다. · 병행놀이, 협동놀이가 나타난다.

출처: 보건복지가족부(2008).

(2) 적합한 그림책의 특성

2세 영아를 위한 그림책으로는 옷 입기, 배변훈련, 잠자기 등 영아의 일상생활을 담고 있는 그림책이나 스스로 할 수 있다는 내용이 담긴 그림책이 적절하다.

• 이야기가 짧고 단순한 그림책

• 운율이 있는 전래동요나 창작동요, 자장가가 담긴 그림책

• 가족, 수면, 대소변 등 생활습관이 담긴 그림책

• 스스로 먹고 입기와 같은 자조기술 습득에 관한 그림책

• 각 장마다 내용을 잘 이해할 수 있게 그림이 그려진 그림책

• 수, 색, 모양 개념에 관한 그림책

🐟 똥이 풍덩!
(알로나 프랑켈 글 · 그림, 김세희 옮김,
비룡소, 2001)

🐟 누가 내 머리에 똥 쌌어?
(베르너 홀츠바르트 글, 볼프 에를브루흐
그림, 사계절, 2002)

🐟 괜찮아
(최숙희 지음, 웅진주니어, 2005)

🐟 악어도 깜짝, 치과 의사도 깜짝!
(고미 타로 글 · 그림, 이종화 옮김,
비룡소, 2000)

누구 그림자일까?
(최숙희 글 · 그림, 보림, 2000)

알록달록 동물원
(로이스 엘러트 글 · 그림, 문정윤 옮김,
시공주니어, 2001)

우리 엄마 어디 있어요?
(기도 반 게네흐텐 글 · 그림,
서남희 옮김, 한울림어린이, 2004)

입이 큰 개구리
(키스 포크너 글, 조나단 램버트 그림,
정채민 옮김, 미세기, 2001)

▶ 사랑해 사랑해 사랑해
(버나뎃 로제티 슈스탁 글, 캐롤라인 제인 처치 그림,
신형건 옮김, 보물창고, 2006)

4) 3~5세 유아

(1) 발달적 특성

3~5세 유아는 주변 세계에 대한 호기심이 높아지면서 "왜?"라는 질문이 증가하고, 언어와 상징을 사용하여 사고하기 시작하며 상상놀이를 즐기게 된다. 이 시기 유아들은 글과 그림을 구별할 줄 알게 되면서 인쇄된 글자에 대해 관심을 갖게 된다. 또래와의 상호작용이 증가하고 자신의 정서뿐만 아니라 타인의 정서를 이해하기 시작한다.

구분	3~5세 유아 발달특성
신체 발달	· 대근육 사용을 즐기며 몸의 균형이 증가된다. · 운동의 속도나 정확도가 증가한다. · 가위질이 능숙해진다. · 옷 입고 벗기, 벨트 풀기, 단추 끼우기, 지퍼 올리고 내리기, 양말 신고 벗기 등 자조능력이 증가한다.

구분	3~5세 유아 발달특성
언어 발달	· 성인과 같은 언어를 사용하게 되며 언어발달이 가속화된다. · 언어적인 공격을 사용한다. · 복수형과 과거시제를 사용한다. · 점차 문법규칙이 숙달되며 구어를 완전히 습득한다.
인지 발달	· 모든 것에 이유나 목적이 있다고 생각하여 끊임없이 질문을 되풀이한다. · 가능한 것과 불가능한 것의 구분이 더 많아진다. · 기준에 따라 사물을 분류할 수 있다. · 점차 논리적이 되어 간다. · 알고자 하는 것에 대해 적극적으로 질문하고 궁리하며 해결하려는 탐구력이 증 가한다.
정서 · 사회성 발달	· 모든 감정이 분화되어 표정, 태도, 의사표현, 동작이 풍부해진다. · 자기주장이 강해진다. · 자신감이 증가하여 허풍을 떨기도 하고 과장하기도 한다. · 상상놀이와 사회극놀이를 즐긴다. · 독립성이 길러지고 점차 주체성이 확립된다. · 상당한 시간 동안 집단활동이 가능해진다. · 호기심이 많고 새로운 시도에 쉽게 흥미를 느낀다. · 협동적 놀이가 증가되어 협동심과 책임감을 갖게 된다.

출처: 보건복지가족부(2008).

(2) 적합한 그림책의 특성

3~5세 유아를 위한 그림책으로는 정보전달이나 개념습득에 도움이 되고, 호기심과 상상력을 충족시켜 줄 수 있는 그림책이 좋다. 또한 가족, 친구관계, 다른 사람과의 관계에 대한 그림책과 긍정적인 자아개념 형성을 돕는 그림책이 적절하다.

- 이야기 구조가 분명한 그림책
- 개념습득에 도움을 주는 그림책
- 초보적 수세기나 글자 이해에 관한 그림책

- 상상이야기, 의인화된 이야기의 그림책
- 분야별로 다양한 정보를 주는 그림책
- 풍부한 이야기를 끌어내는 글 없는 그림책
- 행복한 결말과 권선징악의 내용이 있는 그림책
- 도덕적 딜레마가 있는 그림책
- 친구관계를 다룬 그림책
- 자아개념을 다룬 그림책
- 타인의 생각과 감정을 이해하는 탈중심화 과정을 담고 있는 책
- 여러 나라의 전래동화

🐟 무지개 물고기
(마르쿠스 피스터 글 · 그림, 공경희 옮김,
시공주니어, 1994)

🐟 곰 사냥을 떠나자
(마이클 로젠 글, 헬린 옥슨버리 그림,
공경희 옮김, 시공주니어, 1994)

🐟 팥죽 할멈과 호랑이
(박윤규 글, 백희나 그림,
시공주니어, 2006)

🐟 괴물들이 사는 나라
(모리스 센닥 글 · 그림, 강무홍 옮김,
시공주니어, 2002)

🐟 치과 의사 드소토 선생님
(윌리엄 스타이그 글 · 그림,
조은수 옮김, 비룡소, 1995)

🐟 어흥어흥 어름치야
(이학영 글, 김재홍 그림, 비룡소, 2013)

🐟 기차 ㄱㄴㄷ
(박은영 글 · 그림, 비룡소, 2007)

🐟 노란 우산
(류재수 지음, 신동일 작곡, 보림, 2007)

🐟 지하 100층짜리 집
(이와이 도시오 글 · 그림, 김숙 옮김,
북뱅크, 2010)

2. 아동의 기본적 욕구와 아동문학

아동문학은 아동의 기본적 욕구에 부합하는 것이어야 한다. 매슬로(Maslow, 1970)는 인간의 성장 발달을 기본적인 욕구를 충족해 나가는 과정으로 설명하였으며, 다음과 같이 기본적인 욕구들을 위계적으로 설명하였다. 욕구위계 이론은 낮은 단계에 있는 욕구가 어느 정도 충족되어야 더 높은 단계의 욕구를 의식하거나 동기가 부여된다고 가정하고 있다.

아동은 문학작품을 통해 기본적인 욕구를 충족하게 되는데, 매슬로 이론을 중심으로 유아의 기본적인 욕구에 대해 살펴보고 그에 적절한 문학작품의 예를 제시하고자 한다. 단 한 책에 여러 욕구가 혼합되어 있는 경우가 많으므로 반드시 어느 한 욕구의 절대적인 기준에 의한 것만은 아님을 밝힌다.

[그림 3-1] 매슬로의 욕구위계 이론

1) 생리적 욕구

생리적 욕구는 인간의 욕구 중에서 가장 기본적이며 강한 것으로, 선천적이고 본능적인 것과 관련된 것이다. 주로 음식, 물, 수면, 배설, 성에 대한 욕구가 포함된다. 아동의 생리적 욕구를 다룬 문학작품을 소개하면 다음과 같다.

응가하자, 끙끙 (최민오 지음, 보림, 2004)
염소, 개 등 여러 동물이 변기에 앉아 응가를 하는 모습을 보여 줌으로써 자연스럽게 배설에 대한 기본적인 욕구를 충족시켜 주는 작품이다.

2) 안전의 욕구

생리적인 욕구가 충족되었을 때 인간은 모든 질병과 위험으로부터 자기 자신을 안전하게 보호하고자 하는 욕구가 생기게 된다. 이는 신체적인 안전뿐만 아니라 물질적 · 정서적 안전을 모두 포함한다. 안전의 욕구는 아동에게도 매우 중요한 기본적 욕구다. 따라서 부모나 교사는 물질뿐만 아니라 정서 · 심리적 안전에 대한 아동의 요구에 민감하게 반응해 주어야 한다. 정서적 안전감은 아동이 자신에 대해 긍정적인 감정을 갖게 해 주고 나아가 다른 사람과 성공적인 관계를 맺도록 하는 데 필수적인 요소이기 때문이다(노운서 외, 2013). 아동의 안전의 욕구를 다룬 문학작품을 소개하면 다음과 같다.

 개가 무서워요! (볼프 에를브루흐 글 · 그림, 박종대 옮김, 사계절, 2007)
개를 좋아하던 소년이 개의 무서운 이빨을 보고 난 뒤 개를 무서워하게 되었는데, 이후 요정의 도움으로 큰 개로 변신하는 과정 등을 겪으며 무서움을 극복해 나가는 내용의 그림책이다.

3) 소속감과 애정의 욕구

인간은 사랑하고 싶고 또한 사랑받기를 원하며 다른 사람과 친밀한 관계를 유지하면서 소속감을 갖기를 원한다. 사랑을 주고받는 기본 단위는 가족이며 아동은 가족 간의 사랑과 우애를 통해서 자신에 대한 긍정적 감정을 갖게 되며, 좌절이나 갈등 상황을 극복할 수 있는 정신적 강인함을 얻게 된다. 아동은 '우리 엄마' '우리 동생' 등의 가족 속에서 자기 자신을 인식하는 것부터 시작하여 '우리 선생님' '우리 반' 등으로 점차 소속의 범위가 확대되어 가면서 한 집단의 구성원으로서 소속감을 형성하게 된다. 아동의 소속감과 애정의 욕구를 다룬 문학작품을 소개하면 다음과 같다.

 우리 아빠가 최고야 (앤서니 브라운 글 · 그림, 최윤정 옮김, 킨더랜드, 2007)
자랑스러운 아빠의 모습이 다소 과장된 유머로 다양하게 표현되어 있어, 아빠에 대한 깊은 사랑을 느낄 수 있게 해 주는 그림책이다.

4) 자존의 욕구

자존의 욕구는 스스로 자기 자신을 존중하고, 자신이 중요하다고 여기는 다른 사람으로부터 사랑과 존중을 받고자 하는 욕구다. 이러한 욕구가 적절히 충족되면 자신에 대한 올바른 자아개념과 자아존중감을 형성할 수 있고 대인관계를 원만하게 잘 이룰 수 있다. 반면, 이 욕구가 충족되지 못할 경우에는 좌절감과 열등감을 초래하게 된다. 아동의 자존의 욕구를 다룬 문학작품을 소개하면 다음과 같다.

🐟 하늘로 날아간 물고기 (허은순 기획 · 글, 김호연 그림, 은나팔, 2008)
남과 다른 외모를 가진 여덟 마리 물고기가 세상을 향해 씩씩하게 나아가는 이야기로 나와 다른 타인에 대한 존중과 개성의 소중함 그리고 '다름'에 대해 스스로 가져야 할 자신감을 일깨워 주는 그림책이다.

5) 자아실현의 욕구

자아실현의 욕구는 최상의 욕구 단계로 자신의 재능, 능력, 잠재력을 발견하고 실현하기 위해 노력하는 것을 말한다. 아동은 자신이 소망하는 어떤 것을 이루기 위해 여러 번의 실패와 좌절에도 불구하고 끝까지 노력하여 성공하는 모습을 통해 이러한 욕구를 충족시킬 수 있다. 아동의 자아실현의 욕구를 다룬 문학작품을 소개하면 다음과 같다.

 휘파람을 불어요 (에즈라 잭 키츠 글 · 그림, 김희
순 옮김, 시공주니어, 1999)
휘파람을 너무나 불고 싶은 피터가 절대 포기하지 않
고 노력하여 결국 휘파람을 불게 된다는 내용의 그림
책이다.

 참고문헌

고문숙, 임영심, 김수향, 손혜숙(2013). 아동문학교육. 경기: 양서원.

김정원, 전선옥, 이연규(2014). 유아문학교육. 서울: 학지사.

김현자, 조미영, 김기웅, 노희연, 서화니, 조득현(2013). 아동문학. 서울: 창지사.

노운서, 노명희, 김명화, 백미열(2013). 아동문학. 경기: 양서원.

보건복지가족부(2008). 보육프로그램 총론.

이상금, 장영희(2001). 아동문학론. 경기: 교문사.

이송은(2013). 유아문학교육의 이론과 실제: 누리과정 생활주제별 문학 활동. 서울: 창지사.

최나야, 아이종이(2011). 그림책을 활용한 통합적 유아교육활동. 경기: 교문사.

Maslow, A. H. (1970). *Motivation and personality*. NY: Harper and Row.

본문에 실린 아동문학 작품

기차 ㄱㄴㄷ   박은영 글·그림. 비룡소. 2007.

개가 무서워요!   볼프 에를브루흐 글·그림. 박종대 옮김. 사계절. 2007.

곰 사냥을 떠나자   마이클 로젠 글, 헬린 옥슨버리 그림. 공경희 옮김. 시공주니어. 1994.

괜찮아   최숙희 지음. 웅진주니어. 2005.

괴물들이 사는 나라   모리스 센닥 글·그림. 강무홍 옮김. 시공주니어. 2002.

꿈꾸는 달팽이 아기 헝겊책   차보금 글, 최민정 그림. 꿈꾸는 달팽이. 2012.

노란 우산   류재수 지음, 신동일 작곡. 보림. 2007.

누가 내 머리에 똥 쌌어?   베르너 홀츠바르트 글, 볼프 에를브루흐 그림. 사계절. 2002.

누구 그림자일까?   최숙희 글·그림. 보림. 2000.

도리도리 짝짜꿍   김세희 글, 유애로 그림. 보림. 1998.

두드려 보아요   안나 클라라 티돌름 글·그림. 사계절. 2007.

똥이 풍덩!   알로나 프랑켈 글·그림. 김세희 옮김. 비룡소. 2001.

모두 잠이 들어요   마거릿 와이즈 브라운 글, 진 샬럿 그림. 나희덕 옮김. 비룡소. 2001.

무지개 물고기   마르쿠스 피스터 글·그림. 공경희 옮김. 시공주니어. 1994.

뭐하니?   유문조 글, 최민오 그림. 길벗어린이. 2001.

사과가 쿵!   다다 히로시 지음. 정근 옮김. 보림. 2006.

사랑해 사랑해 사랑해   버나뎃 로제티 슈스탁 글, 캐롤라인 제인 처치 그림. 신형건 옮김.
　　보물창고. 2006.

세밀화로 그린 보리 아기그림책   편집부 편저, 이태수 그림. 보리. 1997.

싹싹싹   하야시 아키코 글·그림. 이영준 옮김. 한림출판사. 1989.

악어도 깜짝, 치과 의사도 깜짝!   고미 타로 글·그림. 이종화 옮김. 비룡소. 2000.

안아 줘!   제즈 앨버로우 글·그림. 웅진닷컴. 2000.

알록달록 동물원   로이스 엘러트 글·그림. 문정윤 옮김. 시공주니어. 2001.

어흥어흥 어름치야   이학영 글, 김재홍 그림. 비룡소. 2013.

열두 띠 동물 까꿍놀이   최숙희 지음. 보림. 2003.

우리 아빠가 최고야   앤서니 브라운 글·그림. 최윤정 옮김. 킨더랜드. 2007.

우리 엄마 어디 있어요?   기도 반 게네흐텐 글·그림. 서남희 옮김. 한울림어린이. 2004.

응가하자, 끙끙   최민오 지음. 보림. 2004.

입이 큰 개구리   키스 포크너 글, 조나단 램버트 그림. 정채민 옮김. 미세기. 2001.

잘 자요, 달님 마거릿 와이즈 브라운 글, 클레먼트허드 그림. 이연선 옮김. 시공주니어.
　　1999.

지하 100층짜리 집 이와이 도시오 글ㆍ그림. 김숙 옮김. 북뱅크. 2010.

초점책 편집부 글ㆍ그림. 삼성출판사. 2008.

치과 의사 드소토 선생님 윌리엄 스타이그 글ㆍ그림. 조은수 옮김. 비룡소. 1995.

친구를 보내 주세요! 로드 캠벨 지음. 염현숙 옮김. 문학동네어린이. 2004.

팥죽 할멈과 호랑이 박윤규 글, 백희나 그림. 시공주니어. 2006.

퐁당퐁당 아기 목욕책 편집부 글ㆍ그림. 애플비. 2004.

하늘로 날아간 물고기 허은순 기획ㆍ글, 김호연 그림. 은나팔. 2008.

한 살배기 아기그림책 보물섬 지음. 천둥거인. 1999.

휘파람을 불어요 에즈라 잭 키츠 글ㆍ그림. 김희순 옮김. 시공주니어. 1999.

Chapter

04

아동문학과 표준보육과정 (누리과정)

문학은 표준보육과정과 누리과정의 모든 영역과 밀접하게 연결되어 있으며, 특히 놀이와 흥미 중심의 보육현장에서는 문학 경험이 통합적이고 유기적으로 전 영역에서 활용되고 있다. 이 장에서는 표준보육과정과 누리과정의 영역별 내용과 관련된 문학작품에 대해 알아보고, 그중 문학과 직결되는 의사소통영역의 듣기와 읽기 내용범주를 중심으로 문학 관련 교육내용과 지도방법에 대해 보다 구체적으로 살펴보고자 한다.

1. 기본생활영역과 아동문학

기본생활영역은 영유아에게 필수적인 건강하고 안전한 생활을 경험하게 하기 위한 영역이다. 기본생활영역은 '건강하게 생활하기' '안전하게 생활하기'의 내용범주로 구성되어 있다. 3~5세 누리과정의 경우 해당 내용범주가 신체운동·건강영역에 해당된다.

내용 범주	내용		
	0~1세	2세	3~5세 (신체운동 · 건강영역)
건강하게 생활하기	몸을 깨끗이 하기	몸을 깨끗이 하기	몸과 주변을 깨끗이 하기
	즐겁게 먹기	바르게 먹기	바른 식생활 하기
	건강한 일상생활 하기	건강한 일상생활 하기	건강한 일상생활 하기
		질병에 대해 알기	질병 예방하기
안전하게 생활하기	안전하게 지내기	안전하게 놀이하기	안전하게 놀이하기
		교통안전 알기	교통안전 규칙 지키기
	위험한 상황에 반응하기	위험한 상황 알기	비상시 적절히 대처하기

기본생활영역에 관련된 문학작품을 소개하면 다음과 같다.

🐟 난 토마토 절대 안 먹어
(로렌 차일드 글 · 그림, 조은수 옮김,
국민서관, 2001)

🐟 동수야, 어디 가니?
(오시은 글, 김효은 그림,
문학동네어린이, 2010)

🐟 멍멍 의사 선생님
(배빗 콜 지음, 박찬순 옮김,
보림, 2000)

2. 신체운동(신체운동 · 건강)영역과 아동문학

신체운동(신체운동 · 건강)영역은 영유아가 자신의 신체를 탐색하며 대소근육을
조절해 보고 신체활동에 즐겁게 참여하면서 감각 및 신체조절 능력과 영유아기에
필요한 기본 운동능력을 기르게 하기 위한 영역이다. 신체운동(신체운동 · 건강)영
역은 '(감각과) 신체 인식하기' '신체조절과 기본 운동하기' '신체 활동에 참여하
기'의 내용범주로 구성되어 있다. 3~5세 누리과정의 경우 해당 내용범주가 신체
운동 · 건강영역에 해당된다.

내용 범주	내용		내용 범주	내용
	0~1세	2세		3~5세 (신체운동 · 건강영역)
(감각과) 신체 인식하기	감각적 자극에 반응하기	감각능력 기르기	신체 인식하기	감각능력 기르고 활용하기
	감각기관으로 탐색하기	감각기관 활용하기		
	신체 탐색하기	신체를 인식하고 움직이기		신체를 인식하고 움직이기

내용 범주	내용		내용 범주	내용
	0~1세	2세		3~5세 (신체운동 · 건강영역)
신체 조절과 기본 운동하기	신체 균형 잡기	신체 균형 잡기	신체 조절과 기본 운동하기	신체조절하기
	대근육 조절하기	대근육 조절하기		
	소근육 조절하기	소근육 조절하기		
	기본 운동하기	기본 운동하기		기본 운동하기
신체 활동에 참여하기	몸 움직임 즐기기	신체 활동에 참여하기	신체 활동에 참여하기	자발적으로 신체 활동에 참여하기
	바깥에서 신체 움직이기	바깥에서 신체 활동하기		바깥에서 신체 활동하기
	기구를 이용하여 신체 활동 시도하기	기구를 이용하여 신체 활동하기		기구를 이용하여 신체 활동하기

신체운동(신체운동 · 건강)영역에 관련된 문학작품을 소개하면 다음과 같다.

입이 똥꼬에게
(박경효 글 · 그림, 비룡소, 2008)

어떤 느낌일까?
(나카야마 치나츠 글, 와다 마코토 그림,
정지현 옮김, 보림, 2006)

🐟 줄넘기를 깡충깡충
(오하시 에미코 글, 고이즈미 루미코 그림,
김지연 옮김, 책과콩나무, 2013)

3. 의사소통영역과 아동문학

의사소통영역은 영유아가 일상생활에서 말과 글의 의미 있는 경험을 통해, 자신의 느낌과 생각, 경험을 타인에게 표현하는 것을 즐기며, 타인이 말과 글로 전달하는 의미를 바르게 이해하는 능력과 태도를 기르기 위한 영역이다. 의사소통영역은 '듣기' '말하기' '읽기' '쓰기' 의 내용범주로 구성되어 있다.

내용 범주	내용		
	0~1세	2세	3~5세
듣기	주변의 소리와 말소리 구분하여 듣기	말소리 구분하여 듣고 의미 알기	낱말과 문장 듣고 이해하기
	경험과 관련된 말 듣고 알기	짧은 문장 듣고 알기	이야기 듣고 이해하기
	운율이 있는 말 듣기	**짧은 이야기 듣기**	**동요, 동시, 동화 듣고 이해하기**
	말하는 사람을 보기	말하는 사람을 주의 깊게 보기	바른 태도로 듣기

내용 범주	내용		
	0~1세	2세	3~5세
말하기	발성과 발음으로 소리 내기	낱말과 간단한 문장으로 말하기	낱말과 문장으로 말하기
	표정, 몸짓, 말소리로 말하기	자신의 원하는 것을 말하기	느낌, 생각, 경험 말하기
	말할 순서 구별하기	상대방을 바라보며 말하기	상황에 맞게 바른 태도로 말하기
읽기	**그림책과 환경인쇄물에 관심 가지기**	**그림책과 환경인쇄물에 흥미 가지기**	**읽기에 흥미 가지기**
			책 읽기에 관심 가지기
쓰기	끼적이기	끼적이며 즐기기	쓰기에 관심 가지기
			쓰기

의사소통영역에 관련된 문학작품을 소개하면 다음과 같다.

🐟 쉿, 내 말 좀 들어 봐!
(아델하이트 다히메네 글,
젤다 마를린 조간치 그림, 조국현 옮김,
소년한길, 2010)

🐟 개구쟁이 ㄱㄴㄷ
(이억배 글 · 그림, 사계절, 2005)

🐟 도서관 생쥐
**(다니엘 커크 글 · 그림, 신유선 옮김,
푸른날개, 2007)**

의사소통영역에서 그림책이나 인쇄물처럼 철자로 이루어진 다양한 내용에 관심을 가지고 그 속에 담긴 의미를 파악하는 것을 다루고 있는 듣기와 읽기 내용범주는 문학과 관련이 있는 교육 내용이다. 듣기와 읽기 내용범주에서 문학과 깊이 관련된 내용은 앞의 표에서 진하게 표시된 내용이다.

1) 듣기

0~1세 운율이 있는 말 듣기

(1) 운율이 있는 말 듣기의 내용

의사소통의 기초가 아직 형성되지 않은 0~1세 영아에게 운율이 있는 짧은 말이나 리듬감 있게 들려주는 짧은 이야기를 통해서 듣기에 대한 즐거움과 주의 깊게 듣는 능력을 형성하도록 하는 내용을 포함한다. 말소리에 대한 관심이 높아지면서 영아는 다른 사람과의 의사소통이 즐겁다는 경험을 하게 되고, 이러한 경험을 바탕으로 좀 더 주의 깊게 듣는 능력이 길러진다.

1수준	2수준	3수준	4수준
운율이 있는 짧은 말소리를 관심 있게 듣는다.			

■ 운율이 있는 짧은 말소리를 관심 있게 듣는다

생소한 낱말이라 하더라도 반복적 리듬을 통해서 운율을 만들면 편안하고 즐겁게 들리므로 영아는 이를 관심 있게 듣게 된다. 교사가 영아와 일상경험이나 놀이를 할 때 짧은 문장이나 낱말에 운율을 넣어서 반복적으로 들려주면 영아는 이를 즐기고 그 말소리를 관심 있게 듣게 된다. 운율을 넣을 때는 자연스럽고 편안한 목소리로 하며 리듬감 있게 반복하여 들려주도록 하고 영아의 반응을 주의 깊게 살피며 지속한다.

교실에서는 이렇게

[교사-영아 상호작용 예시]
- (영아를 재우며) "♬자장 자장 우리 ○○, 예쁜 ○○ 잘도 자네♬"
- (교사의 무릎에 앉아 촉감책을 만지는 영아에게 음률 있는 말소리로 들려주며) "소리 나네. 바스락바스락"
- (영아의 이를 닦아 주면서) "♬○○이는 이를 닦아요. 깨끗이 닦아요.~ 치카치카 ~쓱싹 쓱싹 쓰윽싹~ ♬"
- (간단한 말이 반복되는 짧은 이야기책을 함께 보며) "오리가 물속으로 풍~덩"

(2) 운율이 있는 말 듣기의 지도방법

0~1세 영아 운율이 있는 말 듣기의 구체적인 수준별 지도방법은 다음과 같다.

수준	활동개요	사진
1수준	교사가 영아를 품에 안고 운율이 있는 짧은 자장가를 불러 준다.	
2수준	낮잠을 자기 위해 누워 있는 영아에게 운율이 있는 자장가를 들려준다.	
3수준	영아와 함께 촉감책을 보며 교사가 들려주는 운율이 있는 말소리에 영아가 관심을 보이도록 한다.	
4수준	교사와 영아가 마주 앉아 짧은 이야기책이나 촉감책을 탐색하며 교사가 말하는 짧은 말소리를 모방하여 표현해 볼 수 있도록 한다.	

출처: 보건복지부 · 육아정책연구소(2013a).

2세: 짧은 이야기 듣기

(1) 짧은 이야기 듣기의 내용

1수준	2수준
짧은 이야기와 노랫말 등을 즐겁게 듣는다.	

■ 짧은 이야기와 노랫말 등을 즐겁게 듣는다

2세 영아가 일상생활에서 반복적으로 짧은 이야기와 운율이 있는 노랫말을 즐겁게 들으면서 좀 더 긴 이야기를 들을 수 있는 기초 능력을 향상시켜 나가는 내용이다. 교사는 영아의 주의집중을 길게 유지하고 즐겁게 들을 수 있는 분위기를 마련해 주며 노랫말을 들려준다. 특히 영아의 이름이 들어간 노래나 자주 들었던 친숙한 노래는 즐겁게 들으려 하기 때문에 가사를 바꾸어 영아의 이름을 넣어 불러 준다. 그림이 거의 대부분인 짧은 이야기는 그림을 매개로 하여 영아와 대화하듯이 이야기를 나눌 수 있어서 내용 이해를 높일 수 있으며 영아가 즐겁게 이야기를 들을 수 있다.

교실에서는 이렇게

- (『사랑해 사랑해 사랑해』 그림책을 보고 있는 영아에게) "엄마가 아가를 정말 사랑하는구나. 선생님도 우리 ○○이를 사랑해. ○○는 선생님을 얼마만큼 사랑해?"
- (악어가 꼬리로 수박 자르는 장면을 보고 있는 영아에게) "뾰족뾰족 꼬리를 가진 악어가 수박을 썹니다. 악어가 수박을 자를 때에는 어떤 소리가 날까? 정말, 쓱싹 쓱싹 소리가 날 것 같아."

(2) 짧은 이야기 듣기의 지도방법

2세 영아 짧은 이야기 듣기의 구체적인 수준별 지도방법은 다음과 같다.

수준	활동개요	사진
1수준	영아들에게 친숙한 『아기돼지 삼형제』 동화를 노랫말로 들려준다. 이때 노랫말과 어울리는 동작을 함께 보여 주어 더욱 즐겁고 반응적으로 활동에 참여하게 한다.	
2수준	교사가 들려주는 『우산 씌워 줄게요』 테이블 동화를 들어 본다. 이때 교사는 운율적 특징을 고려하여, 그림책의 내용을 영아에게 대화하듯이 들려준다.	

출처: 보건복지부 · 육아정책연구소(2013a).

3~5세: 동요, 동시, 동화 듣고 이해하기

(1) 동요, 동시, 동화 듣고 이해하기의 내용

동요, 동시, 동화는 누군가 흥미롭고 의도적으로 구성해 놓은 이야기다. 자신이 직접 경험한 내용이 아니기 때문에 그림과 함께 내용을 듣거나 다양한 매체를 통해서 내용을 듣는다면 흥미를 지속하며 이해할 수 있게 된다. 따라서 문학적·예술적으로 우수한 그림책을 선정하여 다양한 매체로 내용을 반복하여 들을 기회를 제공한다. 동요, 동시, 동화와 전래동요를 자주 접하는 경험을 하되 다양한 방법으로 들려주어 이를 즐기도록 하며, 반복하여 들었던 것들을 유아가 이해하게 하는 내용이다. 동요, 전래동요, 동시, 동화를 자주 듣는 경험을 통해서 우리말의 재미를 느끼도록 한다.

3세	4세	5세
동요, 동시, 동화를 다양한 방법으로 듣고 즐긴다.		동요, 동시, 동화를 다양한 방법으로 듣고 이해한다.
	전래동요, 동시, 동화를 듣고 우리말의 재미를 느낀다.	

■ 동요, 동시, 동화를 다양한 방법으로 듣고 즐긴다

3, 4세 유아가 다양한 장르의 문학세계를 경험하고 이를 그림책뿐 아니라 그림자 동화, 손가락 동화 등 다양한 매체를 통해 들으면서 그 내용을 더 즐기도록 하는 내용이다. 동요, 동시, 동화는 누군가 흥미롭게 의도적으로 구성해 놓은 이야기다. 문학작품들을 다양한 매체를 통해 반복하여 듣는다면, 유아는 이야기 내용을 더 잘 이해하게 되며 작가가 전달하고자 했던 바를 서로 교감하게 되고, 이야기를 또다시 읽고 싶다는 동기를 갖게 된다. 또한 그림과 글 내용이 일치되면서 문학적·예술적 수준이 높은 그림책 동화는 유아에게 상상력과 아름다움, 간접 경험의 기회를 제공하므로 개별·소집단으로 자주 듣거나 다양한 매체로 전환하

여 유아가 직접 참여하며 듣고 이를 즐기도록 한다. 3세의 경우에는 동화의 이야기를 처음부터 끝까지 읽어 주는 것에 초점을 맞추기보다 유아가 그림과 내용에 대해 질문할 때마다 대화를 하듯이 질문을 주고받도록 한다.

■ 동요, 동시, 동화를 다양한 방법으로 듣고 이해한다

같은 글이라 하더라도 다양한 매체를 사용하여 반복적으로 들을 경우, 이야기 전개나 내용에 대한 이해를 좀 더 쉽게 할 수 있다. 5세 유아가 이야기에 직접 참여하여 사건 전개를 눈과 손으로 경험해 볼 수 있는 테이블 동화, 손가락 인형 동화 등은 주인공들끼리 서로 나누는 대화에 직접 참여하여 말하게 되고, 등장인물들의 움직임이나 거리감을 직접 눈으로 볼 수 있어 이야기 이해에 도움이 된다. 그림자 동화는 주인공들의 색다른 움직임이나 크기 변화를 통해 이야기의 상상력이나 즐거움을 배가할 수 있다. '떼굴떼굴 도토리가 어디서 왔나' 라는 동요 가사는 벽을 타고 떼굴떼굴 굴러 떨어지는 도토리와 담는 통 아래에 노랫말을 붙여 준다.

■ 전래동요, 동시, 동화를 듣고 우리말의 재미를 느낀다

전래동요나 동시, 동화를 들으면서 그 속에 포함된 우리말의 반복적 운율, 아름다운 우리말 경험, 부모나 할머니 등 세대 간의 연결 등을 경험하도록 하는 내용이다. 4, 5세는 말의 운율이나 흥미로운 구절의 반복 등에서 재미를 느끼는 시기다. 따라서 우리나라에서 오랫동안 전해져 내려오는 전래동요나 유아의 생활에서 우리말의 재미와 아름다움을 경험하도록 한다.

(2) 동요, 동시, 동화 듣고 이해하기의 지도방법

3~5세 유아의 동요, 동시, 동화 듣고 이해하기의 구체적인 연령별 지도방법은 다음과 같다.

■ 동요, 동시, 동화 듣고 이해하기 활동 예시

연령	활동개요	사진
3세	동화, 동요, 동시를 반복적으로 듣는 경험을 즐긴다. 동화 등은 정해진 시간에 대집단으로 듣기보다 개별, 소집단으로 일상생활 시간과 장소에 구애됨이 없이 자유롭게 듣도록 한다.	
4세	동화를 즐겁게 반복적으로 듣고 그 내용을 즐기도록 문학작품의 특성을 잘 나타낼 수 있는 매체로 전환한다. 즉, 연속적으로 앞의 사건과 연결되는 이야기는 서서히 다음 장면이 나타나는 TV 동화로, 반복적 구절이 계속 나오는 동화는 손인형 동화로 전환하여 유아가 직접 그 구절을 말하도록 한다.	
5세	흥미롭게 들었던 동화를 그림자 동화나 막대 동화 등으로 바꾸어서 친구들과 자유롭게 이야기 꾸미기에 참여해 본다.	

출처: 교육과학기술부 · 보건복지부(2013a).

■ 전래동요, 동시, 동화 듣고 우리말의 재미 즐기기 활동 예시

연령	활동개요	사진
4세	전래동요나 동시, 동화를 듣되, 반복적 구절과 함께 나오는 문장은 함께 동작을 해 보며 우리말의 재미를 느끼도록 한다. 실외에서 '우리집에 왜 왔니, 왜 왔니 왜 왔니'를 놀이로 하며 전래동요를 부른다.	
5세	탈춤을 추며 '강강술래 강강술래, 뛰어 보세 뛰어나 보세 강강술래, 달 떠온다 달 떠온다 강강술래' 가사에 맞춰 몸을 움직이고 강강술래라는 우리말의 재미를 느낀다.	

출처: 교육과학기술부 · 보건복지부(2013a).

2) 읽기

0~1세: 그림책과 환경인쇄물에 관심 가지기

(1) 그림책과 환경인쇄물에 관심 가지기의 내용

0~1세 영아가 자신의 주변에 있는 친숙한 그림이나 사진이 포함되어 있는 그림책에 관심을 가짐으로써 책에 대한 선호를 갖고, 표지판·게시물·광고지 등 글자가 포함되어 있는 다양한 환경인쇄물을 통해 상징들을 경험하게 되는 내용이다. '그림책과 환경인쇄물에 관심 가지기'는 '다양한 감각 책을 탐색해 보는 것'과 '사물과 주변의 친숙한 환경인쇄물에 관심을 가지는 것' '읽어 주는 짧은 그림책에 관심을 가지는 것'으로 구성되어 있다. 이는 의미 있는 맥락에서 언어의 상징적 체계를 경험하고, 관심 있는 그림책과 환경인쇄물을 반복적으로 보는 태도를 형성하기 위함이다.

1수준	2수준	3수준	4수준
다양한 감각 책을 탐색해 본다.			
		사물과 주변의 친숙한 환경인쇄물에 관심을 가진다.	
읽어 주는 짧은 그림책에 관심을 가진다.			

■ 다양한 감각 책을 탐색해 본다

0~1세 영아가 주변의 사물을 지칭하는 낱말은 아직 모르지만 다양한 촉감으로 인해 감각 책의 그림은 흥미를 가지고 탐색하는 내용이다. 영아는 넘기기 쉬운 딱딱한 종이책, 여러 가지 촉감을 느낄 수 있는 헝겊책, 비닐책, 소리 나는 책, 참여할 수 있는 책 등을 탐색하며, 이때 교사는 책을 그대로 읽어 주기보다 그림에 대해 대화를 하듯이 이야기를 교환하는 기회를 제공한다. 의성어와 의태어가 반복되어 운율과 리듬감이 있는 책, 배변훈련 등과 같은 일상생활의 습관을 다룬 책,

한 단어나 짧은 문장으로 구성된 책 등도 이 시기의 영아가 즐겨 탐색한다.

[교사-영아 상호작용 예시]

- (사과가 있는 그림을 보고 있는 영아에게) "사과가 있네. ○○가 한번 만져 볼까?"
- (손에 음식이 묻은 장면을 보고 닦으려는 시늉을 하는 영아에게) 음식이 손에 묻었네. ○○가 닦아 볼까? 싹 싹 싹."
- "(강아지가 숨어 있는 장면을 보는 영아에게) 강아지가 어디에 숨었을까? ○○가 찾아볼까?"

■ 사물과 주변의 친숙한 환경인쇄물에 관심을 가진다

생후 12개월이 넘은 영아가 자신이 그동안 반복적으로 사용해 왔던 상품(예: 분유나 기저귀 등) 겉표지의 상표를 구별하고 관심을 보이는 것을 말한다. 이러한 관심은 이후 화장실을 나타내는 표시 등과 같이 상징을 이해하는 데 기초를 형성한다. 교사는 친근한 사물들의 그림이나 사진, 가족사진, 아기사진, 영아가 자주 접했던 친숙한 환경인쇄물(분유나 우유, 시리얼, 주스 그림과 상표 등)을 눈높이에 게시해 주거나 종이블록에 붙여 주어서 주변 환경에서 자연스럽게 사물을 나타내는 상징들을 경험할 수 있는 환경을 조성해 준다.

■ 읽어 주는 짧은 그림책에 관심을 가진다

이야기를 들을 때 말없이 그림만 쳐다보던 영아는 그림을 지적하거나 그림의 명칭을 이해하게 되고, 영아가 그림책을 자주 접하게 되면서 점차 자신에게 친숙한 그림이나 좋아하는 이야기가 있는 책에 대한 선호가 생기는 내용이다. 교사는 영아가 책을 볼 준비가 되면 친숙한 사물의 그림이나 사진이 있는 책을 선정하여 반복적으로 볼 수 있도록 격려한다. 또한 영아의 침대 주변이나 기저귀갈이대 등

에 친숙한 그림이나 사진을 걸어 주거나 영아들이 편안하게 책을 보고 즐길 수 있
도록, 교실의 조용하고 채광이 좋은 곳에 책 보기 영역을 구성하고 쿠션, 소파, 카
펫 등을 마련하여 아늑한 분위기를 조성하도록 한다. 영아와 그림책을 볼 때 영아
가 책장을 넘기려 시도하면, 무리하게 이야기의 내용을 읽어 주기보다 영아의 요
구를 수용하여 간단히 내용을 들려주고 다음 장을 보여 준다. 영아가 반복하여 같
은 그림책을 듣고 싶어 하면, 교사는 새로운 책을 번갈아 가며 읽어 주기보다는
영아들이 개별적으로 선호하는 책을 매번 반복하여 영아에게 개별적으로 읽어 주
도록 한다.

(2) 그림책과 환경인쇄물에 관심 가지기의 지도방법

0~1세 영아의 그림책과 환경인쇄물에 관심 가지기의 구체적인 수준별 지도방
법은 다음과 같다.

수준	활동개요	사진
3수준	교사가 영아와 친숙한 환경인쇄물로 제작된 큰 조각 퍼즐을 함께 맞추어 보는 활동으로, 영아는 두세 가지 종류의 환경인쇄물 퍼즐 중 똑같은 것을 찾아 붙여 본다.	
4수준	교사는 영아가 두 조각으로 나눈 환경인쇄물 퍼즐 중에서 서로 같은 짝을 찾아 붙여 보도록 한다.	

출처: 보건복지부 · 육아정책연구소(2013a).

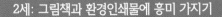

2세: 그림책과 환경인쇄물에 흥미 가지기

(1) 그림책과 환경인쇄물에 흥미 가지기의 내용

2세 영아가 그동안 보아 왔던 친숙한 그림과 환경인쇄물에 흥미를 가지고 읽는 흉내를 내거나 자신이 좋아하는 그림책을 읽어 주면 집중하여 듣는 내용을 포함한다.

1수준	2수준
그림책과 환경인쇄물에 있는 그림과 내용에 관심을 가진다.	
친숙한 그림과 환경인쇄물을 보고 읽는 흉내를 내 본다.	
선호하는 그림책들을 읽어 주면 집중하여 듣는다.	

■ 친숙한 그림과 환경인쇄물을 보고 읽는 흉내를 내 본다

2세 영아가 자주 접해 왔던 광고지, 과자봉지, 기저귀 브랜드, 우유 이름 등 그림과 글자 모양으로 이루어진 환경인쇄물에 흥미를 갖고 성인이 했던 말을 그대로 따라 흉내 내는 것을 말한다. "○○우유를 따라 줄까?"라고 성인이 말하면 영아는 "○○우유."라고 말하며 그 우유 팩을 읽는 흉내를 낸다. 이는 2세 영아가 그 우유에는 이름이 있으며 이름은 그림과 선으로 이루어진 어떤 모양으로 되어 있고 치약 이름의 그림이나 선과는 구별된다는 것을 아는 것이다. 그러나 아직 글자 모양에 의미를 부여하여 그것을 성인처럼 읽기는 어려운 시기이므로, 교사는 영아가 반복적으로 접하는 환경인쇄물의 모양에 대해 친숙감을 갖도록 지원한다.

■ 선호하는 그림책들을 읽어 주면 집중하여 듣는다

영아들이 일상생활에서 자연스럽게 그림책을 접하고, 그림이나 읽어 주는 내용에 집중하는 것을 말한다. 2세의 영아는 교사가 읽어 주는 것을 귀로 듣고 그림을 눈으로 보면서 나름대로 내용을 이해하기도 하고, 책은 재미있는 어떤 것이 펼쳐진다는

것을 느끼기도 한다. 교사는 그림이 간결하면서 내용이 친숙한 짧은 동화의 줄거리를 내용 그대로 읽어 주기보다 영아와 대화하듯이 묻고 대답하며 즐기도록 하는 데 중점을 둔다. 또한 교사는 매일 영아에게 개별적으로 책을 읽어 주는 시간을 마련하되, 책 선택은 영아에게 주도권을 주고, 책장을 넘기는 것 역시 영아가 스스로 하도록 기다려 준다. 영아는 실물이나 놀잇감, 사진 등에서 경험하여 사전에 이미 알고 있는 것들(예: 강아지, 자동차 등)이 나오는 그림책을 좋아하므로 주제가 바뀌더라도 이러한 책들을 계속하여 언어영역에 비치하여 둔다. 2세 영아들이 좋아하는 책은 되풀이해서 영아가 원하는 만큼 오랫동안 반복적으로 읽어 주는 것이 좋다.

(2) 그림책과 환경인쇄물에 흥미 가지기의 지도방법

2세 영아의 그림책과 환경인쇄물에 흥미 가지기의 구체적인 수준별 지도방법은 다음과 같다.

수준	활동개요	사진
1수준	벽면에 게시된 친숙한 환경인쇄물을 보면서 각각의 사물이 누구에게 어울리는 것인지 선생님, 친구들과 함께 이야기를 나눈다.	
2수준	영아들이 평소 경험하여 익숙한 환경인쇄물이 있는 우유, 주스, 과자 등을 사고 파는 극놀이를 해 본다. 영아들이 자주 경험하는 마트의 쇼핑 가방을 활용하여 놀이를 진행하여도 좋다.	

출처: 보건복지부 · 육아정책연구소(2013a).

3~5세: 읽기에 흥미 가지기

(1) 읽기에 흥미 가지기의 내용

유아에게 글자 자체를 가르치는 것이 아니라 일상생활 속에서 밀접하게 접하는 친숙한 글자를 자주 보여 주고 이러한 글자에 흥미를 갖고 읽어 보도록 하는 내용이다. 또한 글로 된 인쇄물이나 그림책을 교사가 자주 읽어 주는 기회를 제공하고 유아가 그 내용에 관심을 가지고 읽었던 글을 자신도 읽어 보려고 시도하는 내용이다.

3세	4세	5세
주변에서 친숙한 글자를 찾아본다.		주변에서 친숙한 글자를 찾아 읽어 본다.
읽어 주는 글의 내용에 관심을 가진다.		읽어 주는 글의 내용에 관심을 가지고 읽어 본다.

■ 주변에서 친숙한 글자를 찾아본다

유아들이 읽기에 관심을 가지도록 하기 위해 먼저 주변에서 자주 접할 수 있는 환경인쇄물이나 친숙한 글자를 놀이처럼 찾아보게 하는 내용이다. 3, 4세 유아는 자신과 가족의 이름에 관심을 보이고, 친구 이름, 길거리 간판, 우리 반 이름, 화장실, 비상구 등 자주 접하는 사물과 사건, 주변 상황을 나타내는 글자에 많은 관심을 보인다. 그림책이나 신문 등에서 익숙한 글자를 발견하면 유아는 즐거움을 느낀다. 이러한 경험은 3, 4세 유아로 하여금 말소리처럼 글자가 무엇인가를 나타내 주는 것임을 알게 해 준다.

■ 주변에서 친숙한 글자를 찾아 읽어 본다

유아가 주변의 친숙한 글자를 찾아 여러 가지 그림이나 주변 단서를 이용해 글자를 읽어 보는 내용이다. 5세가 되면 유아들은 친구들의 사진 위에 붙은 이름표나 놀잇감에 쓰인 이름을 보면서 글자를 추측하여 읽기도 하고, 일상생활에서 자주 접한 우유, 치약 등의 상표를 찾아 읽을 수 있다. 교사는 주변의 다양한 환경인쇄물을 접할 기회를 제공하면서 점차 글자의 기능을 알고, 친숙한 글자를 스스로 읽어 보고자 할 때 이를 격려한다. 그림카드나 학습지처럼 글자를 분절하여 공부하듯 글자 읽기를 가르치면 유아는 오히려 글자 읽기에 흥미를 잃게 된다. 이러한 유아는 이후에 더 어렵고 긴 글을 접했을 때 그 내용을 읽고자 시도하지 않으며, 글에 흥미를 나타내지 않게 된다. 5세 유아가 주변 간판, 광고지, 우유 팩이나 치약상자에 있는 환경인쇄물 글자, 포스터, 현수막 등 주변에서 쉽게 눈에 띄는 글자 자료를 찾아보고 이를 개별적으로 읽어 보는 경험을 하도록 하는 것이 중요하다.

■ 읽어 주는 글의 내용에 관심을 가진다

유아가 읽어 주는 글의 내용에 관심을 가질 수 있도록 하는 내용이다. 3, 4세 유아는 상황이나 같은 말이 반복되는 이야기를 즐기며 다음에 나타날 상황을 추측해 보기를 즐긴다. 발달에 적합하고 유아의 생활과 밀접하게 관련되어 있는 읽을거리는 유아로 하여금 글의 내용에 관심을 가지게 한다. 함께 몸으로 놀았던 전래동요 가사를 그림으로 그려 제시한 노래판, 실물과 함께 제시한 동시, 좋아하는 이야기 책 같은 것에 유아는 큰 관심을 보인다. 교사는 대집단보다는 소집단이나 개별로 친근한 인쇄물의 글을 읽어 주고 유아가 그 내용에 흥미를 갖도록 매일 규칙적인 경험을 제공한다.

■ 읽어 주는 글의 내용에 관심을 가지고 읽어 본다

유아가 성인이 읽어 주는 글의 내용에 관심을 가지고 읽어 보고자 시도하는 내용이다. 교사는 유아가 짧은 낱말이나 구를 읽는 것을 시도해 보도록 격려하고 교사가 읽어 주었던 내용을 상기하며 유아가 읽기를 시도해 볼 때, 서투르더라도 문장 중 유아가 읽은 부분에 대해 격려를 아끼지 않는다. 5세가 되면 그동안 읽으려고 시도했던 행동을 멈추고 "난, 못 읽어요."라고 거절하는 경우가 많다. 이는 그 이전과는 다르게 자신이 잘 읽지 못한다는 사실을 알고 있기 때문에 하게 되는 거절이다. 이런 경우 교사가 규칙적으로 더 자주 읽어 주고, 유아가 자신 있게 읽을 수 있는 최소한의 낱말만을 읽어 보도록 격려하며 유아가 조금만 참여하여 읽어도 자신감을 북돋아 준다면 다시 읽어 보고자 적극 참여하게 된다.

(2) 읽기에 흥미 가지기의 지도방법

3~5세 유아의 읽기에 흥미 가지기의 구체적인 연령별 지도방법은 다음과 같다.

■ 주변에서 친숙한 글자 찾아보기 활동 예시

연령	활동개요	사진
3세	유아가 좋아하는 과자 이름, 만화 캐릭터, 간판, 친구 이름 등에 쓰인 글자에서 친숙한 글자를 찾아본다. 처음에는 사진을 보고 친구의 이름을 말하다가 점차 이름에서 한 글자씩 읽으려 한다.	
4세	전단지, 잡지 등에서 그림을 보며 상품 이름을 말해 보고 그중에서 자신의 이름과 익숙한 글자를 찾아본다.	
5세	자기 이름, 친구 이름, 오늘의 식단 등을 읽어 본다.	

출처: 교육과학기술부 · 보건복지부(2013a).

■ 읽어 주는 글이나 이야기에 관심 가지기 활동 예시

연령	활동개요	사진
3세	유아는 교사가 읽어 주는 글이나 이야기에 관심을 가지고 주의 깊게 듣는다.	
4세	유아는 교사가 읽어 주는 이야기의 내용을 주의 깊게 들으며 이야기 줄거리에 관련된 사건이나 사물에 대해서 궁금한 것을 묻고 이야기에 대한 이해를 높여 간다.	
5세	유아가 흥미로워하는 주제 관련 이야기, 유아가 관심 있어 하는 신문기사(예: 월드컵 때 축구 관련 기사, 태풍 관련 기사) 등을 교사가 읽어 주고 유아가 이미 알고 있는 선수 이름이나 팀 이름 등을 스스로 읽어 보도록 한다.	

출처: 교육과학기술부 · 보건복지부(2013a).

3~5세: 책 읽기에 관심 가지기

(1) 책 읽기에 관심 가지기의 내용

책에 흥미를 가지며 그 흥미를 바탕으로 책 보는 것을 즐기고 책의 소중함을 아는 내용이다. 주변의 그림을 단서로 글의 내용을 이해하며 양질의 책을 자연스럽게 접하는 경험은 책의 가치와 재미를 알게 해 주고 책 보기를 즐기게 해 준다. 또한 책이 즐거움을 주는 것뿐 아니라 4, 5세 유아에게는 궁금한 것이나 필요한 정보를 책에서 찾아보게 하는 내용을 포함한다.

3세	4세	5세
책에 흥미를 가진다.	책 보는 것을 즐기고 소중하게 다룬다.	
책의 그림을 단서로 내용을 추측해 본다.	책의 그림을 단서로 내용을 이해한다.	
	궁금한 것을 책에서 찾아본다.	

■ 책에 흥미를 가진다

읽기 발달에 중요한 도구인 책에 흥미를 가지도록 하는 내용이다. 유아가 선택한 책을 매개로 소통을 하여 자연스럽게 책을 가까이 하며 책 펴는 것에 흥미를 보이는 것은 책 읽기의 가장 기초가 된다. 교사는 다양한 내용이나 형식의 책을 구비하여 3세 유아로 하여금 스스로 좋아하는 책을 선택할 수 있도록 돕는다.

■ 책 보는 것을 즐기고 소중하게 다룬다

유아들이 책 보는 것을 즐기면서 재미를 느끼고 책의 가치를 알아 소중히 하는 내용이다. 4, 5세 유아는 자연스럽게 책을 접하는 경험을 통해 스스로 읽고자 하는 요구가 많아진다. 교사는 주제와 계절에 맞게 정기적으로 책을 교체해 주고 창작동화, 전래동화, 과학동화 등 여러 장르의 책을 제공해 준다. 또한 가정과 기관, 지역사회가 연계하여 도서 대여 프로그램이나 부모 독서 교육, 지역 도서관 방문 등을 실시하고 유아 주변이 읽기 모델을 보여 주어 유아가 책 보는 것을 즐길 수 있도록 돕는다. 책을 본 후 제 위치에 가져다 두기, 찢어진 책 보수하기, 책 빌려 가고 제 날짜에 돌려 주기 등을 통해 여러 사람이 함께 보는 책을 소중히 하는 태도를 길러 준다.

■ 책의 그림을 단서로 내용을 추측해 본다

책의 내용 요소인 그림을 통하여 책의 내용을 추측해 보며 책 읽기를 친근하게 즐길 수 있는 내용이다. 3세 유아는 책 속의 그림을 보며 이야기 구성을 하고, 그림을 구석구석 보면서 이야기 줄거리를 추측해 보기도 한다. 교사는 유아가 그림을 보고 질문을 하거나 책의 내용을 추측하여 이야기하는 것을 격려하고 그 생각을 존중해 주어야 한다. 3세 유아에게는 그림과 글이 일치되면서 그림이 상황을 잘 설명하며 중요한 내용을 엮어 가는 책을 제공해 주는 것이 바람직하다.

▦ 책의 그림을 단서로 내용을 이해한다

책의 그림은 내용을 이해하는 중요한 요소임을 알고 그림을 단서로 이야기 줄거리를 이해하는 내용이다. 4, 5세는 책의 그림을 단서로 주인공, 사건과 사건의 연결, 배경, 사건 해결과정 등을 이해할 수 있다. 5세 유아는 그림은 물론 책에 써 있는 친숙한 글자를 조금씩 읽을 수 있다. 글자를 읽는 데에 정신에너지를 쏟게 할 경우 책의 이야기 전개과정에는 집중을 못하기 때문에 이야기 이해에 도움이 되지 않는다. 따라서 책의 내용에 적합하고 잘 어울리는 그림이 있는 책을 성인이 읽어 주는 것이 바람직하다. 유아기와 이후 시기에 더 중요한 것은 이야기 이해력이며, 이는 유아가 그림을 단서로 내용을 이해해 갈 때 점차 길러지는 능력이다.

▦ 궁금한 것을 책에서 찾아본다

유아가 필요로 하는 새로운 정보를 얻기 위해 자연스럽게 책을 활용하는 내용이다. 4, 5세 유아는 책 읽기를 통해 책이 주는 다양한 가치를 경험한다. 교사는 주제와 관련된 책, 백과사전 등 다양한 유형의 책, 유아가 흥미 있어 하는 주제의 책, 동시나 언어놀이 책, 음악 및 미술 관련 책, 과학 관련 책 등을 여러 흥미 영역에 비치하여 놀이 중 궁금한 내용을 찾아보거나 수시로 활용하도록 격려한다. 이 과정을 통해 책은 필요한 정보를 얻고 즐거움을 주는 유익한 도구임을 알게 한다.

(2) 책 읽기에 관심 가지기의 지도방법

3~5세 유아의 책 읽기에 관심 가지기의 구체적인 연령별 지도방법은 다음과 같다.

■ 책과 책 읽기에 관심 가지기의 활동 예시

연령	활동개요	사진
3세	제시된 다양한 책에 관심을 가지고 선택하여 선생님에게 읽어 달라고 요구하거나 그림을 살피며 본다.	
4세	내가 좋아하는 책 소개하기, 책을 소중하게 다루는 방법을 이야기하고 약속 정하기를 해 본다.	
5세	스스로 읽고 싶은 책을 골라 도서를 대여해 보거나 친구에게 읽어 주기, 파손된 책 함께 보수하기를 해 본다.	

출처: 교육과학기술부 · 보건복지부(2013a).

■ 그림을 단서로 내용 이해하기의 활동 예시

연령	활동개요	사진
3세	상황이 잘 표현되어 있는 짧은 그림책을 보며 장면 그림이나 내용에 대해서 교사에게 질문하고 충분히 이야기를 나눈다.	
4세	또래가 함께 그림책을 보며 주인공과 다른 등장인물들이 한 일을 이야기 나누고 그다음에는 어떤 일이 일어날지를 서로 이야기해 본다.	
5세	책을 읽어 주면 유아는 사건 속에서 주인공은 그때 어떤 기분이었는가를 이야기 나누거나 이야기의 결과가 어떻게 될지를 추측해 본다.	

출처: 교육과학기술부 · 보건복지부(2013a).

■ 궁금한 것 책에서 찾아보기의 활동 예시

연령	활동개요	사진
4세	주제와 관련된 다양한 종류의 도서를 비치하되, 언어영역뿐 아니라 수·조작영역, 미술영역 등 주제 관련 책이 필요한 여러 영역에 구비하여 유아가 궁금한 것을 수시로 찾아본다.	
5세	백과사전류나 잡지, 개념책, 친구들과 함께 만든 주제책 등을 비치하여 궁금한 것을 수시로 찾아볼 수 있도록 하며, 책에서 알게 된 내용을 다른 친구들에게 소개하기로 연결해 본다.	

출처: 교육과학기술부·보건복지부(2013a).

4. 사회관계영역과 아동문학

　　사회관계영역은 영유아가 자신을 알고 소중하게 여기며 가족, 친구와 함께 원만하게 지내는 방법뿐 아니라 공동체에서 함께 살아가는 방법을 익히고 주변 세계에 관심을 가지고 적응해 나갈 수 있는 기초능력과 인성을 기르기 위한 영역이다. 사회관계영역은 0~1세, 2세 보육과정의 경우 '나를 알고 존중하기' '나와 다른 사람의 감정 알기' '더불어 생활하기'의 내용범주로 구성되어 있고, 3~5세 누리과정의 경우 '나를 알고 존중하기' '나와 다른 사람의 감정을 알고 조절하기' '가족을 소중히 여기기' '다른 사람과 더불어 생활하기' '사회에 관심 갖기'의 내용범주로 구성되어 있다.

내용 범주	내용		내용 범주	내용
	0~1세	2세		3~5세
나를 알고 존중하기	나를 구별하기	나를 구별하기	나를 알고 존중하기	나를 알고, 소중히 여기기
	나의 것 인식하기	좋아하는 것 해 보기		나의 일 스스로 하기
나와 다른 사람의 감정 알기	나의 감정을 나타내기	나의 감정을 나타내기	나와 다른 사람의 감정을 알고 조절하기	나와 다른 사람의 감정을 알고 표현하기
	다른 사람에게 주의 기울이기	다른 사람의 감정에 반응하기		나의 감정 조절하기
더불어 생활하기	안정적인 애착 형성하기	내 가족 알기	가족을 소중히 여기기	가족과 화목하게 지내기
				가족과 협력하기
	또래에 관심 갖기	또래와 관계하기	다른 사람 과 더불어 생활하기	친구와 사이좋게 지내기
	자신이 속한 집단 알기	자신이 속한 집단 알기		공동체에서 화목하게 지내기
	사회적 가치를 알기	사회적 가치를 알기		사회적 가치를 알고 지키기
			사회에 관심 갖기	지역사회에 관심 갖고 이해하기
				우리나라에 관심 갖고 이해하기
				세계와 여러 문화에 관심 가지기

사회관계영역에 관련된 문학작품을 소개하면 다음과 같다.

🐟 괜찮아 그래도 넌 소중해
(맥스 루케이도 글, 마리아 모네시요 그림,
권기대 옮김, 베가북스, 2009)

🐟 엄마는 회사에서 내 생각해?
(김영진 글 · 그림, 길벗어린이, 2014)

🐟 세계 여행을 떠난 아기곰 무크
(마크 부타방 글 · 그림, 양진성 옮김,
대교출판, 2008)

5. 예술경험영역과 아동문학

예술경험영역은 영유아가 친근한 주변 환경에서 발생하는 소리, 음악, 움직임과 춤, 모양과 색 등에서 아름다움을 느끼고, 또래와 교사, 부모, 지역사회의 주민이나 작가가 표현한 예술작품을 가까이 접하면서 탐색하고 창의적인 표현을 즐기며 감상하도록 하기 위한 영역이다. 예술경험영역은 '아름다움 찾아보기' '예술적 표현하기' '예술 감상하기' 의 내용범주로 구성되어 있다.

내용 범주	내용		
	0~1세	2세	3~5세
아름다움 찾아보기	예술적 요소에 호기심 가지기	예술적 요소 탐색하기	음악적 요소 탐색하기
			움직임과 춤 요소 탐색하기
			미술적 요소 탐색하기
예술적 표현하기	리듬 있는 소리로 반응하기	리듬 있는 소리와 노래로 표현하기	음악으로 표현하기
	움직임으로 반응하기	움직임으로 표현하기	움직임과 춤으로 표현하기
	단순한 미술 경험하기	자발적으로 미술활동 하기	미술활동으로 표현하기
	모방행동 즐기기	모방과 상상놀이 하기	극놀이로 표현하기
			통합적으로 표현하기
예술 감상하기	아름다움 경험하기	아름다움 즐기기	다양한 예술 감상하기
			전통예술 감상하기

예술경험영역에 관련된 문학작품을 소개하면 다음과 같다.

🐟 앤서니 브라운의 행복한 미술관
(앤서니 브라운 글 · 그림, 서애경 옮김,
웅진주니어, 2004)

🐟 쪽빛을 찾아서
(유애로 글 · 그림, 보림, 2005)

🐟 팅통탱, 마법의 냄비
(콜린 프로메이라 글, 세실 위드리시에 그림,
조현실 옮김, 반딧불이, 2004)

6. 자연탐구영역과 아동문학

자연탐구영역은 영유아가 자신을 둘러싸고 있는 주변 세계에 대해 호기심을 가지고 궁금한 것을 해소하기 위해 탐구하며, 일상생활에서 부딪히는 현상이나 문제의 해결을 통해 수학적 · 과학적으로 생각하는 기초 능력과 태도를 기르기 위한 영역이다. 자연탐구영역은 '탐구하는 태도 기르기' '수학적 탐구하기' '과학적 탐구하기' 의 내용범주로 구성되어 있다.

내용 범주	내용		
	0~1세	2세	3~5세
탐구하는 태도 기르기	사물에 관심 가지기	호기심 가지기	호기심을 유지하고 확장하기
			탐구과정 즐기기
	탐색 시도하기	반복적 탐색 즐기기	탐구 기술 활용하기
수학적 탐구하기	수량 지각하기	수량 인식하기	수와 연산의 기초개념 알아보기
	주변 공간 탐색하기	공간과 도형에 관심 가지기	공간과 도형의 기초개념 알아보기
	차이를 지각하기	차이에 관심 가지기	기초적인 측정하기
	간단한 규칙성 지각하기	단순한 규칙성에 관심 가지기	규칙성 이해하기
		구분하기	기초적인 자료 수집과 결과 나타내기
과학적 탐구하기	물체와 물질 탐색하기	물체와 물질 탐색하기	물체와 물질 알아보기
	주변 동식물에 관심 가지기	주변 동식물에 관심 가지기	생명체와 자연환경 알아보기
	주변 자연에 관심 가지기	자연을 탐색하기	자연현상 알아보기
	생활도구 탐색하기	생활도구 사용하기	간단한 도구와 기계 활용하기

자연탐구영역에 관련된 문학작품을 소개하면 다음과 같다.

🐟 펭귄 365
(장-뤽 프로망탈 글, 조엘 졸리베 그림,
홍경기 옮김, 보림, 2007)

🐟 너는 누구니?
(키스 포크너 글, 스테판 홈즈 그림,
박현영 옮김, 미세기, 2001)

🐟 지구가빙글빙글: 지구의 자전과 공전 이야기
(브라이언 카라스 글 · 그림, 이상희 옮김, 비룡소, 2009)

더 알아보기 누리과정에 기초한 책읽기 프로그램 '비룡소북클럽 비버'

비룡소북클럽은 아이에게 즐거운 책 읽기 습관을 길러 줌과 동시에 창의력을 키워 주는 비룡소의 회원제 책읽기 프로그램이다. 비룡소북클럽은 유아북클럽 5~7세, 초등북클럽 1~2학년으로 나뉘어 있다. 유아북클럽의 경우 전문가의 눈으로 누리과정을 분석하여 체계적으로 기획하였는데, 누리과정 생활주제에 맞춘 그림책, 동화책, 전래동화 등 세계 유수의 그림책으로 구성되어 있다. 비룡소북클럽에서는 매달 생활주제에 맞춘 4권의 책과 책을 바탕으로 활동을 할 수 있는 놀이책(비버북)이 제시된다.

〈비버 6세 선정도서〉

월	주제	도서명	수상내역
9	교통과 건강, 안전	야, 우리 기차에서 내려!	어린이도서연구회 권장 도서, 통원 책꾸러기 추천 도서, 열린어린이 선정 좋은 어린이책
		넌 할 수 있어, 꼬마 기관차	전미 교육 협회 추천 도서
		부릉부릉 트럭 삼형제	우리아이 책카페 선정
		이상한 화요일	칼데콧상, 책교실 권장 도서, 주니버 오늘의 책, 열린어린이선정 좋은 어린이책, 학교도서관저널 추천 도서

⟨비버북: 6세 『이상한 화요일』⟩

홈페이지: http://bir.co.kr/bookclub/

참고문헌

교육과학기술부 · 보건복지부(2013a). 3-5세 연령별 누리과정 교사용 지침서.
교육과학기술부 · 보건복지부(2013b). 3-5세 연령별 누리과정 해설서.
보건복지부 · 육아정책연구소(2013a). 제3차 어린이집 표준보육과정 교사용 지침서.
보건복지부 · 육아정책연구소(2013b). 제3차 어린이집 표준보육과정 해설서.

 본문에 실린 아동문학 작품

개구쟁이 ㄱㄴㄷ 이억배 글 · 그림. 사계절. 2005.
괜찮아 그래도 넌 소중해 맥스 루케이도 글, 마리아 모네시요 그림. 권기대 옮김. 베가북스. 2009.
난 토마토 절대 안 먹어 로렌 차일드 글 · 그림. 조은수 옮김. 국민서관. 2001.
너는 누구니? 키스 포크너 글, 스테판 홈즈 그림. 박현영 옮김. 미세기. 2001.
도서관 생쥐 다니엘 커크 글 · 그림. 신유선 옮김. 푸른날개. 2007.
동수야, 어디 가니? 오시은 글, 김효은 그림. 문학동네어린이. 2010.
멍멍 의사 선생님 배빗 콜 글지음. 박찬순 옮김. 보림. 2000.
세계 여행을 떠난 아기곰 무크 마크 부타방 글 · 그림. 양진성 옮김. 대교출판. 2008.
쉿, 내 말 좀 들어 봐! 아델하이트 다히메네 글, 젤다 마를린 조간치 그림. 조국현 옮김. 소년한길. 2010.
앤서니 브라운의 행복한 미술관 앤서니 브라운 글 · 그림. 서애경 옮김. 웅진주니어. 2004.
어떤 느낌일까? 나카야마 치나츠 글, 와다 마코토 그림. 정지현 옮김. 보림. 2006.
엄마는 회사에서 내 생각해? 김영진 글 · 그림. 길벗어린이. 2014.
입이 똥꼬에게 박경효 글 · 그림. 비룡소. 2008.
줄넘기를 깡충깡충 오하시 에미코 글, 고이즈미 루미코 그림. 김지연 옮김. 책과콩나무. 2013.
지구가 빙글빙글: 지구의 자전과 공전 이야기 브라이언 카라스 글 · 그림. 이상희 옮김. 비룡소. 2009.

쪽빛을 찾아서 유애로 글 · 그림. 보림. 2005.

팅통탱, 마법의 냄비 콜린 프로메이라 글, 세실 위드리시에 그림. 조현실 옮김. 반딧불이.
  2004.

펭귄 365 장-뤽 프로망탈 글, 조엘 졸리베 그림. 홍경기 옮김. 보림. 2007.

2 P·A·R·T

아동문학의 장르별 이해

Chapter
05

전래동화

전래동화는 오랜 세월 구전된 설화를 바탕으로 아동에게 맞게 재구성된 이야기로, 아동문학의 대표적인 장르다. 아동의 문학적 흥미와 상상력을 자극할 뿐 아니라 도덕적·교육적으로도 중요한 역할을 수행해 온 전래동화는 각 민족의 역사와 문화, 가치관을 반영하는 소중한 문화유산으로 후손들에게 전승해야 할 가치가 있는 소중한 자산이기도 하다. 이 장에서는 전래동화의 정의와 문학적 특성에 대해 알아보고, 전설, 신화, 민담을 바탕으로 유형을 구분해 보며, 전래동화가 가지는 교육적 가치와 실제 교육현장에서의 활용방법에 대해 살펴보고자 한다.

1. 전래동화의 정의

사람들은 문자를 사용하기 이전부터 수많은 이야기를 만들었고, 그중 일부는 사람들의 입에서 입으로 전해지며 오늘날까지 이르고 있다. 이처럼 일정한 구조를 가지고 오랫동안 구전되어 온 이야기를 구전설화 또는 옛이야기라고 한다. 구전설화는 이야기를 만들어 낸 사회 구성원들의 생각과 정서를 담고 있으며, 그 지역의 전통과 생활, 민족적ㆍ지역적 특성이 반영되어 있고, 지금까지도 문화와 예술, 문학 전반에 걸쳐 많은 영향을 주고 있다.

신화, 전설, 민담과 같은 구전설화는 오랜 세월 사람들의 입에서 입으로 전해지다 근대에 와서 본격적으로 수집되고 기록되기 시작하였다. 대부분 성인을 위한 이야기였던 초기 구전설화 중 아동에게 들려줄 만한 이야기를 전래동화라고 부른다. 전래동화는 전승되어 오던 이야기를 아동의 발달적 수준과 사회문화적 여건에 적합하게 내용을 고쳐 쓴, 개작 동화가 대부분을 차지한다(강문희, 이혜상, 2008). 즉, 전래동화란 옛날부터 전해 내려오는 구전설화 중에서 아동에게 유익하고 적합한 내용으로 재구성된 전통문학의 한 종류다.

전래동화는 재구성되는 과정에서 동일한 이야기라도 기준이 되는 판본에 따라 구조나 의미가 변하거나 내용이 생략되기도 하므로 자칫 하다가는 옛이야기 원본의 참된 의미와 매력, 문학적 가치가 사라질 수도 있다. 따라서 전래동화를 아동에게 소개할 때는 옛이야기 특유의 특성이 잘 살아 있고, 이야기의 상징과 함축된 의미가 변질되지 않았으며, 내용의 변형이나 생략이 심하지 않은 작품을 신중하게 선택해야 한다.

2. 전래동화의 특성

전래동화는 구전설화의 특징과 문학적인 형식이 결합하면서 독특한 특성을 지니게 되었다. 특히 전래동화는 구전설화 중 신화나 전설보다는 민담에 근간을 둔 경우가 많으므로, 여기에서는 우리나라 민담에 근간을 둔 전래동화의 특성을 문학적 요소별로 살펴보고자 한다.

1) 배경

대부분의 전래동화에서는 시간과 장소에 대한 구체적인 묘사 없이 관용적인 표현을 쓴다. 예를 들어, '옛날 옛날에' '호랑이 담배 피던 시절에' 등으로 시작하여 아주 오래된 이야기임을 암시하고, '깊고 깊은 산속에' '어느 마을에'처럼 장소도 불분명하거나 추상적이다.

옛이야기의 공간은 비현실계와 현실계로 구분되는데, 비현실계는 천상계, 지상계, 수중계 등으로 나타나고, 현실계는 산중이나 농촌이 대부분이다(선주원, 2013).

2) 등장인물

전래동화의 등장인물은 그 수가 적고, 성격은 전형적이거나 일차원적으로 묘사되어 전반적인 행동에 대한 예측이 가능하다. 즉, 아름다운 사람은 친절하고, 공주는 아름다우며, 왕자는 용감하고, 여우는 교활하다는 등의 표현으로 묘사된다(김세희, 2000). 사람뿐 아니라 의인화된 동물, 의인화된 무생물, 초현실적인 존재 등이 등장한다.

사람이 주인공일 경우 창작동화와 달리 매우 단순하게 언급되는데, 이름이나 성격, 외모 등에 대한 자세한 묘사 없이 주로 나무꾼, 어부, 사냥꾼 등 직업이나 성씨 정도만 알려 준다. 주인공은 평민이나 가난한 사람인 경우가 많고, 여성보다는 남성이 많다. 『반쪽이』나 『아기 돼지 삼 형제』 『구렁덩덩 새신랑』처럼 삼 형제나 세 자매가 나오는 경우에는 대부분 막내가 주인공이다. 형들보다 못나고 쫓겨나기도 하는 막내가 주인공이 되는 이유는 강하고 권세 있는 사람보다 약하고 가난한 사람이 주인공이 되어 고난을 극복하고 행복을 얻는다는 이야기가 전래동화를 주로 듣고 전했던 일반 백성들에게 카타르시스를 주었기 때문이다(김영주, 1998).

3) 내용 및 주제

전래동화의 주제는 매우 다양하지만, 동서양을 막론하고 아동에게 널리 알려진 전래동화는 권선징악(勸善懲惡)의 도덕률과 인과응보(因果應報)의 윤리관을 담고 있는 경우가 많다. 특히 우리나라의 전래동화는 효도나 우애, 은혜, 정직, 절제 등을 강조하며 교훈성과 교육성이 강하다. 착한 사람은 언제나 승리하고 보상을 받으며, 욕심을 부리거나 악한 사람은 결국 벌을 받거나 모든 것을 잃는다는 이야기를 통해 아동은 선한 인물을 동일시하여 도덕성을 획득한다.

우리나라의 전래동화에는 서민들의 애환과 민중 의식이 깃들어 있다. 삶의 기본적인 문제인 의식주에 대한 내용이 많고, 유머와 풍자를 통해 특권층을 비판하기도 한다. 예를 들어, 『해와 달이 된 오누이』에서 탐욕스럽고 바보 같기도 한 호랑이는 사회 지도층을 비유적으로 표현한 것이다.

우리나라의 전래동화는 권선징악을 강조하나 악에 대해 소극적이어서 악인에 관대하다. 또한 현실세계를 비극적이고 염세적으로 묘사하고, 지하나 지상 또는 초현실의 세계를 화려하고 살기 좋은 곳으로 묘사하고 있다는 점이 서양의 전래동화와 다른 점이다(강성화, 김경회, 2003).

4) 표현 방식

전래동화의 표현 방식은 다음과 같은 특징이 있다.

서두와 결말 부분에 일정한 형식이 있다

전래동화는 '옛날 옛날에' '옛날 옛날 오랜 옛날' 등으로 시작하여 '오래오래 행복하게 살았습니다'로 끝나는 경우가 많다. 결말에서는 이야기의 출처를 밝히거나 유머와 해학을 곁들여 마무리하기도 한다.

전래동화에서 사용되는 서두와 결말의 관용적 표현은 이야기가 서사적 과거 시제로 전개됨을 분명히 나타내고, 이야기가 끝나면 현재로 되돌아오게 해 주는 역할을 한다. 또한 이야기가 허구임을 나타내고 흥미를 불러일으키는 역할도 한다(신헌재 외, 2007). 즉, 아동은 '옛날 옛날에'와 함께 마법의 세계로 들어가 신나게 모험을 즐긴 후, '행복하게 잘 살았습니다.'와 함께 다시 현실로 돌아오며 안도감을 느끼게 된다.

대립법과 반복법을 자주 사용한다

전래동화는 대립과 반복을 통해 이야기를 흥미진진하게 끌어간다. 대립 표현 중 가장 대표적인 것은 선과 악의 대립이다. 『흥부 놀부』『콩쥐 팥쥐』『혹부리 영감과 도깨비』 등은 선과 악의 대립이 극명하게 나타나는 이야기로, 아동이 선과 악의 차이를 분명히 이해하고 선택하도록 돕는다. 이외에도 부자와 가난한 사람의 대립, 성인과 아동의 대립, 여성과 남성의 대립, 형들과 막내의 대립, 인간과 동물의 대립, 지혜로운 동물과 힘 센 동물의 대립 등이 있다(공인숙 외, 2013).

전래동화는 비슷하거나 같은 사건과 문장의 반복을 통해 이야기를 쉽게 기억하도록 하며, 이야기에 흥미를 더해 준다. 『해와 달이 된 오누이』에서 어머니가 고

개를 넘을 때마다 "떡 하나만 주면 안 잡아먹지." 하고 나타나는 호랑이 때문에 이야기는 오래도록 아동의 기억에 남는다. 『팥죽 할멈과 호랑이』에서도 밤톨과 맷돌, 동아줄, 멍석, 지게가 등장할 때마다 "할멈, 할멈, 왜 울어?" "팥죽 한 그릇 주면 호랑이를 쫓아 주지."가 반복되면서 옛이야기 특유의 리듬감과 활력, 유머를 느끼게 한다.

전래동화에서는 삼 형제, 세 자매, 세 마리 염소, 아기 돼지 세 마리 등 등장인물뿐 아니라 세 가지 소원, 세 가지 모험, 세 개의 보물, 세 가지 시련 등 이야기 내용에서도 '3'이라는 숫자가 많이 나온다. 이야기가 반복될 경우에도 세 번 반복되는데, 이야기가 반복될수록 사건의 강도는 점점 강해지고 완전해지며, 주인공은 대부분 세 번째 인물인 경우가 많다. 숫자 '3'은 고대부터 신성하고 완전한 숫자로 여겨져 그리스 신화나 단군신화 등 다양한 신화에도 빈번하게 등장한다.

5) 전개 형식

전래동화는 이야기와 구성이 단순하고 반복적인 경우가 많다. 부가적인 설명이나 묘사 없이 줄거리 중심으로 이야기를 빠르게 전개하여 흥미와 관심을 유지시키고 기억하기 쉽도록 한다. 이러한 전개 형식은 오랜 세월 기억에 의존해 구전되는 과정에서 만들어진 효과적인 전달 방법이다. 전래동화에서 주로 사용되는 전개 형식을 구체적으로 살펴보면 다음과 같다.

단선적 형식

단선적 형식은 전래동화의 기본적인 형식으로, 한 인물의 행동이나 사건이 시간의 흐름에 따라 전개되는 것이다. 『혹부리 영감과 도깨비』 『콩쥐 팥쥐』처럼 두 인물이 대립되는 경우에는 먼저 한 인물의 행동을 이야기하고, 다음에 다른 인물의 행동을 이야기하는 형식을 취한다(최운식, 김기창, 1988).

누적적 형식

누적적 형식은 유사한 사건들이 반복으로 이루어지며, 한 사건이 원인이 되어 다음 사건들이 누적적으로 일어나는 형식이다. 따라서 중간에 한 사건이라도 생략하면 이야기가 성립되지 않는다. 좁쌀 한 톨이 쥐가 되고, 고양이가 되고, 망아지가 되고, 결국 색시가 되는 전래동화 『좁쌀 한 톨로 장가든 총각』이 누적적 형식의 좋은 예다.

연쇄적 형식

연쇄적 형식은 누적적 형식처럼 유사한 사건들이 반복되나, 사건과 사건 사이에 인과관계가 없는 형식이다. 따라서 중간에 사건이 하나 생략되더라도 이야기 진행에 큰 영향을 주지 않는다. 예를 들어, 『팥죽 할멈과 호랑이』의 경우, 밤톨과 맷돌, 동아줄, 멍석, 지게가 등장하여 할머니와 반복적으로 이야기를 주고받으며 사건을 끌고 가나, 다른 판본에서 다른 사물이 들어가기도 하고, 이 중 한두 개가 빠지기도 한다.

회귀적 형식

회귀적 형식은 비슷한 사건들이 연쇄적 혹은 누적적으로 반복되다가 결말 부분에서 다시 처음으로 되돌아가 끝을 맺는 형식이다. 대표적인 예로는 세상에서 가장 힘센 사윗감을 찾아 나선 두더지 가족이 해와 구름, 바람, 돌부처를 만나고는 결국 두더지가 가장 힘이 세다는 사실을 깨닫고 다시 동굴로 돌아오는 이야기를 다룬 『사윗감 찾는 두더지』가 있다.

3. 전래동화의 유형

전래동화는 오랫동안 구전되어 온 구비설화인 신화와 전설, 민담에 뿌리를 두고 있다. 따라서 여기에서는 신화와 전설, 민담의 특징과 내용을 살펴보고, 이를 바탕으로 전래동화의 유형을 살펴보고자 한다.

1) 신화

신화는 주로 신과 영웅이 등장하는 신성한 이야기로, 동화 발생의 기원이며 인간의 세계관과 인생관을 제시하는 가장 원초적인 문학 형태다(강성화, 김경희, 2003). 환상과 마술, 상상적 요소가 풍부하고, 고대인의 사회적 관습, 신념이 반영되어 있으며, 인류와 사회 종교적 관습의 기원, 민족과 국가의 발생, 해와 달, 천둥, 번개 등 자연의 신비, 인생의 희로애락 등을 다룬다. 또한 신화는 종교적 · 철학적 의미를 내포하고, 우리의 삶에 존엄성과 의미를 부여한다.

(1) 우리나라 신화

우리나라의 신화는 건국신화나 개국신화가 대부분으로, 개국시조의 유래와 출생에 대한 인간신화이며, 난생사상이나 태양숭배사상을 담고 있다(강성화, 김경희, 2003). 가장 대표적인 신화는 우리 민족의 기원을 다룬 고조선의 『단군신화』로, 『삼국유사』 『세종실록지리지』 『동국여지승람』 등에 실려 전한다. 가락국의 수로왕 신화, 신라의 박혁거세, 탈해왕, 김알지 신화, 고구려의 주몽 신화, 동명성왕 탄생 신화 또한 널리 알려져 있으며, 이들 대부분은 『삼국유사』 『삼국사기』 등 문

헌에 수록되어 전해지고 있다. 이 밖에 구전되어 전해지고 있는 신화로는 세상의 기원을 다룬 『마고할미』 『창세가』 『대별왕 소별왕』, 제주도의 기원을 담은 『설문대할망』, 저승과 죽음을 관장하는 바리공주 이야기를 담은 『바리공주』, 출산과 양육을 관장하는 신을 다룬 『삼신할미』 등이 있다. 『해와 달이 된 오누이』 『연오랑과 세오녀』는 해와 달이 생겨난 이야기로, 일월신화로 분류되기도 한다.

(2) 그리스 로마 신화

그리스 신화는 대부분 신들과 그들의 자손인 영웅들의 이야기로, 비유적 내용과 암시가 많고 매우 다채롭다. 신들은 사람처럼 행동하고 사랑도 하며 화를 내거나 질투와 시기를 하는 등 인간과 비슷하지만 영원히 죽지 않는다는 점에서 인간과 다르다. 신들은 형체를 마음대로 바꾸어 동물이 되기도 하고, 생명 없는 물체가 되기도 하는 등 아동의 흥미를 돋우는 요소가 많다. 그리스 신화는 호메로스의 영웅 서사시 『일리아드』와 『오디세이』, 헤시오도스의 서사시 『신통기』와 『노동의 나날』 등에 기록되어 전해진다. 이들은 신과 영웅들의 생생한 모습을 보여 줌으로써 그리스 신화에 생명을 불어넣었다. 로마 신화는 그리스 신화를 받아들이고 융합한 것으로, 그리스 신화와 매우 밀접하고 비슷한 성격을 지닌다.

　그리스 로마 신화는 2,500여 년 동안 다듬어지고 변형되면서 인류의 상상력을 자극하는 위대한 문학 유산이 되었고, 문학과 미술, 연극 등 다양한 분야에서 생명을 유지하고 있다. 근대에 와서는 아동들에게 이야깃거리로 환영을 받고 있으며, 그 결과 아동용 그리스 로마 신화는 성경 이야기 다음으로 많이 출판되었다 (고문숙 외, 2013).

(3) 북유럽 신화

　노르웨이, 덴마크, 스웨덴, 아이슬란드 등 북유럽 지역에 전해오는 게르만 민족의 신화로, 그리스 신화와 함께 유럽 신화의 두 축을 이룬다. 그리스 신화에 비해 장식성이 없고 간결한 언어로 기록되어 있으며 이야기가 극적이다. 또한 거칠고

영웅적인 기질을 가진 신들을 통해 불리한 자연조
건 속에서 생존하는 노력과 지혜를 담고 있다. 북
유럽 신화에서는 천지창조가 얼음과 불의 이원 대
립에서 비롯되어 선과 악 두 세력이 싸우고 있고,
악의 세력이 강하여 신들은 끊임없이 지혜와 무예
를 닦으면서 악에 대비한다. 최후에는 세계가 멸망
하는 날이 온다는 비극적 세계관을 내포하고 있는
북유럽 신화는 옛 아이슬란드어로 쓰인 고대 북유
럽의 신화와 영웅 전설을 모아 놓은 책 『에다』에
의해 전해진다.

2) 전설

　전설은 특정 민족 또는 지역에서 전해 내려오는 이야기로, 역사적 인물이나 사
건, 자연물의 유래, 공동체의 내력 등을 소재로 하며 이야기를 뒷받침하는 기념물
이나 증거물이 남아 있다는 것이 특징이다. 신화가 신 중심이라면 전설은 인간 중
심이며 초자연적인 것에 덜 의존하고, 강한 지역성과 역사성을 지닌다. 신화가 까
마득한 태초, 역사 이전의 이야기라면 전설은 특정 시대와 지역, 특정 인물에 관
한 이야기로, 지역 공동체에 문화적·역사적 통합성을 부여해 준다. 전설은 대개
사실과 상상적 요소가 섞여 있지만 화자와 청자는 그 이야기가 사실이라고 믿는
경향이 있다.
　전설은 문헌으로 전하는 문헌전설과 구비전설로 나뉘는데, 구비전설은 등장하
는 대상에 따라 그 유형이 다양하다.

- 자연물: 지역지명, 산, 고개, 바위, 샘, 우물, 곶 등
- 유적·유물: 성터나 정자, 비석, 무덤, 복식, 음식, 사찰, 탑, 종 등

• 동물: 용, 호랑이, 뱀 등
• 인물: 충신, 학자 등

우리나라의 대표적인 전설로는 은하수를 중심으로 동서에 자리 잡고 있는 견우성과 직녀성을 소재로 한 '견우 직녀' 이야기, 고려 시대에 몽고로 끌려갔던 소녀가 돌아와 가족을 그리워하다 죽은 자리에 하얀 꽃이 피었다는 '찔레꽃' 이야기, 이무기를 퇴치하러 간 남자를 기다리다 죽은 처녀의 혼이 백 일 동안 붉게 피었다 지는 꽃이 되었다는 '백일홍' 이야기, 홀로 된 어머니가 세 딸에게 박대받고 죽어 할미꽃이 되었다는 '할미꽃' 이야기, 신라 시대 성덕대왕 신종에 관련된 전설로, 승려의 시주 요구에 어린 자식을 종을 만드는 데 바쳤다는 '에밀레종' 이야기 등이 있다. 이외에 전라북도 고창 선운사의 창건을 소재로 한 '도솔산 선운사' 이야기, 치악산에 내려오는 감동적인 전설 '은혜 갚은 꿩' 이야기는 그림책으로 만들어져 전해진다.

3) 민담

　민담은 주로 민간에서 전해 내려오는 이야기로 '재미나게 꾸며진 상상의 이야기'다. 전승문학 중에서 가장 널리 사랑받은 장르로, 많은 전래동화가 민담에 뿌리를 두고 있다. 누구에게나 친숙하며 호소력이 있고 민중성이 강하다. 사실 여부에 구애받지 않고 흥미진진하게 엮어 나가며, 비현실적인 환상이나 과장된 표현이 많이 등장한다(선주원, 2013). 신화나 전설은 엄숙하지만, 민담은 유머와 해학이 있고 오락성을 띠는 특징이 있다. 또한 이야기꾼에 따라 내용의 개작이 많이 이루어지기 때문에 다양한 내용으로 변형되기도 한다.

　민담은 주인공과 내용에 따라 동물 이야기, 유머 이야기, 마술 이야기 등으로 나눌 수 있다.

(1) 동물 이야기

　동물 이야기는 아동이 가장 즐기는 민담 유형 중 하나로, 의인화된 동물들이 주인공으로 등장한다. 동물의 생김새나 특성이 이야기에 자연스럽게 녹아 있고, 인간 행동을 과장하여 표현함으로써 유머와 재미를 준다. 이런 이야기를 통해 동물들에 대한 이미지가 만들어진다. 예를 들어, 여우는 약삭빠르고, 토끼는 재빠르고 지혜로우며, 호랑이는 용맹하고 사나우나 때때로 어리석다는 이미지가 만들어졌다(공인숙 외, 2013). 우리나라 전래동화 중에서는 『토끼와 자라』 『토끼의 재판』 『옛날에 여우가 메추리를 잡았는데』 『호랑이와 곶감』 『팥죽 할멈과 호랑이』 『개와 고양이』 등이, 서양의 전래동화 중에서는 『장화 신은 고양이』 『아기 돼지 삼 형제』 『늑대와 일곱 마리 아기 염소』 『브레멘 음악대』 『용감무쌍 염소 삼 형제』 등이 동물 이야기에 해당한다.

(2) 유머 이야기

  유머 이야기에는 익살과 유머, 해학이 많은 이야기로 바보나 멍청이, 조금 모자란 사람 등이 등장하고, 엉뚱하고 우스꽝스러운 사건들이 펼쳐지며, 유머 이야기는 사회의 권위나 경직된 관념을 풍자함으로써 삶의 진실을 보여 준다. 벼슬아치나 양반, 가부장제 속 남성들을 풍자하는 이야기 또한 이 유형에 속한다. 『소가된 게으름뱅이』『훨훨 간다』『줄줄이 꿴 호랑이』『임금님 귀는 당나귀 귀』『요술항아리』 등이 대표적인 유머 이야기다.

(3) 마술 이야기

마술 이야기는 도깨비, 요정, 마녀, 귀신, 산신령, 거인, 난쟁이, 초인 등이 등
장하는 이야기로, 다수의 민담이 이 유형에 속한다. 마술적 인물들은 현실적으로
불가능한 일을 하고, 주인공을 방해하거나 구해 주기도 하면서 극적인 재미와 흥

미를 돋운다. 『콩쥐 팥쥐』『혹부리 영감』『여우누
이』『정신 없는 도깨비』『우렁각시』『도깨비감투』
『신데렐라』『찔레꽃 공주』『복숭아동자』『바바야
가』 등이 마술 이야기의 대표적인 예다.

　최운식과 김기창(1988)은 신화, 전설, 민담의 차
이를 〈표 5-1〉과 같이 제시하고 있으나, 신화와 전
설, 민담이 확연하게 구분되지는 않아서 구전설화
를 내용에 의해 신화, 전설, 민담으로 구분하기 어
려운 경우가 많다.

〈표 5-1〉 신화, 전설, 민담의 차이

구분	신화	전설	민담
전승자의 태도	진실하고 신성하다고 인식	진실되리라 믿고, 실제로 있었다고 주장	흥미 본위로, 진실성, 신성성은 문제되지 않음.
시간과 장소	일상적인 경험으로 측정할 수 있는 범위를 넘어선 태초의 일	구체적으로 제한된 시간과 장소	구체적으로 시간과 장소가 없음.
증거물	매우 포괄적	특정 증거물을 가짐.	증거물이 제시되지 않음.
주인공 및 그 행위	주인공은 신 신이 지닌 능력을 발휘	여러 종류의 인간 인간과 인간, 인간과 사물 사이에서 일어나는 예기치 않은 관계	일상적인 인간 운명을 개척해 감.
전승 범위	민족의 범위	지역적 범위	지역이나 민족으로 제한되지 않음.
기능 면	전 집단의 신앙을 요청하며 집단 단결의 핵심적 역할	일정 지역을 발판으로 애향심 고취	흥미 본위의 이야기로 예능적 문학성이 뛰어남.

출처: 최운식, 김기창(1988).

4. 전래동화의 기능

전래동화는 아동에게 전통문화유산을 전달해 주고, 도덕성과 바람직한 인격형성을 도와주며, 정신적 힘을 길러 줌과 동시에 상상력과 창의적 사고를 키워 주는 기능을 담당한다.

전통문화유산을 전달해 준다

과거와 현재를 연결하는 매개체인 전통문화유산은 민족의 정체성 확립과 화합의 기틀을 마련해 주며, 삶의 다양한 측면에 영향을 미치는 중요한 자산이다. 전래동화는 이야기를 만들어 낸 구성원들의 풍속과 습관, 생활, 사상, 신앙, 정서 등을 담고 있으며, 민족 중심 사회가 출현한 후 더욱 민족적 특성을 지니게 되었다. 즉, 전래동화는 민족의 고유한 전통과 사상의 뿌리를 가지기 때문에 전통사회의 중요 가치를 되살리는 좋은 도구가 될 수 있다(공인숙 외, 2001). 아동들은 재미있는 이야기 형식을 통해 자연스럽게 충, 효, 우애, 신의 같은 우리 민족의 전통적 가치를 배우고, 조상들의 유머와 재치, 풍자와 해학, 생활의 멋과 지혜도 자연스럽게 접할 수 있다(최운식, 김기창, 1988).

도덕성과 바람직한 인격 형성을 도와준다

많은 전래동화의 주제는 권선징악이다. 바른 심성과 정직, 효행, 인내, 보은, 욕심에 대한 경계를 강조하는 전래동화는 아동의 도덕성과 윤리의식, 바람직한 인격 형성에 긍정적인 영향을 준다.

전래동화에서는 모든 선과 악이 어떤 인물의 모습이나 행위로 형상화되어 있다. 악한이 벌을 받는 결말 부분에서 아동이 도덕적 교훈을 얻는 것은 아니다. 현실에서나 옛이야기에서나 처벌에 대한 두려움은 악행을 제한적으로 억제할 뿐이고, 악행으로는 결코 승리할 수 없다는 확신이 더 효과적인 악행 억제 수단이다. 이것이 바로 옛이야기 속에서 악한이 마지막에 모든 것을 잃게 되는 이유다. 또한 마지막에는 선이 승리한다는 사실보다는 주인공이 너무나 매력적이라는 사실이 아동의 도덕성 발달에 더 기여한다. 아동은 주인공과 자신을 동일시하는데, 주인공과 더불어 온갖 시련과 고통을 겪다가 마지막에 승리하면 자기도 함께 승리했다고 상상한다. 아동은 이런 동일시를 통해 주인공의 내적·외적 투쟁으로부터 얻은 도덕률을 마음속 깊이 새긴다(Bettelheim, 1998). 즉, 아동은 암시적이고 흥미진진한 이야기를 통해 거부감 없이 자연스럽게 도덕 교육을 받게 된다. 이렇듯 전래동화는 친절, 겸손, 정직을 장려하고, 어려움에 처한 사람들에게는 용기를, 집단에게는 권선징악을 가르침으로써 도덕규범의 전승자 역할을 담당하였다(김세희, 2000).

심리적 욕구와 문제를 해결할 수 있는 정신적 힘을 길러 준다

전래동화가 아동에게 충족감을 주면서 오랫동안 사랑받고 있는 이유 중 하나는 애착형성과 분리불안, 부모 자녀 갈등, 형제간의 우애와 경쟁 등 아동 발달상의 다양한 욕구와 문제를 다루고 있기 때문이다. 옛이야기를 심리학적으로 분석하고 연구했던 심리학자 브루노 베텔하임(Bettelheim, 1975)은 아동이 다른 책보다 옛이야기에서 훨씬 만족감을 느끼는 이유를 옛이야기가 아동이 무의식적으로 겪는 심각한 내면적 억압을 이해하도록 해 주고, 내적 갈등을 소홀히 다루지 않으며, 일시적이면서도 영구적인 해결책을 제공하기 때문이라고 했다. 평범하고 힘없는 주인공들이 예기치 못한 곤경과 어려움, 역경에 굴하지 않고 맞서 싸워서 마침내 모든 장애물을 극복하고 결국에는 승리하게 되는 이야기를 통해 아동은 용기와 자신감을 얻고, 자신의 문제를 해결할 수 있는 정신적·심리적 힘을 기르게 된다.

유아기는 모든 사물에 영혼이 있다고 믿는 물활론적 사고를 하며, 인과응보식 도덕 판단을 하는 시기다. 유아기의 이런 특징은 전래동화의 인물 구성이나 사건, 권선징악적 윤리관과 매우 유사하다. 전래동화의 주제와 구성, 주인공의 성격이 아동의 사고방식에 가장 적합하므로 아동이 전래동화에 쉽게 몰입하게 된다 (Bettelheim, 1998). 아동은 신과 영웅, 거인, 소인, 요정, 마녀, 공주와 왕자, 도깨비, 말하는 동물과 사물 등 매력적인 주인공이 등장하고 마법적 사건들이 펼쳐지는 공상의 세계에 푹 빠져 마음껏 즐기면서 무한한 상상력과 창의적 사고를 키우게 된다.

5. 전래동화의 활용

전래동화는 아동에게 매력적이고 전승 가치가 있는 문학작품일 뿐 아니라 발달적 · 교육적 측면에서도 중요성을 지닌 매체다. 따라서 아동교육 현장에서 전래동화를 활용한 다양한 프로그램을 개발하고 실시하는 것은 의미 있는 일이다.

전래동화는 통합교육활동의 자료로 다양하게 활용된다. 전래동화 한 편을 통해 언어교육뿐 아니라 미술, 음악, 인지 추론, 역사, 동극, 신체활동 등 다양한 교육으로 확장할 수 있다. 또한 여러 지역의 전래동화를 아동에게 접하게 해 줌으로써, 세계 여러 나라의 다양한 문화와 지리에 대한 관심도 이끌 수 있다. 『반쪽이』『재주 많은 다섯 친구』『주먹이』 같은 전래동화는 반편견 교육의 자료로 활용된다.

『아기 늑대 세 마리와 못된 돼지』『늑대가 들려주는 아기돼지 삼 형제 이야기』처럼 널리 알려진 전래동화의 주제나 인물, 플롯, 시대적 배경 등을 변형하여 새로 쓴 패러디 동화는 아동으로 하여금 또 다른 즐거움과 흥미를 유발하고, 다양한 관점에서 사고할 수 있는 기회를 준다. 전래동화 뒷이야기 지어내기 활동을 통해서 아동의 상상력과 창의적 사고를 키우고, 창작의 즐거움을 알려 준다.

'내가 좋아하는 책표지 그리기' 활동 중인 유아 (1)

'내가 좋아하는 책표지 그리기' 활동 중인 유아 (2)

> **더 알아보기**　아동이 옛이야기에 매력을 느끼는 이유

- 옛이야기의 초자연적인 배경과 사건이 매력을 느끼게 한다. 생활동화에서는 아동이 판타지나 상상의 세계에 빠져들기 힘들지만 초자연적인 시공간과 환상적인 사건이 등장하는 옛이야기에서는 아동이 무한한 상상력의 날개를 펼칠 수 있다.
- 옛이야기가 창작동화보다 훨씬 더 사실적일 수가 있다. 즉, 부모에게 버림받은 아동, 아내를 버린 남편, 아버지의 무기력과 자식에 대한 무관심, 형제간의 갈등, 인간의 잔인성과 이기심, 극한 상황에서 홀로서기 등 어른들이 솔직하게 말해 주지 않는 인간과 삶의 어두운 진실이 담겨 있기 때문이다.
- 서술방식이 지닌 장점을 들 수 있다. 옛이야기는 교훈적 메시지와 삶의 진실을 상징과 이미지를 통해 간접적으로 전달한다. 그래서 아동은 '충효'나 '권선징악' 같은 교훈적인 메시지를 어른들로부터 배우는 것이 아니라 스스로의 힘으로 해독한다.
- 주인공의 성격적 매력과 사건의 극적 전개에서 찾을 수 있다. 많은 옛이야기에서 주인공들은 창작동화보다 훨씬 더 용감하고 진취적이며 독립적이다. 작고 힘이 없고 어수룩해서 가족과 사회의 주변을 맴돌던 인물들이 시련을 이기고 영웅이 된다.
- 사회계층 간의 장벽이 쉽게 무너진다. 가난한 과부의 아들 잭은 공주와 결혼하고, 천대받던 외톨이 신데렐라는 왕자와 결혼하며, 흉측한 외모를 지닌 신선비는 예쁘고 착한 대감집 딸과 결혼한다. 이러한 옛이야기들은 주인공에 대한 동일시를 통해 아동이 삶을 낙관적으로 바라보게 한다.

출처: 김환희(2005).

참고문헌

강문희, 이혜상(2008). 아동문학교육. 서울: 학지사.

강성화, 김경회(2003). 유아문학교육 이론과 실제. 서울: 동문사.

고문숙, 임영심, 김수향, 손혜숙(2014). 아동문학교육. 경기: 양서원.

공인숙, 김영주, 최나야, 한유진(2013). 아동문학. 경기: 양서원.

공인숙, 유안진, 한미현, 김영주, 권혜진(2001). 전래동화 활용 공평성 향상 프로그램이
　　　유아의 공평성 추천에 미치는 영향. 한국가정관리학회지, 19(2), 23-30.

김세희(2000). 유아교사를 위한 유아문학교육. 경기: 양서원.

김영주(1998). 전래동화와 창작동화에 나타난 아버지 역할 비교. 서울대학교 대학원 박사
　　　학위논문.

김환희(2005). 옛이야기의 매력과 들려주기, 그리고 유년기의 추억. 서울: 열린어린이.

선주원(2013). 교육과정 개정에 따른 아동문학교육론. 서울: 박이정.

신헌재, 권혁준, 곽춘옥(2007). 아동문학과 교육. 서울: 박이정.

임성규(2008). 초등 문학교육의 담론과 아동문학의 지평. 서울: 한국문화사.

장영주(2008). 유아, 아동문학의 이론과 실제. 서울: 교육과학사.

최운식, 김기창(1988). 전래동화교육론. 서울: 집문당.

Bettelheim, B. (1998). 옛이야기의 매력 1(김옥순, 주옥 역). 서울: 시공주니어. (원저는
　　　1975년 출판).

 본문에 실린 아동문학 작품

개구리 왕자 그 뒷이야기　존 셰스카 글, 스티븐 존슨 그림. 보림. 1996

개와 고양이　김중철 편. 유승하 · 최호철 그림. 웅진주니어. 1999.

견우 직녀　김향이 글, 최정인 그림. 비룡소. 2009.

구렁덩덩 새신랑　박경효 글 · 그림. 비룡소. 2009.

그리스 로마 신화　박선희 편. 아이즐북스. 2014.

늑대가 들려주는 아기돼지 삼 형제 이야기   존 셰스카 글, 레인 스미스 그림. 보림. 1996.

늑대와 일곱 마리 아기 염소   그림 형제 글, 펠릭스 호프만 그림. 김재혁 옮김. 비룡소. 2000.

단군신화   이형구 글, 홍성찬 그림. 보림. 2007.

대별왕 소별왕   한태희 글·그림. 한림출판사. 2008.

도깨비 감투   정해왕 글, 이승현 그림. 시공주니어. 2008.

도솔산 선운사   이상희 글, 한태희 그림. 한림출판사. 2001.

마고할미   정근 글, 조선경 그림. 보림. 2006.

바리공주   김승희 글, 최정인 그림. 비룡소. 2006.

바바야가   타이마르크 르 탕 글, 레베카 도트르메르 그림. 김예령 옮김. 비룡소. 2008.

반쪽이   이미애 글, 이억배 그림. 보림. 1997.

복숭아동자   마쓰이 다다시 글, 아카바 수에키치 그림. 김난주 옮김. 비룡소. 2006.

북유럽 신화   에드거 파린 돌레르·인그리 돌레르 공저. 이창식 옮김. 시공주니어. 2002.

브레멘 음악대   그림 형제 글, 리즈베트 츠베르거 그림. 서애경 옮김. 어린이작가정신.
    2015.

사윗감 찾는 두더지   유타로 글, 김선배 그림. 비룡소. 2014.

삼신할미   서정오 글, 이강 그림. 봄봄. 2006.

설문대할망   송재찬 글, 유동관 그림. 봄봄. 2007.

소가 된 게으름뱅이   김기택 글, 장경혜 그림. 비룡소. 2011.

신데렐라   샤를 페로 글, 로베르토 인노첸티 그림. 이다희 옮김. 비룡소. 2007.

아기 돼지 삼 형제   폴 갈돈 글·그림. 이상희 옮김. 시공주니어. 2007.

양들을 부탁해   김세진 글·그림. 비룡소. 2014.

여우누이   김성민 글·그림. 사계절. 2005.

연오랑과 세오녀   김향이 글, 박철민 그림. 비룡소. 2012.

옛날에 여우가 메추리를 잡았는데   오호선 글, 박재철 그림. 길벗어린이. 2007.

요술 항아리   이수아 글·그림. 비룡소. 2008.

용감무쌍 염소 삼 형제   아스비에른센·모에 글, 마샤 브라운 그림. 김기택 옮김. 비룡소.
    2008.

우렁각시   김용철 글·그림. 길벗어린이. 2009.

임금님 귀는 당나귀 귀   서정오 글, 한지희 그림. 보리. 1997.

은혜 갚은 꿩 이야기   이상희 글, 김세현 그림. 한림출판사. 2010.

장화 신은 고양이   샤를 페로 글, 프레드 마르셀리노 그림. 홍연미 옮김. 시공주니어. 2000.

정신없는 도깨비   서정오 글, 홍연우 그림. 보리. 2007.

좁쌀 한 톨로 장가든 총각   이상교 글. 보림. 1997.

줄줄이 꿴 호랑이   권문희 글·그림. 사계절. 2005.

찔레꽃 공주   그림 형제 글, 펠릭스 호프만 그림. 한미희 옮김. 비룡소. 2000.

창세가   고승현 글, 김병하 그림. 책읽는곰. 2010.

콩쥐 팥쥐   송언 글, 조민경 그림. 애플트리테일즈. 2009.

토끼와 자라   성석제 글, 윤미숙 그림. 비룡소. 2010.

토끼의 재판   홍성찬 글·그림. 보림. 2012.

판도라의 상자   비비안 쾨닉 글, 루이즈 외젤 구성. 김종근 옮김. 비룡소. 2005.

팥죽 할멈과 호랑이   소중애 글, 김정한 그림. 비룡소. 2010.

해와 달이 된 오누이   김미혜 글, 최정인 그림. 비룡소. 2014.

호랑이와 곶감   위기철 글, 김환영 그림. 국민서관. 2004.

혹부리 영감과 도깨비   오호선 글, 윤미숙 그림. 길벗어린이. 2014.

휠휠 간다   권정생 글, 김용철 그림. 국민서관. 2003.

흥부 놀부   홍영우 글·그림. 보리. 2014.

Chapter
06

생활동화

생활동화는 아동의 실제 생활 모습을 사실적으로 다룬 창작동화로, 가정과 학교, 사회 속에서 펼쳐지는 아동의 다채로운 삶의 모습과 고민들이 생생하게 담겨 있다. 아동은 친근한 주인공과 이야기가 담긴 생활동화를 통해 문학적 재미와 즐거움을 경험할 수 있을 뿐 아니라 위로를 받거나 문제해결방법을 배우고, 세상을 보는 시야를 넓힐 수 있을 것이다. 이 장에서는 생활동화의 정의와 특성을 알아보고, 다루고 있는 소재나 아동을 둘러싼 환경을 기준으로 생활동화의 유형을 구분해 본다. 그리고 생활동화가 가지는 교육적 가치와 실제 교육현장에서의 활용방법에 대해 살펴보고자 한다.

1. 생활동화의 정의

생활동화란 아동의 삶과 주변 세계, 생활 경험을 사실적으로 다룬 동화를 말한다. 실제로 일어날 수 있는 범위 안에서 이야기가 펼쳐지므로 사실동화라 부르기도 한다. 좋은 생활동화란 삶의 맥락에서 개인적·사회적 관심사를 실제적으로 묘사하고, 작가의 관점에서 이를 조망해 보는 것이다. 생활동화가 다루는 삶이란 고통스러울 수도 있고, 익살스러울 수도 있고, 즐거울 수도 있는 여러 가지 측면에서의 삶이다. 즉, 생활동화는 나와 가족, 친구, 우정, 탄생과 죽음, 사랑과 증오 등 다양한 영역의 주제를 포함하고, 현재 우리 사회가 안고 있는 많은 문제를 사실적으로 반영한다(공인숙 외, 2013).

2. 생활동화의 특성

생활동화는 비현실적인 세계를 다루는 환상동화와는 다른 특성을 지니는데, 생활동화의 특성을 문학의 요소별로 살펴보면 다음과 같다.

1) 배경

생활동화는 아동이 경험할 수 있는 사실 세계를 다루기 때문에 현실의 시공간이 배경이 된다. 작가는 실제 상황이거나 현실적으로 사건이 일어날 수 있는 공간과 시간을 설정하여 이야기를 끌어 나간다. 과거의 이야기든, 현재의 이야기든, 주인공이 사는 집이나 먹는 음식, 입는 옷 등은 시대적 상황에 맞아야 하고, 특정 장소를 배경으로 한다면 그 장소에 대한 묘사나 설명이 사실에 근거해야 한다. 또한 주인공의 이동 경로가 필요하다면 실제 지도상의 내용과 일치해야 한다. 사실동화에서는 인물의 성격이나 플롯은 자유롭게 선정할 수 있으나, 역사적 사건이나 장소는 정확하게 다루어져야 한다(공인숙 외, 2013).

2) 등장인물

생활동화의 인물은 주변에서 흔히 볼 수 있는 평범한 사람들로, 전형적이지 않고 다양한 장단점을 지녔으며 다차원적인 인물들이다. 따라서 아동은 주인공과 등장인물을 동일시하고 공감하기 쉽다. 이야기의 주인공은 대부분 특별한 사건을 겪고 문제를 해결해 가면서 심리적으로 좀 더 성숙해지고 긍정적인 변화를 겪는다. 인물의 성격이나 가치관 등은 말이나 행동에 드러나며 인물이 속한 지역이나 나라의 문화적·지역적·역사적 특성을 반영하기도 한다.

3) 구성

생활동화는 현실의 논리에 맞게 이야기가 전개된다. 누구나 겪을 수 있는 사건이나 갈등 상황이 발생하고, 주인공은 사건을 해결하기 위해 고민하고 현실적으로 가능한 행동을 취하면서 문제를 해결해 나간다. 전래동화나 환상동화처럼 비현실적인 조력자가 나타나는 경우는 거의 없으며, 전래동화처럼 항상 행복한 결말로 끝나는 것도 아니다. 특히 장애와 같은 주제를 다루는 생활동화에서는 장애의 징후를 정확하게 다루어야 하며, 문제가 현실적으로 해결되도록 주의해야 한다. 생활동화는 지어낸 이야기이지만 현실성과 사실성에 바탕을 두고 있으므로 독자들이 공감할 수 있는 좋은 생활동화를 쓰기 위해서는 인간 심리 및 행동에 대한 자료 조사가 바탕이 되어야 한다.

4) 내용 및 주제

생활동화는 실제 아동의 삶을 둘러싸고 있는 다양한 문제나 사건들을 소재로 다루고, 시대에 따라 변하는 문화사회적 가치도 반영한다. 생활동화에서 주로 다루는 소재로는 아동의 성장과 발달과제, 자아개념과 정체성 문제, 가족과의 관계, 부모의 이혼과 재혼, 친구나 학교생활, 더 나아가 가난과 전쟁, 인종차별 등 지역사회와 환경 문제 등이 있다.

현대사회에서 증가하고 있는 이혼율, 미혼부모, 한부모가정 등 가족제도의 변화, 환경재해 및 오염 문제, 폭력과 범죄, 종교적 · 민족적 갈등 등 수많은 문제가 현대를 살고 있는 아동에게도 직접적인 영향을 미치고 있으며, 이러한 주제들도 생활동화에서 폭넓게 다루어지고 있다(고문숙 외, 2013).

3. 생활동화의 유형

생활동화는 다루고 있는 소재나 아동을 둘러싼 환경에 의해 자아 개념 및 성장에 관한 생활동화, 가족 이야기를 다룬 생활동화, 학교 이야기를 다룬 생활동화, 지역사회 및 사회 문제를 다룬 생활동화로 나눌 수 있다.

1) 자아 개념 및 성장에 관한 생활동화

자아의 성장과 발달에 관한 생활동화는 아동이 성장하면서 겪게 되는 문제들을 통해 자아 개념을 형성하고, 새로운 변화에 적응해 가는 과정을 그린다. 사회화 과정의 기본인 생활습관 형성과 아동의 자립심, 성취감을 다룬 생활 그림책부터 사춘기 시기의 고민이나 갈등을 다룬 동화까지, 다양한 연령대의 생활동화들이 이 유형에 속한다.

이슬이가 처음으로 심부름을 하게 되면서 겪는 일을 실감 나게 다룬『이슬이의 첫 심부름』, 지원이와 병관이 남매가 단둘이 지하철을 타고 할머니 댁에 가는 과정을 담은『지하철을 타고서』, 걱정이 많아 늘 불안해하는 빌리가 할머니로부터 걱정인형을 선물받고 성장해 가는 이야기를 다룬『겁쟁이 빌리』, 아버지의 실직으로 도시의 외삼촌댁에 맡겨진 리디아가 자신이 좋아하는 원예를 통해 어려움을 극복하고 가족 간의 사랑을 가꾸어 가는『리디아의 정원』, 옷이 작아져서 입을 수 없게 된 펠레가 새 옷을 얻기까지의 과정을 그린『펠레의 새 옷』등은 생생하고 아름다운 그림과 현실적인 이야기가 어우러져 흥미를 더한다. 유머와 재치로 아

동 독자들의 사랑을 받고 있는 작가 수지 모건스턴의 대표작 『엉뚱이 소피의 못 말리는 패션』은 옷을 하도 이상하게 입어서 엉뚱이라 불리고 심리치료까지 받게 되지만 늘 당당하고 창의성 넘치는 소피의 모습을 통해 진정한 자존감과 개성이 무엇인지를 느끼게 해 준다. 『안녕하세요, 하느님? 저 마거릿이에요』에서는 이제 막 사춘기에 접어든 소녀가 신체 변화에 대해 당황해하며 겪는 갈등과 고민을 사실적으로 그려 내어 공감을 일으킨다(공인숙 외, 2013).

2) 가족 이야기를 다룬 생활동화

가족관계는 아동의 성장 발달에서 가장 중요하고 기초적인 관계다. 그런 만큼 현대 생활동화에서 가족 이야기는 가장 많이 다루어지는 소재로, 가족 간의 갈등과 화해, 사랑이야기가 주류를 이룬다. 관계 측면에서는 부모자녀관계, 형제자매관계, 조부모나 친척과의 관계 등으로 나눌 수 있고, 가족 내에서 일어나는 사건 측면에서는 부모의 이혼과 재혼, 아동학대, 조부모의 죽음이나 질병 등에 관한 내용으로 나눌 수 있다.

『피터의 의자』 『난 형이니까』 『순이와 어린 동생』 『내 동생 싸게 팔아요』 『동생이 미운 걸 어떡해!』 등은 형제자매 사이에서 일어나는 질투와 갈등, 사랑을 솔직하고 재치 있게 풀어낸 이야기로 아동에게 공감을 불러일으킨다. 청각장애 여동생을 둔 언니가 여동생의 일상을 담담하면서도 애정 어린 시선으로 이야기하는 『내게는 소리를 듣지 못하는 여동생이 있습니다』와 뇌성마비 형과 살아가는 동생의 이야기를 다룬 『아주 특별한 우리 형』은 장애를 가진 형제자매의 솔직한 마음과 사랑이 담겨 있어 장애에 대한 편견을 버리게 하고, 가족의 소중함을 깨닫게 도와준다.

일하는 엄마와 아이의 일상을 재미난 그림과 함께 담아낸 『엄마는 회사에서 내 생각해?』, 잔소리 많고 심부름만 시키는 엄마 아빠를 팔아 버린다는 발칙한 상상을 담은 『왕창 세일! 엄마 아빠 팔아요』는 부모자녀가 서로의 마음을 이해할 수 있게 도와주는 이야기다. 『누리에게 아빠가 생겼어요』 『내 생각은 누가 해 줘?』는

재혼가정 아이의 고민을 진솔하게 풀어냈다. 『오른발, 왼발』『우리 가족입니다』 『마레에게 일어난 일』은 조부모의 질병으로 인해 겪게 되는 아이의 심리를 사실 적으로 보여 주고, 조부모와의 사랑과 교감을 느끼게 해 주는 이야기다. 할아버지 의 죽음과 장례식에 대한 이야기를 유머와 감동으로 풀어낸 『마지막 이벤트』는 열세 살 주인공 영욱이를 통해 가족들이 겪는 현실적인 문제와 갈등을 생생하게 보여 주면서, 가족이 무엇이고 죽음이 무엇인지를 진지하게 생각해 보게 한다.

3) 학교 이야기를 다룬 생활동화

학교에 관한 생활동화는 학령기 아동의 공감을 불러일으키고 학교에서 벌어지 는 다양한 갈등과 문제에 대해 생각해 보게 한다는 점에서 의의가 있다. 이 유형 의 동화에서는 주로 또래 괴롭힘 문제, 친구 사이의 갈등과 폭력, 교사와의 관계, 학교생활 적응 등에 관해 다룬다.

『으앙, 오줌 쌌다!』『틀려도 괜찮아』『칠판 앞에 나가기 싫어!』는 초등학생이 된 아동이 학교생활에서 겪는 어려움과 적응 과정을 아동의 입장에서 솔직하게 담아냈다. 학교 이야기를 다룬 생활동화 중에는 초등학교 교사로 일했던 작가들 의 작품이 많다. 소중애 작가의 『거짓말쟁이 최효실』『내 맘대로 선생님 만들기』, 송언 작가의 『오시큰둥이의 학교생활』『멋지다 썩은 떡』『잘한다 오광명』, 류호 선 작가의 『달마시안 선생님』 등이 대표적이다. 교사로서 학교에서의 경험과 고 민을 담은 이 작품들은 선생님과 아이들의 생생한 모습을 재미나게 담으면서도 학교와 친구, 교사에 대한 긍정적인 마음을 키워 준다. 일본의 국민작가이자 교사 였던 하이타니 겐지로가 쓴 『너는 닥스 선생님이 싫으냐?』는 고베 시의 한 초등학 교 교사의 실화에 바탕을 둔 이야기로 괴짜 선생님과 아이들의 갈등과 화해 과정 을 통해 진정한 교육이 무엇인지에 대해 생각해 보게 하는 생활동화다. 섬세한 심 리 묘사와 마음을 어루만지는 사실적인 이야기로 많은 사랑을 받고 있는 황선미 작가의 『나쁜 어린이 표』『초대받은 아이들』『들키고 싶은 비밀』『어느 날 구두

에게 생긴 일』 등은 선생님의 관심을 받고 싶은 아이들, 친구들과 잘 어울리고 싶은 아이들의 심리와 행동을 생생하게 그려 낸 대표적인 생활동화다. 그리고 요즘 심각한 학교 문제가 되고 있는 또래 괴롭힘이나 학교폭력을 다룬 책들로는 『내겐 드레스 백 벌이 있어』 『양파의 왕따 일기』 『너, 그거 이리 내놔!』 『내 짝꿍 최영대』 『까마귀 소년』 등이 있다. 또래 괴롭힘이나 학교폭력은 피해자나 가해자뿐 아니라 이를 지켜보는 아동에게도 부정적 영향을 줄 수 있다는 점에서 모두가 관심을 가져야 하는 문제다.

4) 지역사회 및 사회 문제를 다룬 생활동화

아동은 자라면서 가족, 학교라는 울타리를 벗어나 자신이 속한 지역과 나라, 지구촌에서 일어나는 일들에도 관심을 갖게 된다. 시대와 사회상을 반영하는 생활동화를 통해 아동은 사회와 세계에 대한 이해를 넓히고, 다양한 사회문제에 관심을 갖게 되며, 문제를 해결하기 위한 자신의 역할에 대해 생각해 볼 기회를 얻는다. 이 유형에 속한 생활동화의 주제로는 빈곤과 인종차별, 다문화, 전쟁, 환경 문제 등이 있다.

김중미 작가의 『종이밥』과 『괭이부리말 아이들』은 가난한 판자촌과 도시 변두리 달동네에서 살아가는 아이들과 사람들의 삶을 사실적이면서 가슴 저리게 담아 낸 대표적인 생활동화다. 『사라, 버스를 타다』는 1950년대 미국 흑인 인권 운동의 시발이 된 로사 팍스의 이야기를 바탕으로 한 작품이다. 당시 미국에서 흑인들은 거의 모든 면에서 차별을 받았는데, 버스에서도 흑인과 백인의 자리가 구분되어 있었다. 미국 남부에 살고 있던 흑인 소녀 사라는 붐비는 버스 안에서 백인 자리에 앉았다가 일어나도록 강요받았지만 이를 거부하여 체포되었다. 이를 계기로 '버스 승차 거부 운동'이 시작되었고, 마틴 루터 킹 목사가 이 운동을 이끌었다. 『찬다 삼촌』 『외갓집에 가고 싶어요』는 우리 사회의 중요한 이슈가 되고 있는 다문화 가정의 이야기를 통해 외국인에 대한 편견을 없애고 그들을 진심으로 이해

하도록 도와준다. 『곰 인형 오토』『엄마에게』『적』『꽃할머니』와 『비무장지대에
봄이 오면』『무기 팔지 마세요!』 등은 전쟁의 잔인함을 일깨워 주고, 평화의 소중
함을 생각하게 한다. 해방 직후부터 1950년대까지를 배경으로 쓴 권정생의 『몽실
언니』는 전쟁과 가난으로 얼룩진 세상에서 부모를 잃고 어린 동생을 돌보면서도
착한 마음을 잃지 않고 굳세게 살아가는 몽실이를 통해 가슴 아픈 우리 역사와 사
회상을 돌아보게 하고 감동과 희망을 전한다. 댐 건설로 수몰된 마을의 이야기를
다룬 『강물이 흘러가도록』, 도시의 재개발 과정을 사실적으로 다룬 『나의 사직
동』은 문명의 발전과 환경 문제, 자연의 소중함에 대해 여러 가지 고민을 하게 만
든다.

4. 생활동화의 기능

아동은 문학적 재미뿐 아니라 현실의 다양한 문제를 다루고 있는 생활동화를
통해 독서의 즐거움을 경험하고, 삶을 살아가는 다양한 방법을 배운다. 또한 삶의
의미와 가치를 생각해 볼 수 있어 정신적으로 한층 성장할 수 있다. 생활동화의
기능과 교육적 가치는 다음과 같다.

주인공에 대한 공감을 불러일으키고 독서의 즐거움을 준다

생활동화는 주변에서 흔히 볼 수 있는 친숙한 인물들이 주인공으로 등장하며,
현실에서 있음 직한 사건들이 펼쳐지므로 아동은 이야기에 쉽게 빠져들고 자신과
주인공을 동일시한다. 이러한 몰입 경험은 독서를 더욱 재미있고 즐거운 경험으
로 인식하게 한다.

현실에서 당면하는 문제를 해결할 용기와 힘을 얻는다

자아개념 및 자아정체감 혼란, 형제자매 간 다툼, 또래 사이에서 벌어지는 문제, 가족 간 갈등은 대부분의 아동이 살아가면서 경험하는 문제들이다. 아동은 생활동화를 통해 다른 아동도 자신처럼 기뻐하고, 슬퍼하고, 두려워하며, 문제에 부딪히고, 갈등한다는 것을 알게 된다. 그리고 그러한 문제를 여러 가지 방법으로 해결해 나가는 동화 속의 인물을 통해 자신의 문제를 극복할 용기와 힘을 갖게 된다(김세희, 2000).

간접 경험을 통해 시야를 넓혀 준다

아동은 서로 다른 문화와 지역, 시대를 배경으로 한 생활동화를 읽으면서 새로운 음식이나 의복, 독특한 생활상 등을 간접적으로나마 생생하게 경험한다. 이를 통해 역사적·문화적 다양성을 인식하고 시야를 넓힌다. 또한 서로 비슷한 시공간일지라도 개개인의 사정에 따라, 가족 및 지역사회의 특성에 따라 당면하는 문제나 해결과정, 가치관 등이 다름을 체험하면서 타인을 이해하고 존중하는 마음을 가지게 된다.

사회문제에 관심을 갖고 올바른 가치관을 정립하도록 돕는다

생활동화는 아동을 둘러싼 사회문화적 환경이 반영되어 있는 문학으로, 빈곤이나 인권, 전쟁, 폭력, 환경 문제 같이 다소 무거운 소재들을 다루기도 한다. 아동은 자라면서 자기 자신과 지역사회뿐 아니라 다른 나라와 지구촌의 다양한 문제에도 관심을 갖게 된다. 하지만 점점 개인주의와 이기주의가 팽배하는 현대사회에서 타인에 대한 따뜻한 관심과 더불어 살아가는 가치에 대한 인식은 희미해질 수밖에 없다. 다양한 사회문제를 진솔하면서도 흥미롭게 다룬 생활동화는 아동이 자연스럽게 사회문제에 관심을 갖게 하고, 현실을 직시하게 한다는 점에서 의의를 가지는 동화 유형이다. 동화를 읽으면서 아동은 타인의 고통과 아픔을 공감하고, 모두가 행복한 사회를 만들기 위해 자신의 역할이 무엇인지, 올바른 가치가 무엇인지에 대해 진지하게 고민해 보면서 한층 성숙해진다.

5. 생활동화의 활용

생활동화는 아동의 실제 경험에 바탕을 두고 있기 때문에 생활동화를 읽는 아동은 등장인물과 그들의 문제를 동일시하거나 감정이입하기 쉽다(Russell, 1994). 또한 생활동화는 유아들에게 쉽게 동기를 유발시키고 유아의 태도를 긍정적인 방향으로 변화시키는 데 유용하다(이경우 외, 1997). 따라서 생활동화를 활용한 다양한 프로그램을 개발한다면 문학의 즐거움을 알려 줄 뿐 아니라 아동의 긍정적인 발달에 도움을 주고, 그들이 직면하고 있는 다양한 문제를 극복하는 데 도움을 줄 것이다. 실제로 생활동화를 활용하여 언어, 미술, 수학, 음악, 과학, 체육 등 통합적 프로그램을 실시한 결과 유아들의 생활습관 형성과 주도성에 긍정적인 영향을 미치는 것으로 나타났다(이세림, 2011). 또래 괴롭힘이나 학교폭력을 다룬 생활동화를 읽고 토론하기, 역할놀이하기 등의 프로그램은 아동의 흥미를 돋우면서 함께 다양한 해결책을 고민해 볼 수 있다는 점에서 초등학교나 중학교에서도 적극적으로 시도해 볼 만하다.

생활동화를 읽고 교통안전에 대해 토론하는 모습

생활동화를 읽고 시장놀이 하는 모습

참고문헌

고문숙, 임영심, 김수향, 손혜숙(2013). 아동문학교육. 경기: 양서원.

공인숙, 김영주, 최나야, 한유진(2013). 아동문학. 경기: 양서원.

김세희(2000). 유아교사를 위한 유아문학교육. 경기: 양서원.

이경우, 장영희, 이차숙, 노영희, 이현자(1997). 유아에게 적절한 그림책. 경기: 양서원.

이세림(2011). 생활동화를 활용한 통합교육활동이 만 3세반 유아의 생활습관형성 및 주도
성에 미치는 영향. 성신여자대학교 대학원 석사학위논문.

Russell, D. L. (1994). *Literature for Children: A short introduction*. N.Y.: Longman.

 본문에 실린 아동문학 작품

강물이 흘러가도록   제인 욜런 글, 바버러 쿠니 그림. 이상희 옮김. 시공주니어. 2004.

거짓말쟁이 최효실   소중애 글, 김진령 그림. 채우리. 2014.

겁쟁이 빌리   앤터니 브라운 글 · 그림. 김경미 옮김. 비룡소. 2006.

괭이부리말 아이들   김중미 글, 송진헌 그림. 창비. 2013.

까마귀 소년   야시마 타로 글 · 그림. 윤구병 옮김. 비룡소. 2000.

곰 인형 오토   토미 웅거러 글 · 그림. 이현정 옮김. 비룡소. 2001.

꽃할머니   권윤덕 글 · 그림. 사계절. 2010.

나의 사직동   김서정 글, 한성옥 그림. 보림. 2003.

나쁜 어린이 표   황선미 글, 권사우 그림. 웅진주니어. 1999.

난 형이니까   후쿠다 이와오 글 · 그림. 김난주 옮김. 아이세움. 2002.

너, 그거 이리 내놔!   티에리 르냉 글, 베로니크 보아리 그림. 최윤정 옮김. 비룡소. 2000.

너는 닥스 선생님이 싫으냐?   하이타니 겐지로 글, 허구 그림. 햇살과나무꾼 옮김. 2003.

내 동생 싸게 팔아요   임정자 글, 김영수 그림. 아이세움. 2006.

내 맘대로 선생님 만들기   소중애 글, 김이조 그림. 비룡소. 2013.

내 생각은 누가 해 줘?   임사라 글, 양정아 그림. 비룡소. 2006.

내 짝꿍 최영대　채인선 글, 정순희 그림. 재미마주. 1997.

내게는 소리를 듣지 못하는 여동생이 있습니다　진 화이트하우스 피터슨 글, 데보라 코간 레이 그림. 이상희 옮김. 웅진주니어. 2011.

내겐 드레스 백 벌이 있어　엘레노어 에스테스 글, 루이스 슬로보드킨 그림. 엄혜숙 옮김. 비룡소. 2002.

누리에게 아빠가 생겼어요　소중애 글, 전혜령 그림. 주니어RHK. 2008.

달마시안 선생님　류호선 글, 한지선 그림. 비룡소. 2008.

동생이 미운 걸 어떡해!　로렌 차일드 글·그림. 김난령 옮김. 국민서관. 2015.

들키고 싶은 비밀　황선미 글, 김유대 그림. 창비. 2001.

리디아의 정원　사라 스튜어트 글, 데이비드 스몰 그림. 이복희 옮김. 시공주니어. 1998.

마레에게 일어난 일　티너 모르티어르 글, 카쳐 퍼메이르 그림. 신석순 옮김. 보림. 2011.

마지막 이벤트　유은실 글, 강경수 그림. 비룡소. 2015.

멋지다 썩은 떡　송언 글, 윤정주 그림. 문학동네어린이. 2007.

몽실언니　권정생 글, 이철수 그림. 창비. 2012.

무기 팔지 마세요!　위기철 글, 이희재 그림. 청년사. 2002.

비무장지대에 봄이 오면　이억배 글·그림. 사계절. 2010.

사라, 버스를 타다　윌리엄 밀러 글, 존 워드 그림. 박찬석 옮김. 사계절. 2004.

순이와 어린 동생　쓰쓰이 요리코 글, 하야시 아키코 그림. 한림출판사. 1995.

아주 특별한 우리 형　고정욱 글, 송진헌 그림. 대교출판. 2008.

안녕하세요, 하느님? 저 마거릿이에요　주디 블룸 글. 김경미 옮김. 2003.

양파의 왕따 일기　문선이 글, 박철민 그림. 파랑새어린이. 2001.

어느 날 구두에게 생긴 일　황선미 글, 신지수 그림. 비룡소. 2014.

엄마는 회사에서 내 생각 해?　김영진 글·그림. 길벗어린이. 2014.

엄마에게　서진선 글·그림. 보림. 2014.

엉뚱이 소피의 못 말리는 패션　수지 모건스턴 글·그림. 최윤정 옮김. 비룡소. 2000.

오른발, 왼발　토미 드 파올라 글·그림. 정해왕 옮김. 비룡소. 1999.

오시큰둥이의 학교생활　송언 글, 최정인 그림. 웅진주니어. 2010.

우리 가족입니다　이혜란 글·그림. 보림. 2005.

왕창 세일! 엄마 아빠 팔아요　이용포 글, 노인경 그림. 창비. 2011.

외갓집에 가고 싶어요　정길연 글, 이정아 그림. 가교. 2008.

이슬이의 첫 심부름　쓰쓰이 요리코 글, 하야시 아키코 그림. 이영준 옮김. 한림출판사. 1991.

으앙, 오줌 쌌다!　김선희 글, 윤정주 그림. 비룡소. 2009.

잘한다 오광명　송언 글, 윤정주 그림. 문학동네어린이. 2008.

적　다비드 칼리 글, 세르주 블로크 그림. 안수연 옮김. 문학동네어린이. 2008.

종이밥　김중미 글, 김환영 그림. 낮은산. 2002.

지하철을 타고서　고대영 글, 김영진 그림. 길벗어린이. 2006.

찬다 삼촌　윤재인 글, 오승민 그림. 느림보. 2012.

초대받은 아이들　황선미 글, 김진이 그림. 웅진주니어. 2001.

칠판 앞에 나가기 싫어!　다이엘 포세트 글, 베로니크 보아리 그림. 최윤정 옮김. 비룡소.
　1997.

틀려도 괜찮아　마키타 신지 글, 하세가와 토모코 그림. 유문조 옮김. 토토북. 2006.

펠레의 새 옷　엘사 베스코브 글·그림. 김상열 옮김. 비룡소. 2003.

피터의 의자　에즈라 잭 키츠 글·그림. 이진영 옮김. 시공주니어. 2000.

Chapter

07

환상동화

환상동화는 비현실적인 인물이 등장하거나 비현실적인 사건이 일어나는 동화로, 주로 일상에서 경험하는 일들과 공상적인 요소들을 자연스럽게 결합하여 다루고 있기 때문에 아동은 동화를 통해 실재성을 경험하면서도 자유로운 상상을 하고 창의적인 사고를 할 수 있다. 이 장에서는 환상동화의 정의와 특성에 대해 알아보고, 등장인물, 배경, 사건에 따라 환상동화를 유형별로 구분해 본다. 그리고 환상동화가 가지는 교육적 가치를 확인하며, 실제 환상동화의 활용방법에 대해 살펴보고자 한다.

1. 환상동화의 정의

환상동화는 비현실적인 인물이 등장하거나, 비현실적인 사건이 일어나는 동화 혹은 초자연적인 시공간을 배경으로 펼쳐지는 동화로 정의된다(권혁준, 2009). 환상동화는 실제 세계에서 발견되지 않는 요소들을 담고 있는데, 이러한 요소는 말을 하는 동물이나 무생물, 마술, 공간과 시간의 제약으로부터 자유롭다. 그러나 비현실적인 이야기라고 하더라도 나름의 논리와 질서를 가지고 전개되어야 한다 (고문숙 외, 2013).

환상동화는 불가사의하고 흥분되면서 만족감이 있는 색다른 세계인 꿈의 세계를 아동에게 보여 준다. 환상동화를 통해서 아동은 자유로운 상상을 함과 동시에 실재성을 경험하게 된다(Sutherland & Arbuthnot, 1991). 예를 들어, 존 버닝햄의 『지각대장 존』에서 주인공 존은 매일 학교에 가는 일상적인 하루에서 출발하여

더 알아보기 **환상동화의 준거**

훌륭한 환상동화가 갖추어야 할 기본 요건은 독창적인 줄거리이고, 이와 함께 갖추어야 할 기본적인 준거는 다음과 같다.

- 환상적 요소는 믿을 수 있는 것이어야 한다.
- 이야기 속에서 일어나는 일은 이야기 세상 내에서 논리적으로 모순이 없어야 한다.
- 이야기는 생생하게 뒷받침된 명확한 구조와 흥미로운 이미지 그리고 풍부한 언어를 가지고 있어야 한다.
- 환상적인 요소들은 줄거리와 주제에 맞춰 전개되어야 한다.
- 주인공은 그럴듯하고 친숙해야 한다.
- 현실에서 출발하여 실재와 연결되어야 한다.

출처: 공인숙 외(2013).

실제로는 일어날 수 없는 상상적이고 희한한 일들을 경험하게 된다. 환상동화는 주로 일상에서 경험하는 일들과 공상적인 요소들을 자연스럽게 결합하여 다루고 있기 때문에 아이들은 동화를 통해 실재성을 경험하면서도 자유로운 상상을 하고 창의적인 사고를 할 수 있게 된다.

2. 환상동화의 특성

환상동화는 초현실적 · 마술적 · 비현실적 특성을 가지며, 기적적인 인물, 사건, 물건이 등장하는 동화로, 현실의 모습을 상상의 세계를 통해 더 진실되게 보여 준다(김선옥, 윤정빈, 지은주, 유승희, 2006). 비현실적인 세계를 다루는 환상동화는 다음과 같은 특성을 지닌다(노운서 외, 2013).

1) 배경

환상동화의 공간적 배경은 다양하다. 환상동화는 시간적 · 공간적 제약 없이 배경을 구성할 수 있어 과거와 현재 혹은 미래를 자유롭게 이동하고, 복합적인 시간과 공간 배경을 제시하기도 한다. 존 버닝햄의 『마법침대』에서는 주인공이 침대에 누워 주문을 외우면 침대가 하늘 위로 날아올라 들판, 밀림과 같은 다양한 환상의 공간으로 여행을 할 수 있다. 앤서니 브라운의 『거울 속으로』에서는 주인공이 거울 속으로 들어가서 하늘을 색칠하는 사람, 아이들이 하늘을 날아오르는 모습, 배와 기차가 하나로 만들어진 모습 등 현실에서는 경험할 수 없는 다양한 것들을 보게 된다.

시간과 공간의 자유로운 이동을 위한 조건과 장치를 제시하여 터무니없는 이야기가 되지 않고 환상동화 내에서의 질서를 유지한다. 예를 들어, 존 버닝햄의 『구름 나라』에서는 주인공이 절벽에서 떨어짐으로써 환상의 세계로 가게 되고, 구름

여왕의 주문을 통해 현실세계로 돌아오게 되는데, 이러한 규칙은 환상동화의 전
개에서 중요한 역할을 한다. 『마녀 위니』 시리즈에서는 위니의 마법에 의해 시공
간을 자유자재로 이동하고, 앤서니 브라운의 『거울 속으로』에서는 거울을 통해
환상의 세계로 들어가게 된다.

2) 등장인물

환상동화에서는 주인공을 비롯한 등장인물에 대한 묘사가 섬세하고, 인간뿐 아니라 말하는 동물과 무생물 같은 다양한 유형의 인물이 등장한다. 전래동화의 주인공은 이름이나 성격, 외모에 대한 자세한 묘사 없이 매우 단순하게 언급되는 반면, 환상동화에서는 주인공이 입체적인 성격으로 묘사된다. 초기 환상동화에는 도깨비나 요정, 마녀같이 아동에게 친숙한 주인공들이 등장하였으나, 최근에는 가공의 인물을 만들어 내기도 한다. 토미 웅거러의 『달 사람』은 달 속에 옥토끼나 선녀가 산다는 이야기에 약간의 상상을 더해 만들어진 작품이다. 외로운 달 사람이 지구 사람들하고 어울리고 싶어서 지구로 내려오지만, 지구 사람들과 생긴 모습이 다른 달 사람은 침입자로 간주되어 결국 다시 달로 돌아가게 된다는 이야기로, 달 모양에 따라 모습이 달라지는 달 사람의 특성과 이러한 특성으로 위기를 극복하는 모습을 담고 있다.

3) 주제

환상동화는 비전형적인 인물, 제약을 받지 않는 배경과 플롯으로 인해 다른 장르보다 다양한 주제를 다룰 수 있다. 환상동화는 신비로운 경험과 색다른 체험으로 아동에게 용기와 지혜를 전해 주고, 아동의 삶을 둘러싸고 있는 다양한 문제나 사건들을 주제로 다룬다. 존 버닝햄의 『야, 우리 기차에서 내려!』는 브라질의 환경 운동가 치코 멘데스를 기려 만든 그림책으로, 기차놀이를 좋아하는 아이가 개와 함께 떠난 꿈의 기차여행에서 겪는 이야기다. 날씨와 계절이 바뀔 때마다 생존을 위협당하는 동물들이 나타나고, 이와 관련해 세계 곳곳에서 벌어지고 있는 인간의 자연 파괴 상황을 고발한다. 이를 통해 환경문제를 제기하고 자연파괴, 환경보호에 대한 생각을 하게 한다.

『개와 고양이의 영웅 플릭스』는 고양이 엄마, 아빠가 낳은 강아지 플릭스의 이야기다. 플릭스는 친구들에게 따돌림을 당하는 힘든 시기를 겪지만 개와 고양이의 도시를 화해시키고 영웅이 된다. 말이나 생김새가 달라도 한마음이 될 수 있음을 보여 주는 그림책이다.

토미 웅거러의 『꼬마 구름 파랑이』에는 양떼같은 구름 위로 사뿐사뿐 뛰어가는 꼬마 구름 '파랑이'가 전해 주는 평화의 메시지가 담겨 있다.

4) 구성

환상동화에서는 관련 사건들이 논리성을 가지고 이야기가 전개된다. 일상에서 경험하는 세계와 또 다른 세계를 만나는 구성의 환상동화는 집을 떠나서 환상세계로 이동하고, 다시 현실세계로 돌아오는 플롯으로 구성되어 있다. 현실과 환상을 이동하는 과정이 자연스럽게 전환되어야 한다. 모리스 센닥의 『깊은 밤 부엌에서』는 현실세계에서 환상세계로 갈 때와 다시 현실세계로 돌아올 때 두둥실 떠서 자연스럽게 이동한다.

> **더 알아보기** **환상동화의 선정기준**
>
> 좋은 환상동화를 선정할 때 아동문학의 요소별로 충족시켜야 하는 기준은 다음과 같다.
>
> **주제**
> • 다양하고 가치 있는 주제를 다루는가?
> • 새로운 통찰력과 인식을 갖게 하는가?
> • 상상력을 확장하는가?
> • 주제가 인물이나 플롯과 잘 융합되어 자연스럽게 표현되었는가?
>
> **플롯**
> • 일련의 사건들이 논리적 일관성을 가지고 있는가?
> • 줄거리가 믿을 만한가?
> • 환상과 실제가 잘 융합되어 불가능한 것을 가능하게 하는가?
> • 우연적인 사건의 남발이 없는가?
> • 현실과 환상 세계의 전환이 있다면, 두 세계의 전환이 자연스러운가?
> • 환상적 요소가 논리적으로 이야기에 잘 융합되는가?
> • 마술적 요소가 일관성이 있는가?
>
> **등장인물**
> • 등장인물의 감정과 상황이 인간 생활의 보편성에 근거하여 실제와 연결되어 묘사되었는가?
> • 동일시할 수 있는 등장인물인가?
> • 등장인물이 일관성 있는 행동과 믿을 만한 방법으로 사건에 반응하는가?
> • 현실 세계에 있는 인물이 환상적인 상황 속으로 들어가도 그 인물이 일관성 있게 묘사되었는가?
> • 등장인물이 광범함, 순진함, 아이다움이 있고, 호기심이 풍부하여 선한 본성을 지니는가?
>
> **배경**
> • 시간적 요소가 사실처럼 표현되었는가?
> • 공간적 배경이 진실되고 이야기에 잘 융합되는가?

출처: 신헌재 외(2007).

또한 현실세계에서 환상세계로 이동하기 위해 주인공은 현실에서 심각한 갈등을 느끼거나 무엇인가를 갈망해야 한다. 이것이 실제세계로 안내할 수 있는 개연성을 부여하게 된다. 『괴물들이 사는 나라』에서 주인공인 맥스가 심한 장난을 치자 엄마는 저녁밥을 주지 않고 아이를 방에 가둔다. 엄마에 대한 맥스의 불만과 고독 등의 감정이 어른이 개입할 수 없는 상상의 세계가 필요함을 보여 준다(공인숙 외, 2013).

3. 환상동화의 유형

학자들마다 환상동화를 분류하는 유형은 다양하다. 서더랜드와 어버스넛(Sutherland & Arbuthnot, 1991)은 환상동화를 민담의 요소를 가진 환상동화, 순수한 상상에 의한 환상동화, 의인화된 동물과 무생물을 다룬 환상동화, 유머 환상동화, 공상과학동화 등으로 분류하고 있다. 템플 등(Temple, Martinez, Yokota, & Naylor, 1998)은 환상동화를 낮은 수준의 환상동화, 의인화된 동물의 환상동화, 이색적인 인물과 유머러스한 상황의 환상동화, 이상한 세상의 환상동화, 초자연적인 요소의 환상동화 등으로 분류하였다.

김세희와 임영심(1999)은 등장인물의 속성, 배경의 속성, 사건의 속성에 따라 환상동화를 구분하였는데, 등장인물은 초현실적 인물과 의인화된 동물, 의인화된 사물, 현실적 인물로 구분되고, 배경은 신비한 배경과 과학환상동화, 사건은 비현실적 사건과 초현실적 사건으로 구분된다. 김세희와 임영심(1999)의 분류에 따라 환상동화의 유형별 특징을 살펴보면 다음과 같다.

1) 등장인물에 따른 분류

(1) 초현실적 인물이 나오는 환상동화

초현실적 인물이 나오는 환상동화는 전래동화와 유사한 점이 많다. 전래동화에는 도깨비, 요정, 마녀, 귀신, 산신령, 거인, 난쟁이, 초인과 같은 마술적 인물들이 등장하여 현실적으로 불가능한 일을 한다. 초현실적 인물이 나오는 환상동화 역시 마법을 사용하여 신기한 행동으로 사건을 해결한다. 인물의 외모는 평범한 인간이지만 상식을 초월하는 행동을 하고 이러한 행동이 재미와 흥미를 유발한다.

『마녀 위니』시리즈는 초현실적 인물이 나오는 환상동화의 대표적인 사례다. '수리수리 마하수리!' 라는 주문과 함께 원하는 것은 무엇이든 나타나게 하는 마법을 쓰며, 빗자루를 타고 고양이 윌버와 함께 어디든 날아다니는 마녀 위니의 이야기다. 위니는 문제에 맞닥뜨릴 때마다 마법으로 무엇이든 만들어 내지만, 때로 그 마법에 허점이 있어 더 큰 소동을 일으키기도 한다. 『마녀 위니의 빗자루 사건』은 교통 규칙을 잘 모르는 위니가 교통안전 지킴이가 되어 보는 내용이고, 『마녀 위니의 엉망진창 낚시 소동』은 고양이 윌버를 위해 바다낚시를 가서 물고기를 잡기 위해 마법을 쓰는 내용이다. 『마녀 위니의 박쥐 요리』에서는 위니의 동생인 윌마가 불량식품만 먹는 위니에게 잔소리를 하자, 위니가 영양 있고 맛있는 요리

를 하겠다며 박쥐를 잡으러 가는 과정에서 일어나는 일들을 재미있게 풀어냈다.

(2) 의인화된 동물이 나오는 환상동화

사람처럼 이야기하고 느끼고 행동하는 의인화된 동물이 나오는 환상동화를 말한다. 물활론적인 사고 특성을 보이는 유아는 의인화된 동물이 나오는 환상동화에 재미와 즐거움을 느낀다. 이 유형에 속하는 환상동화로는『검피 아저씨의 뱃놀이』『치과의사 드소토 선생님』『피터 래빗 이야기』등이 있다.

케빈 헹크스의『우리 선생님이 최고야!』는 선생님이 되고 싶은 꼬마 생쥐 릴리의 이야기다. 아이들이 실제 경험할 수 있는 선생님과의 관계를 릴리를 통해 보여 준다.

『손 큰 할머니의 만두 만들기』는 설날마다 무엇이든 엄청 많이 하는 손이 큰 할머니가 숲 속 동물들과 만두를 빚는 이야기다. 다양한 동물이 사람처럼 만두소를 만드는 모습이 민화풍의 그림으로 묘사되어 있다.

『피터 래빗 이야기』는 주인공인 토끼 피터와 가족들이 옷을 입고 차를 마시며 사람처럼 행동하는 모습을 그려 내는 동시에, 깡충깡충 뛰어다니는 토끼의 행동을 혼합하여 보여 준다.

『검피 아저씨의 뱃놀이』는 옆집 아저씨와 함께 신나게 뱃놀이를 떠나는 동네 꼬마들의 이야기로, 동네 꼬마들, 토끼, 고양이, 개가 차례로 이야기를 나누며 배에 올라탄다. 갓 말을 배운 아동의 말투처럼 짧고 어눌하게 쓰여 있는 문장이 아동에게 친숙함을 느끼게 해 주고, 짧은 문장을 통해서도 남에게 무언가를 부탁할 때에 지켜야 할 언어 예절을 알려 준다.

『치과의사 드소토 선생님』은 생쥐 치과의사 선생님의 이야기다. 사람처럼 옷을 입고 비슷한 생활도구를 갖춘 집에서 살고 있지만, 이를 치료하는 과정이나 도구는 실제와 비슷하게 묘사되어 있어 환상과 실제가 자연스럽게 연결되어 있다. 아동은

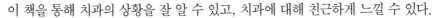

이 책을 통해 치과의 상황을 잘 알 수 있고, 치과에 대해 친근하게 느낄 수 있다.

이 밖에도 엄마를 잃은 아기 코끼리 바바의 모험을 그린『코끼리 왕 바바』, 땅속에 사는 두더지가 자신의 머리에 똥을 싼 누군가를 찾아 떠나는『누가 내 머리에 똥 쌌어?』, 수탉의 삶의 여정을 그린『세상에서 제일 힘센 수탉』, 들꽃의 아름다움을 발견한 오소리 아줌마의 이야기『오소리네 꽃밭』, 돼지와 거미의 우정을 다룬『샬롯의 거미줄』등도 사람처럼 말하고 느끼는 동물들이 주인공으로 등장하는 환상동화다.

(3) 의인화된 사물이 나오는 환상동화

장난감과 같은 사물들이 인간의 사고, 언어, 감정을 지닌 존재로 그려지는 환상동화는 영유아에게 매력적이다. 물활론적 사고를 하는 영유아는 생명을 부여받아 움직이는 놀잇감에 관한 환상동화를 인형놀이를 하는 것처럼 자연스럽게 받아들인다. 의인화된 사물이 나오는 환상동화에는『강아지똥』『아씨방 일곱 동무』등이 있다.

『강아지똥』은 더럽고 필요 없는 존재라고 구박받던 강아지똥이 민들레꽃으로 다시 태어나는 과정을 통해 아동에게 자연의 이치를 자연스럽게 보여 준다. 또한 자신이 이 세상에 쓸모없는 사람이라고 생각하다가도 자신의 존재 가치를 발견하는 경험을 할 때 누구나 자신을 사랑하게 되고 생명의 소중함을 느끼게 됨을 보여 준다.

『아씨방 일곱 동무』는 고수필「규중칠우쟁론기」를 그림책으로 각색한 작품이다. 바느질할 때 쓰는 도구인 척부인(자), 가위 색시(가위), 바늘 각시(바늘), 홍실 각시(실), 골무 할미(골무), 인두 낭자(인두), 다리미 소저(다리미)를 의인화하여 이야기가 진행된다. 바느질 도구들의 쓰임새에 대해 알려 주고, 우리 옛 노래의 운율을 충분히 살려 아동에게 책 읽는 즐거움까지 안겨 준다.

이 밖에도『막대기 아빠』는 가족의 품을 떠나게 된 막대기 아빠가 험난한 모험을 겪고 돌아오는 가족애를 그렸고, 간자와 도시코의『프라이팬 할아버지』는 프라이팬 할아버지의 모험에 관한 이야기다.『말괄량이 기관차 치치』는 말썽 많은 꼬마 기관차 치치가 벌이는 모험 이야기를 보여 준다.

(4) 현실적 인물이 나오는 환상동화

현실적 인물이 나오는 환상동화에서는 사람은 사람처럼, 동물은 동물처럼 행동한다. 현실세계에서 현실적 인물이 등장하나 사건을 해결하는 과정에서 신기한 일들이 일어나고 풍자와 과장, 언어적 유희 등을 사용한다. 현실에서 전혀 일어날 수 없는 일은 아니지만 실제로 일어나기 힘든 과장된 이야기를 통해 재미를 준다(고문숙 외, 2013). 대표적인 사례로 『지각대장 존』을 들 수 있다. 존은 날마다 학교 가는 길에 악어가 나타나서 가방을 빼앗으려고 하거나, 사자가 엉덩이를 무는 등 예상치 못한 일이 생겨 지각을 하곤 한다. 그때마다 선생님에게 지각한 이유를 말하지만 선생님은 존에게 더욱더 심한 벌을 준다. 영국의 그림책 작가 존 버닝햄은 권위적이고 일방적인 교육 풍토를 비판적으로 그려 내고 있다.

『목욕은 즐거워』는 주인공이 목욕을 하는 과정에서 일어나는 일에 관한 책이다. 물이 가득 담긴 욕조에서 거북, 펭귄, 물개, 하마와 같은 다양한 동물이 나와 함께 이야기도 하고, 놀이하면서 목욕을 하는 내용으로, 목욕의 즐거움과 물놀이의 재미를 보여 준다.

『내 이름은 삐삐 롱스타킹』은 어른보다 뛰어난 능력을 지닌 삐삐의 이야기다. 제멋대로 사는 삐삐의 모습을 통해 아이들은 일상에서 벗어나고 싶은 욕구를 해소할 수 있다. 『호호 아줌마가 작아지는 비밀』은 어느 날 아침 자고 일어났더니 찻숟가락만해진 호호 아줌마가 일상을 재미있게 보내는 이야기다.

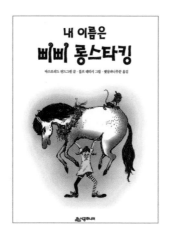 

더 알아보기   **존 버닝햄**

나의 정신연령은 다섯 살

런던 외곽 햄스테드 히스의 자택에서 만난 버닝햄은 오래돼 삐걱거리는 마루를 꾸부정한 걸음으로 오가며 직접 홍차를 끓여 왔다. "걸음걸이가 존 패트릭 맥헤너시(그의 대표작 『지각대장 존』의 주인공)를 닮았다."라고 농을 걸자, 그는 "나는 시간을 잘 지키는 아이였다."라고 답했다. 열 군데 이상 학교를 옮겨 다니다 결국은 서머힐 스쿨(영국의 대표적인 대안학교)에 안착했던 괴짜소년. 공부보다

는 숲과 동물에 미쳐 있던 버닝햄은 "제2차 세계대전으로 1년간 학교에 안 다녔을 때가 내겐 가장 행복한 시절이었다."라고 회고했다.

• 존, 셜리 등 당신의 어린 주인공들이 소심하고 다분히 냉소적인 것은 당신의 특별한 유년기와 관련 있는 듯하다.

"서머힐 시절은 축복이었다. 수업을 억지로 들을 필요가 없었으므로 대부분의 시간을 미술실에서 빈둥거리며 보냈다. 자유로운 어린 시절을 보냈다는 것은 그림책을 만들 수 있는 최고의 바탕이다."

• 교통 포스터 디자인 등 갖은 일들을 전전하다 1963년 데뷔작 『깃털 없는 기러기 보르카』로 영국의 권위 있는 '케이트 그리너웨이상'을 수상했다. 그림책 작가가 되려던 동기는 무엇이었나?

"그건 나의 정신연령(mental age)과 관계 있다. 사람들이 내게 몇 살이냐고 물으면 나는 다섯 살이라고 답한다. 당신도 동화작가로 성공하려면 그 또래 아이들의 언어, 특히 농담을 알아들을 수 있어야 한다. (웃음)"

• 거칠게 그어 댄 펜 선, 크레용부터 사진 콜라주에 이르기까지 활용한 풍부한 표현은 아이들을 매혹시킨다.

"어느 한 가지 재료에 구속받으면 상상력도 무너지고 그림도 망가진다. 머릿속에 완벽한 이야기가 구성되지 않으면 1년이 걸리더라도 그림을 그리지 않는다."

• 당신의 삶과 작품에 중대한 영향을 끼친 사람이 있는가?

"10대 후반, 군대에 가지 않으려고 '프렌즈 앰뷸런스 유니트'라는 단체에 들어가 2년 6개월간 숲과 슬럼가, 이탈리아 남부와 이스라엘을 떠돌며 막노동했던 적이 있다. 그때 만난 사람들, 들었던 이야기들은 나의 작업에 가장 큰 밑천이다."

• 그림책 『곰사냥을 떠나자』를 그린 헬렌 옥슨버리가 당신의 아내다. 유명한 부부 그림책 작가는 자녀들을 어떻게 키우는지 궁금하다.

"평범하게, 아니 무심하게 키웠다. 어느 날 정신 차려 보니 죄다 그림을 그려 대고 있었다."(버닝햄의 세 남매 루시, 빌, 에밀리는 모두 화가이자 일러스트레이터로 활동하고 있다.)

• 삶에서 가장 중요한 것은 무엇인가?

"적어도 휴일과 사치품은 아니다."

출처: http://news.chosun.com/svc/content_view/content_view.html?contid=2003111770314
(입력: 2003/11/17 17:07 │ 수정: 2003/11/17 17:38)

2) 배경에 따른 분류

(1) 신비한 배경의 환상동화

신비한 배경의 환상동화에서는 주인공이 현실을 초월한 시간과 공간으로 여행을 한다. 예를 들어, 높은 하늘에 닿고 싶어 했던 소년이 엠파이어 스테이트 빌딩에서 장난꾸러기 구름을 만나 하늘 위 구름 공항에서 경험하는 다양한 사건을 담고 있는 데이비드 위즈너의 『구름 공항』에서 구름이 만들어지는 구름 공항이라는 배경은 아동에게 상식과 관습을 넘어선 상상력을 자극한다. 또한 존 버닝햄의 『구름나라』에서는 절벽에서 떨어진 가족들이 구름 위라는 환상의 세계로 여행을 가게 된다. 이처럼 시간여행을 하는 환상동화에서 시간 개념은 연속적인 개념이 아니라 등장인물들이 다른 공간 사이를 오고 가고, 다른 세계를 만나게 하는 수단이 된다. 이를 위해 현실세계와 환상세계를 오고 가는 다양한 장치를 제시하고 있다.

레이먼드 브릭스의 글 없는 그림책 『눈사람 아저씨』에서는 꿈을 통해서 현실과 환상을 연결하고 있다. 눈사람을 만들고 잠이 든 주인공이 꿈속에서 눈사람 아저씨를 만나 환상의 세계를 다녀오고 잠에서 깨어 현실로 돌아와서 눈사람이 형체도 없이 녹아 버린 것을 발견한다.

『괴물들이 사는 나라』는 현실과 환상의 세계를 자연스럽게 구분할 수 있도록 독특하게 구성되어 있다. 주인공 맥스가 장난을 치다가 엄마에게 벌을 받아 방에 갇히게 되었는데, 방이 밀림과 강으로 변해 괴물들이 사는 나라로 가서 모험을 하는 이야기다. 맥스의 현실이 표현된 부분은 여백이 많고 그림이 작다. 그러다가 천천히 여백이 좁아져 맥스의 방이 세계 전체가 되었을 때는 여백이 완전히 없어지고 그림이 페이지를 가득 채운다. 맥스가 현실로 돌아오고 싶어 할 때쯤에 다시 그림이 줄어들고 여백이 늘어난다.

앤서니 브라운의 『고릴라』는 고릴라를 좋아하는 한나가 아빠가 사 준 고릴라를 통해 판타지의 세계로 들어가고, 거기서 아빠의 역할을 대신해 주는 고릴라와 행복한 시간을 보내는 이야기다.

이 밖에도 모리스 센닥의 『깊은 밤 부엌에서』의 주인공 미키는 밀가루 반죽으로 비행기를 만들어 환상세계로 갔다가 밀가루 반죽 그릇으로 되돌아오게 된다.

(2) 과학환상동화

과학환상동화는 마술과 같은 초현실적인 부분과 과학적이고 기술적인 지식이 결합된 환상동화다. 공상과학동화라 부르기도 하는데, 현실세계에서의 사건을 다루지만 다른 시간과 공간을 사용하며, 지구의 미래에 일어날지 모르는 일들에 대해서 이야기하고, 개인의 책임을 강조한다. 과학환상동화는 실현가능성이 있는 이야기라는 점에서 다른 유형의 환상동화와 차이점이 있다. 또한 미래에 초점을 두어 우주, 로봇과 같은 기술공학과 관련된 이야기들이 주를 이룬다.

SF문학의 선구자로 불리는 쥘 베른은 19세기 산업혁명 이후 과학 기술이 급격히 발달하여 자연과학지식이 담긴 이야기들을 담아냈다. 『지구 속 여행』은 지구 속을 탐험하는 내용을, 『해저 2만 리』는 잠수함이 없던 시절 인간의 손이 닿지 않은 바닷속 세계를 과학적 지식과 상상력으로 그려 내었다. 지식에 공상을 더해 인간의 한계를 탐구하고 인류문화의 미래를 예언하였고, 그가 책에서 상상한 내용들은 원자력 잠수함과 같이 실제로 실현되고 있다.

미래를 암울하게 보고 생존에 대한 이야기를 다룬 『바람이 불 때에』는 세계대전이 일어나 영국에 핵폭탄이 투하되는 상황을 가정하여, 핵전쟁과 방사능 유출의 절망적인 상황에 놓인 늙은 부부의 모습을 아주 사실적으로 보여 줌으로써 핵전쟁의 참상과 비인간성을 보여 주는 작품이다.

3) 사건에 따른 분류

(1) 비현실적 사건이 벌어지는 환상동화

비현실적 사건이 벌어지는 환상동화는 현실적 주인공이 비현실적 사건을 만나서 벌어지는 일들을 그려 낸 환상동화다. 상상이나 꿈을 통해 현실적으로 일어날 수 없는 사건을 만나게 되는데, 현실세계와 환상세계가 구별되지 않는 배경에서 이야기가 진행된다는 점이 시간여행 환상동화와는 차이가 있다.

『개미나라에 간 루카스』는 주인공 루카스가 아무 잘못이 없는 개미들을 괴롭힌 죄로 개미나라에 끌려가서 벌을 받는 이야기다. 루카스는 크고 힘센 친구에게 괴롭힘을 당하고, 화가 나서 개미들을 물총으로 괴롭힌다. 조그마한 개미들에게 붙들려 개미나라의 재판장에 끌려간 루카스는 유죄를 선고받고, 개미만하게 몸집이 작아져 일개미들과 함께 하루 종일 힘든 일을 하게 된다. 또한 마을을 공격하는 말벌과 거미들과도 싸우고, 여왕개미의 시중을 들게 된다. 이러한 다양한 사건은 루카스가 작아지면서 겪게 되는 비현실적인 사건들로, 주인공에게 자신을 이입하는 아동들은 루카스처럼 작아져 색다른 세상을 경험하는 즐거움을 얻을 수 있다.

『줄무늬가 생겼어요』는 온몸에 줄무늬가 생기는 병에 걸린 카밀라의 이야기다. 카밀라는 아욱콩을 아주 좋아하지만 절대 먹지 않는다. 다른 친구들이 모두 콩을 싫어하기 때문이다. 그런데 학교 가는 첫날 아침, 카밀라의 온몸에 알록달록한 줄무늬가 생긴다. 줄무늬는 별, 사각형, 물방울 등 온갖 무늬로 변한다. 카밀라가 콩을 먹고 싶은 마음을 계속 무시하자, 몸에 꼬리가 생기고 뿌리가 나다가 눈은 액자로 코는 서랍장으로 입술은 침대로 변하기까지 한다. 작가인 데이빗 섀논은 아이의 숨겨진 욕구가 엉뚱한 방향으로 표현되는 상황을 줄무늬병이라는 비현실적인 사건으로 보여 준다.

『도깨비를 빨아버린 우리 엄마』는 빨래하기를 좋아하는 엄마가 빨랫줄에 걸린 더러운 천둥도깨비를 발견하여 깨끗하게 빨고, 아이들은 잘 마른 도깨비 얼굴에 사라진 눈, 코, 입을 예쁘게 그려 하늘로 돌려보냈다는 이야기다. 도깨비를 빨랫감처럼 빤다는 것, 더러운 도깨비가 깨끗해진다는 것은 비현실적인 사건이지만, 빨래하는 것을 좋아하는 힘이 센 엄마는 현실과 맞닿아 있다.

이외에도 비현실적 사건이 벌어지는 환상동화로는 『우당탕탕, 할머니 귀가 커졌어요』가 있다.

(2) 초현실적 사건이 벌어지는 환상동화

초현실적 사건이 벌어지는 환상동화는 초현실적 인물이 등장하는 환상동화와 유사하나, 사건에 초점을 두고 마법과 같은 방법으로 초현실적인 사건을 해결한다는 점에서 차이가 있다. 현실적인 평범한 주인공이 특이한 사물을 얻게 되고, 이후 어려움에 처했을 때 이를 사용해 문제를 해결하는 이야기다.

『개가 무서워요!』는 개를 좋아하던 소년이 개의 무서운 이빨을 보고 난 뒤 개를 무서워하게 되었는데, 이후 요정의 도움으로 큰 개로 변신하는 과정 등을 겪으며 무서움을 극복해 나가는 내용의 그림책이다. 요정이 주인공의 소원을 들어주어,

주인공을 커다란 개로 만들어 주었다가 다시 원래대로 되돌려 놓는 중요한 역할을 한다.

김리리의 『쥐똥 선물』은 친구의 생일에 초대받은 주인공 승호가 생일 선물을 준비하다 겪는 우여곡절을 승호의 일기 형식으로 담아내었다. 승호가 뽑기로 돈을 몽땅 잃고 괴로워하고 있을 때 마법사처럼 나타난 할머니와 할머니가 준 새까만 쥐똥같은 기쁨의 씨앗처럼 흥미로운 판타지 요소들이 아동에게 재미를 준다.

『캡슐 마녀의 수리수리 약국』은 제1회 '비룡소 문학상' 수상작으로, 힘센 여동생과의 태권도 대련을 앞둔 동동이 캡슐 마녀의 캡슐 약을 먹고 여동생과 몸을 바꾸려다가 엉뚱하게 아빠와 몸이 바뀌면서 일어나는 소동을 그린 책이다. 이 책에서는 아동이 좋아하는 마녀, 마법약이 등장하여 흥미를 불러일으킨다.

『당나귀 실베스터와 요술 조약돌』은 주인공 실베스터가 요술 조약돌을 주우면서 벌어지는 사건들에 관한 이야기다. 요술 조약돌을 주운 실베스터는 집으로 가던 길에 사자를 만나 무서운 마음에 바위로 변했으면 좋겠다고 소원을 빌어 위험한 상황에서 벗어나게 된다.

4. 환상동화의 기능

환상동화는 아동이 문학작품 속의 주인공에 동화되게 하고, 그 느낌이나 판단
에 공감을 느끼면서 삶을 배우고 경험을 확대해 나가며, 상상력, 사고력, 창의력,
언어능력 및 심미적 감상력을 기를 수 있도록 돕는다(이상금, 장영희, 2001). 또한
환상동화의 인물들은 유아의 물활론적 사고, 인공론적 사고에 부합되므로 유아에
게 친근하게 다가온다(고문숙 외, 2013). 환상동화의 기능과 교육적 의의는 다음과
같다.

환상동화는 상상력을 자극하고 발달시킨다

환상동화는 합리적이거나 이성적일 필요 없이 상상력을 마음껏 발휘할 수 있
다. 환상동화가 가지고 있는 비현실적인 요소들이 아동의 궁금증을 유발하고, 이
야기 속에서 다양한 의미를 찾도록 한다. 또한 새로운 시각으로 사물과 사람을 보
게 함으로써 이전에는 갖지 못했던 다양한 생각을 하게 만들고, 관심분야도 확장

시킨다. 환상동화는 아동의 상상력을 자극함으로써 다양한 언어적 · 행동적 반응을 이끌어 낸다.

환상동화는 기쁨과 즐거움을 경험하게 한다

아동은 환상동화 속에서 기대하지 않았던 웃음과 유머를 발견하고 즐거움과 재미를 찾는다. 현실에서 볼 수 없는 다양한 인물과 배경을 접함으로써 아동은 책 읽는 즐거움을 알게 되고 긍정적인 정서들을 경험하게 된다.

환상동화는 주인공과의 동일시를 통해 심리적 만족감을 준다

환상동화는 아동이 가지고 있는 모험에 대한 욕구를 채워 주고, 대리경험을 통해 다양한 감정을 투사하게 하여 심리적 안정감을 느끼게 한다.

환상동화는 현실의 문제해결을 도와준다

환상동화는 환상적 세계를 현실에 대비시켜 실재성이나 사실성을 잘 드러나게 하여, 아동이 현실과 환상을 명확히 구분할 수 있도록 도와준다. 또한 아동의 현실에 대한 통찰력을 발달시켜 다양한 삶의 경험 속에서 발생하는 여러 가지 문제를 자연스럽고 긍정적으로 해결해 나갈 수 있는 단서를 얻게 한다. 또한 인간 내면의 보편적인 문제들을 다룸으로써 삶의 의미와 인간과 자연, 인간과 인간 간의 관계에 대해 이해하도록 도와준다.

5. 환상동화의 활용

　환상동화는 아동에게 재미와 흥미를 줄 뿐만 아니라 실재성을 가지고 있어 상상력과 창의성을 증진시킬 수 있다. 따라서 환상동화를 활용하여 활동을 구성하는 것은 아동의 관심을 끌 수 있을 뿐만 아니라 창의력 발달에도 도움을 준다.

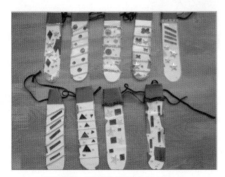

「구름빵」 역할극에 필요한 넥타이

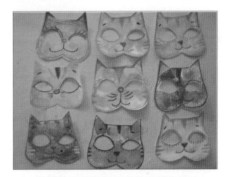

「구름빵」 역할극에 필요한 고양이 가면

환상동화는 언어활동으로의 확장이 용이하다. 결말이 권선징악으로 맺어지는 전래동화에 비해 환상동화는 독자의 상상에 결말을 맡기는 열린 결말이 많다. 『지각대장 존』의 경우에도 주인공 존이 평소처럼 학교를 가려고 나서는 것으로 이야기가 끝이 난다. 이러한 동화를 활용해 새로운 결말에 대해 이야기 나누기나 그림을 그리는 활동을 할 수 있다.

환상동화는 아동의 삶을 둘러싸고 있는 다양한 문제나 사건을 주제로 다루고 있어, 일상의 다양한 사건을 동극으로 구성할 수 있다. 『구름빵』의 경우 아빠와 아이들의 역할을 위한 다양한 소품을 만들어 극놀이에 활용할 수 있다.

환상동화는 신비하고 아름다운 배경과 등장인물에 대한 묘사가 상세하게 이루어져 미술활동과 연계할 수도 있다. 『눈사람』을 읽고 배경이 되는 눈 오는 마을을 표현하거나 나만의 눈사람을 만드는 표현활동을 할 수 있다.

눈 오는 마을 표현활동

나만의 눈사람 만들기 표현활동

『깊은 밤 부엌에서』를 그림자 극장으로 매체 변경하기

① 재료준비: 상자, 검은 도화지, A4 용지 여러 장, 기름종이, 가위, 칼, 스카치테이프, 양면 테이프, 자, 아크릴 판, 검정 시트지

② 내용선정: 등장인물, 배경, 소품 등을 구체적으로 선정

③ 그림자 극장 제작

④ 그림자 인형 제작

⑤ 그림자 인형극 공연

참고문헌

고문숙, 임영심, 김수향, 손혜숙(2013). 아동문학교육. 경기: 양서원.

공인숙, 김영주, 최나야, 한유진(2013). 아동문학. 경기: 양서원.

권혁준(2009). 판타지 동화의 개념, 범주, 유형에 대한 재검토. 한국아동문학연구, 16, 5-42.

김선옥, 윤정빈, 지은주, 유승희(2006). 유아의 연령과 성에 따른 그림책 선호 경향. 열린유
　　　아교육연구, 11(6), 291-318.

김세희, 임영심(1999). 환상동화의 유형과 평가준거: 환상그림책으로의 여행. 한국어린이문학교
　　　육연구회. 서울: 다음세대.

노운서, 노명희, 김명화, 백미열(2013). 아동문학. 경기: 양서원.

신헌재, 권혁준, 곽춘옥(2007). 아동문학과 교육. 서울: 박이정.

이상금, 장영희(2001). 유아문학론. 경기: 교문사.

Sutherland, Z. B., & Arbuthnot, M. H. (1991). *Children and books.* New York: Harper
　　　Collins Publishers, Inc.

Temple, C., Martinez, M., Yokota, J., & Naylor, A. (1998). *Children's books in children's
　　　hands: An introduction to their literature.* Needham Heights, MA: Allyn and
　　　Bacon.

본문에 실린 아동문학 작품

강아지똥 권정생 글, 정승각 그림. 길벗어린이. 1996.

개가 무서워요! 볼프 에를브루흐 저. 박종대 옮김. 사계절. 2007.

개미나라에 간 루카스 존 니클 저. 조세현 옮김. 비룡소. 2006.

개와 고양이의 영웅 플릭스 토미 웅거러 글 · 그림. 이현정 옮김. 비룡소. 2004.

검피 아저씨의 뱃놀이 존 버닝햄 글 · 그림. 이주령 옮김. 시공주니어. 1996.

고릴라 앤서니 브라운 글 · 그림. 장은수 옮김. 비룡소. 1998.

괴물들이 사는 나라 모리스 센닥 글 · 그림. 강무홍 옮김. 시공주니어. 2002.

구름 공항　데이비드 위즈너 글·그림. 베틀북. 2012.

구름 나라　존 버닝햄 글·그림. 고승희 옮김. 비룡소. 1997.

구름빵　백희나 글·그림. 김향수 사진. 한솔수북. 2004.

깊은 밤 부엌에서　모리스 센닥 글·그림. 강무홍 옮김. 시공주니어. 2001.

꼬마 구름 파랑이　토미 웅거러 글·그림. 이현정 옮김. 비룡소. 2001.

내 이름은 삐삐 롱스타킹　아스트리드 린드그렌 글, 롤프 레티시 그림. 햇살과나무꾼 옮김.
　　시공주니어. 2000.

누가 내 머리에 똥 쌌어?　베르너 홀츠바르트 글, 울프 에를브루흐 그림. 사계절. 2002.

눈사람 아저씨　레이먼드 브릭스 그림. 마루벌. 1997.

달 사람　토니 웅거러 글·그림. 김정하 옮김. 비룡소. 1996.

당나귀 실베스터와 요술 조약돌　윌리엄 스타이그 글·그림. 이상경 옮김. 다산기획. 1994.

도깨비를 빨아버린 우리 엄마　사토 와키코 글·그림. 이영준 옮김. 한림출판사. 1991.

마녀 위니의 박쥐 요리　로라 오웬 글, 코키 폴 그림. 노은정 옮김. 비룡소. 2012.

마녀 위니의 빗자루 사건　로라 오웬 글, 코키 폴 그림. 노은정 옮김. 비룡소. 2012.

마녀 위니의 엉망진창 낚시 소동　로라 오웬 글, 코키 폴 그림. 노은정 옮김. 비룡소. 2012.

마법 침대　존 버닝햄 글·그림. 이상희 옮김. 시공주니어. 2003.

막대기 아빠　줄리아 도널드슨 글, 악셀 셰플러 그림. 노은정 옮김. 비룡소. 2009.

말괄량이 기관차 치치　버지니아 리 버튼 글·그림. 박향주 옮김. 시공주니어. 1995.

멋진 뼈다귀　윌리엄 스타이그 글·그림. 조은수 옮김. 비룡소. 2000.

목욕은 즐거워　쿄코 마스오카 글, 하야시 야키고 그림. 한림출판사. 1996.

바람이 불 때에　레이먼드 브릭스 글·그림. 김경미 옮김. 시공주니어. 1995.

세상에서 제일 힘센 수탉　이호백 글, 이억배 그림. 재미마주. 1998.

손 큰 할머니의 만두 만들기　채인선 글, 이억배 그림. 재미마주. 2001.

아씨방 일곱 동무　이영경 글·그림. 비룡소. 1998.

야, 우리 기차에서 내려　존 버닝햄 글·그림. 박상희 옮김. 비룡소. 2000.

오소리네 꽃밭　권정생 글, 정승각 그림. 길벗어린이. 2000.

우당탕탕, 할머니 귀가 커졌어요　엘리자베드 슈티메르트 글, 카롤리네 케르 그림. 유혜자 옮
　　김. 비룡소. 1999.

우리 선생님이 최고야!　케빈 헹크스 글·그림. 이경혜 옮김. 비룡소. 2001.

줄무늬가 생겼어요　데이빗 섀논 글·그림. 조세현 옮김. 비룡소. 2006.

쥐똥 선물　김리리 글, 김이랑 그림. 비룡소. 2008.

지각대장 존   존 버닝햄 글·그림. 박상희 역. 비룡소. 1995.

지구 속 여행   쥘 베른 글, 알랭 오베 각색, 파비앙 몽트 그림. 박선주 옮김. 크레용하우스. 2015.

치과의사 드소토 선생님   윌리엄 스타이그 글·그림. 여인호 옮김. 비룡소. 1996.

캡슐 마녀의 수리수리 약국   김소민 글, 소윤경 그림. 비룡소. 2012.

코끼리왕 바바   장 드 브루노프 글·그림. 김미경 옮김. 시공주니어. 2001.

크릭터   토미 웅거러 글·그림. 장미란 옮김. 시공주니어. 1996.

프라이팬 할아버지   간자와 도시코 글, 호리우치 세이치 그림. 고향옥 옮김. 비룡소. 2004.

피터 래빗 이야기   베아트릭스 포터 글·그림. 김동은 옮김. 소와다리. 2014.

해저 2만 리   쥘 베른 저. 질베르 모렐 그림. 김석희 옮김. 작가정신. 2009.

호호 아줌마가 작아지는 비밀   알프 프로이센 글, 비에른 베리 그림. 홍연미 옮김. 비룡소. 2001.

Chapter

08

정보동화

정보동화는 사실적이고 정확한 정보전달을 일차적 목적으로 하는 동화로, 아동이 필요로 하는 정보자료를 찾아보고 활용하는 태도를 기르며, 객관적인 자료를 전달하는 동시에 아동의 흥미를 불러일으킨다. 이 장에서는 정보동화 의 정의와 특성에 대해 알아보고, 글자와 수, 모양, 색, 식물, 동물, 교통기관, 우리나라, 전통문화, 직업과 같은 다양한 주제별로 정보동화를 구분해 본다. 그리고 정보동화가 가지는 교육적 가치를 확인하고, 실제 정보동화의 활용방 법에 대해 살펴보고자 한다.

1. 정보동화의 정의

정보동화는 이야기의 전달보다는 주로 다양한 지식과 정보를 주기 위한 목적으로 만들어진 책을 의미한다(조은정, 현은자, 2003). 정보동화는 정보전달을 일차적 목적으로 하여, 영유아들에게 적합하도록 글보다는 사진이나 그림에 비중을 두어 정보를 제공한다(오유경, 2007; 최지혜, 2009). 정보동화는 사실적이고 정확한 정보 전달을 목적으로 하기 때문에 논픽션이라고 할 수 있는데(최미숙, 박지영, 2010), 좋은 논픽션의 요소로 자료의 정확성과 유머, 드라마, 문학적 스타일로 사려 깊게 씌인 것 그리고 익숙한 주제를 바라보는 신선한 관점이 강조된다(Giblin, 1996).

정보동화는 언어, 수학, 과학, 사회, 음악 등과 같은 교육과정 영역별로 분류하거나(Cullinan & Galda, 2002), 모양과 색, 생물, 자연현상, 우주, 우리나라, 환경 등 주제별로 분류하기도 한다(김현희, 박상희, 2003). 교육과정 영역별로 분류하는 방식은 초등학교 교육과정이나 표준보육과정, 누리과정과 관련지어 볼 수 있고, 주제별로 분류하는 방식은 영유아의 생활주제에 활용할 수 있다. 또한 정보동화는 글자, 수, 모양, 색과 같은 단순한 개념을 제시하는 책과 전문적 지식을 제공하는 책으로 구분할 수 있다(김세희, 2004).

정보동화는 필요로 하는 정보자료를 찾아보고 활용하는 태도를 기르고, 흥미 있고 중요한 사실들을 탐색하게 해 주며, 특정 주제나 개념을 학습할 때 교육과정을 이끄는 매개체 역할을 하기도 한다(Headley & Dunston, 2000). 최근에는 사실적인 묘사를 통해 객관적인 자료를 전달함과 동시에 영유아의 흥미를 불러일으키는 다양한 정보동화가 출간되고 있다.

2. 정보동화의 특성

　정보동화는 객관적인 정보와 신뢰할 만한 시각자료를 제시한다는 측면에서 픽션동화와는 다른 특성을 지닌다.

명확하고 객관적인 정보를 제공한다

　정보동화는 이야기의 전달보다는 다양한 지식과 정보를 주기 위한 목적으로 만들어진 책이므로 객관적인 사실을 전달한다. 최근에는 학령기 이전의 어린 영유아들의 교육을 위해 정보동화를 활용하는 경우가 많아져(Huck, Hepler, Hickman, & Keifer, 1997), 정보와 함께 이야기를 만들어 픽션으로 구성되는 부분이 있다. 이를 통해 아이들은 정보동화를 좀 더 친숙하게 볼 수 있을 것이다.

신뢰할 수 있는 시각자료를 제시한다

　텍스트 이외에 읽는 이에게 도움이 되는 그림, 사진, 도표, 지도, 연표, 그래프 등 다양한 시각적 장치가 함께 활용된다. 특히 최근에는 뛰어난 질의 사진자료를 제시해 영유아의 관심을 끌기도 한다. 간접경험이 필요한 영유아에게 적절한 사진과 그림은 좋은 학습자료로 쓰일 수 있다. 그러나 때로는 다양한 시각자료가 영유아들이 필요한 정보를 얻는 데 방해가 되기도 하므로 정보동화를 선택할 때는 아이들의 발달수준을 고려하는 것이 필요하다.

다양한 주제를 제공한다

　정보동화는 다루고 있는 정보의 주제에 따라 교통기관, 자연현상, 우주, 세계 여러 나라, 우리나라, 직업 등으로 구분할 수 있다. 이처럼 다양한 주제의 정보동화는 주제 중심의 교육과정으로 운영되는 영유아교육기관의 교육활동에 활용된다. 최근에는 다양한 주제에서 더 나아가 새로운 주제들을 세분화하여 정보동화를 구성하고 있다.

3. 정보동화의 유형

정보동화는 매우 다양한데, 글자와 수, 모양, 색, 식물, 동물, 교통기관, 우리나라, 전통문화, 직업과 같은 다양한 주제별로 구분할 수 있다(공인숙 외, 2013; 김세희, 2004). 이러한 주제별 분류는 표준보육과정과 누리과정에서 제시하는 주제와 맞물려 영유아교육기관에서 활용이 용이하다.

1) 글자에 관한 정보동화

글자에 관한 정보동화는 한글의 자모를 활용하여 이야기를 만든 책으로, 놀이의 수단이 되기도 하고, 문자언어의 학습을 돕거나 문자에 대한 개념과 정보를 제공한다. 글자에 관한 정보동화로는 『기차 ㄱㄴㄷ』『준영 ㄱㄴㄷ』『개구쟁이 ㄱㄴㄷ』『움직이는 ㄱㄴㄷ』『수수께끼 ㄱㄴㄷ』등이 있다.

『기차 ㄱㄴㄷ』은 '기다란 기차가, 나무 옆을 지나, 다리를 건너, 랄랄라 노래를 부르며~'처럼 ㄱ부터 ㅎ까지 시어와 간결한 문구를 활용하여 기차의 여행을 따라가면서 자연스럽게 한글 자음을 익히도록 한 우리나라 최초의 글자책이다. 같은 작가의 책인『준영 ㄱㄴㄷ』은 영유아가 일상생활에서 쉽게 접할 수 있는 물건들을 소재로 한글을 익히도록 도와주는 그림책이다.

『고슴도치야, 무얼 보니?』는 한글 자음 14개를 익히고 활용할 수 있도록 구성된 책이다. 왼편에는 커다란 자음이 나오고 그 자음 속에 해당 자음으로 시작하는 단어 그림들이 숨어 있으며, 바로 밑에 해당 단어를 활자로 확인할 수 있다. 오른편에는 해당 자음이 하나씩 들어가는 주인공들이 나와 이야기를 전개한다. 같은 작가의 책인 『야금야금 사과』는 이야기를 통해 모음을 익힐 수 있도록 구성되어 있다. 왼편에는 커다랗게 모음이 나오고 그에 해당하는 모음으로 시작되는 단어들의 그림이 숨어 있다. 오른편에는 아이가 겪는 작은 에피소드를 중심으로 다양한 의태어가 나와 모음이 주는 어감을 더욱 크게 느낄 수 있다.

　『생각하는 ㄱㄴㄷ』은 그림을 보면서 재미있게 한글 자음을 익히고, 단어를 익히고, 색깔도 익히는 책이다. ㄱ을 소개하는 페이지의 왼편에는 개미, 가시, 고양이, 가방처럼 ㄱ으로 시작하는 단어를 ㄱ모양으로 제시하였고, 오른편에는 ㄱ이

들어가는 단어 9개와 ㄱ으로 시작하는 색깔 '갈색'이 한 칸 담겨 있다. ㄱ이 들어가는 단어로 구성된 문장을 읽고, ㄱ모양 그림을 보면서 단어를 떠올리고, 그 단어가 쓰인 상황을 ㄱ모양에 맞추어 연상하는 상상력을 자극하는 그림책이다.

『개구쟁이 ㄱㄴㄷ』은 개구쟁이 아이의 평범하면서도 특별한 하루 이야기를 따라가면서 한글 자음을 모두 배울 수 있는 그림책이다. 'ㄱ 기웃기웃. 고양이가 구멍 속에 들어갔는데?'라는 형식으로 한글 자음의 이름과 자음이 들어간 글자를 배울 수 있도록 내용을 구성하였다.

『움직이는 ㄱㄴㄷ』은 사물의 이름을 통해 글자를 배우도록 한 기존의 책과는 다르게 동사와 자음을 연결시킨 그림책이다. 실타래에 묶인 ㅁ 그림과 '묶다'를

연결하고, 새장에 갇힌 ㄱ 그림과 '가두다'를 연결하여 이미지를 통해 재미나게 동사의 의미를 익힐 수 있도록 도와준다.

『수수께끼 ㄱㄴㄷ』은 제목처럼 수수께끼를 풀면서 숨은 그림과 낱말을 찾아보는 새로운 형식의 책이다. '강물은 누가 먹지?' '나뭇잎은 누가 먹어?' '동전은 누가 먹지?'와 같은 질문을 하고 여러 단어 중에서 답을 맞히도록 했다. 각 장면마다 이집트, 멕시코, 호주 등 다양한 나라를 배경으로 하고 있어 세계 여러 나라에 대한 정보도 함께 얻을 수 있다.

2) 수에 관한 정보동화

수에 관한 정보동화는 숫자와 수학개념(서열, 덧셈, 뺄셈, 곱셈, 나눗셈, 일대일 대응 등)을 다룬 책으로, 숫자를 익히고, 수 세기와 다양한 수학개념을 습득할 수 있도록 도와준다. 『함께 세어 보아요』『장바구니』『사랑스러운 우리 할아버지』『백만은 얼마나 클까요?』『배고픈 개미 100마리가 발발발』등을 예로 들 수 있다.

『함께 세어 보아요』는 숫자를 처음으로 대하는 아동을 위한 책으로, 글자 없이 선으로만 그린 그림으로 숫자의 의미를 이해하도록 도와준다. 1월부터 12월까지 매달 변해 가는 마을의 풍경을 묘사하면서 각 장에서 그 달의 이름과 같은 수로 구성되어 있는 그림을 보여 준다. '1월엔 집이 한 채, 나무가 한 그루' '5월엔 집이 다섯 채, 나무가 다섯 그루'라고 세면서 수의 이름(하나, 둘, 셋)이나 숫자 (1, 2, 3)를 몰라도 자연스럽게 규칙을 발견하고 숫자를 익힐 수 있다.

『장바구니』는 엄마의 심부름으로 장을 보러 가는 아이의 이야기다. 아이가 사야 할 물건을 나열해 보면, 달걀 6개, 바나나 5개, 사과 4개, 오렌지 3개, 도넛 2개, 과자 1봉지로 역삼각형 모양이 된다. 장보기 목록을 기억해서 물건들을 사오는 과정에서 다양한 동물을 만나 목록의 물건을 하나씩 뺏기게 된다. 이 책은 아동의 기억력과 서열화 능력을 키울 수 있도록 도와준다.

『사랑스러운 우리 할아버지』는 할아버지의 이를 통해 숫자를 거꾸로 세는 방법을 알려 주는 책이다. 10개의 튼튼한 이를 가진 할아버지가 다양한 상황에서 이가 하나씩 빠지는 과정을 재미있게 묘사하고 있다. 이러한 과정에서 자연스럽게 역방향의 수세기도 익힐 수 있고, 건강한 이의 중요성도 함께 느낄 수 있다.

『백만은 얼마나 클까요?』는 어렵고 큰 수의 개념을 쉽게 설명해 주는 책이다. 백만 명의 아이가 한 줄로 죽 올라서면 그 높이가 얼마인지, 1부터 백만까지 차례로 수를 세면 얼마나 걸리는지 그리고 백만 마리의 금붕어가 들어갈 수 있는 커다란 어항의 크기가 얼마인지를 통해 숫자 백만의 개념을 알려 준다. 이를 통해 백만의 크기를 이해하게 되고, 그 이상의 수까지 상상해 볼 수 있어, 수학의 재미를 느낄 수 있도록 도와주는 그림책이다.

『봉봉 마녀는 10을 좋아해』는 유아들이 하나부터 열까지 수세기를 익히고, 더하고 빼는 수의 연산을 경험할 수 있는 책이다. 주인공인 봉봉 마녀의 이야기를 통해 수에 대한 기초 개념을 형성하고, 수학에 대한 재미를 느낄 수 있도록 구성하였다.

『떡 두 개 주면 안 잡아먹지』는 친숙한 전래동화 이야기를 통해 구구단의 원리를 알려 주는 책이다. 해님달님에서 따온 떡장수 할머니가 떡을 좋아하는 호랑이를 만나면서 일어나는 사건들을 통해 흥겨운 노래를 부르듯이 구구단을 쉽게 알려 준다.

『배고픈 개미 100마리가 발발발』은 개미 100마리를 통해 곱셈과 나눗셈을 알려 주는 책이다. 소풍을 떠난 100마리 개미는 배가 너무 고파서 조금이라도 더 빨리 가고 싶은데, 100마리가 길게 한 줄로 가는 대신 50마리씩 두 줄로 가는 것, 더 빨리 가고 싶은 개미들은 25마리씩 네 줄로, 20마리씩 다섯 줄로 대열을 바꾸는 아이디어를 꼬마 개미가 낸다. 이 과정에서 나눗셈과 곱셈의 의미를 이해할 수 있다.

이외에도 수에 관한 정보동화로는 『꼬끼오네 병아리들』『잘잘잘 123』『수를 사랑한 늑대』 등이 있다.

3) 모양과 색깔에 관한 정보동화

색과 모양에 관한 정보동화는 다양한 사물의 특징을 통해 색과 모양의 개념을 알려 주는 경우가 많다. 관련된 책으로는 『나의 색깔나라』『색깔을 훔치는 마녀』 『성형외과에 간 삼각형』『아기 세모의 세 번째 생일』 등이 있다.

『나의 색깔나라』는 어린 아동들에게 색깔을 가르쳐 주는 책이다. 빨간 장미, 주황색 해님, 노란 데이지 꽃술과 민들레, 파란 하늘과 같이 자연 속에서 아름다운 빛깔을 발견하여 그림으로 담는 생쥐 두 마리의 스케치 여행을 통해 색 이름을 알려 준다.

『야옹이가 제일 좋아하는 색깔은?』은 "초록색은 내가 돌아다니는 풀밭, 분홍색은 내가 제일 좋아하는 꽃잎색깔."과 같이 고양이가 각 색깔의 개념에 대해 설명한 책이다.

『빨주노초파남보 색깔 말놀이』는 빨주노초파남보 무지개 색 순서에 맞춰, 색이름의 자음을 반복한 말놀이를 알려 주는 책이다. 빨간색과 잘 어울리는 산타클로스 할아버지와 루돌프가 열심히 빨래를 하는 빨강 이야기, 남극 펭귄과 함께 남

극으로 가는 남색 이야기까지 각각의 색이 가진 분위기와 어울리는 이야기가 동
시의 형태로 제시된다.

　『파란 거위』는 농장에 사는 파란 거위와 빨간 암탉, 하얀 오리와 노란 병아리가
힘을 모아 농장 곳곳을 알록달록 색칠하는 이야기다. 이 이야기를 통해 아이들은 색
깔의 명칭과 색의 삼원색(파랑, 빨강, 노랑), 색의 혼합에 대해서도 자연스럽게 익힐
수 있다. 또한 색칠 놀이의 즐거움과 협동하는 자세의 중요성까지 깨달을 수 있다.

　『색깔을 훔치는 마녀』는 아이들이 좋아하는 마녀 캐릭터를 통해 색의 명칭과
색의 혼합 원리를 쉽고 재미있게 담아낸 책이다.

　『이딱딱 로봇의 네모 이』는 네모난 이를 잃어버린 이딱딱 로봇이 모험을 떠나

세모, 네모, 동그라미를 구분하는 이야기다. 수학에서 기본적인 모양인 세모, 네모, 동그라미에 대한 개념을 익힐 수 있다.

『성형외과에 간 삼각형』은 삼각형의 변과 각이 만나 다른 도형으로 변하는 과정을 통해 기본적인 도형에 대해 알려 주는 책이다. 삼각형이 성형외과를 찾아가 사각형, 오각형, 육각형, 팔각형으로 모양을 바꾸는 과정에서 각 도형이 지붕, 바둑판, 축구공, 벌집 등과 같이 주변에서 볼 수 있는 다양한 사물이 되고, 이를 통해 도형을 쉽게 이해할 수 있도록 도와준다.

『아기 세모의 세 번째 생일』에서는 세모가 팽그르르 돌면 원뿔이 되는 것처럼 도형이 입체적으로 변화하는 과정을 보여 준다.

4) 식물과 동물에 관한 정보동화

식물과 동물에 관한 정보동화는 과학영역에서 자주 볼 수 있는 내용의 책으로, 『사과와 나비』 『배고픈 애벌레』 『어떻게 잠을 잘까요』 등이 있다. 『사과와 나비』는 글이 없는 그림책이다. 사과 속에 있던 알이 자라 애벌레가 되고, 애벌레는 사과를 뚫고 나와 고치를 짓고, 나비가 되어 사과꽃으로 날아가고, 나비는 사과가 열매를 맺을 수 있도록 도와주고, 또 알을 낳는 일련의 과정을 잘 묘사한 그림을 통해 사과와 나비의 성장과정을 알려 준다. 에릭 칼의 『배고픈 애벌레』 역시 알에서 애벌레가 태어나고 번데기가 되었다가 나비가 되는 성장과정을 아름답게 그려 냈고, 색깔과 숫자, 요일과 음식에 대한 정보도 함께 제시하였다.

『앗! 모기다』는 정미라 작가가 두 아들과 함께 집에서 직접 모기를 키우고 관찰한 경험을 생생하게 담아낸 그림책이다. 모기를 집에서 키우는 독특한 가족 이야기를 통해 모기에 대한 살아 있는 지식을 얻을 수 있을 뿐 아니라, 모기를 비롯한 다양한 곤충에 관심을 갖게 되고 호기심도 키울 수 있다. 부록에 실린 질의응답을 통해 모기에 대한 상식과 모기 퇴치 방법도 알 수 있다.

『청개구리 여행사』는 일본 그림책상을 수상한 마츠오카 다츠히데가 그리고 쓴

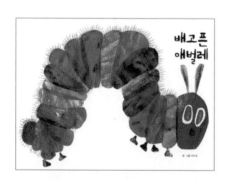

책으로, 연못 탐험을 통해 본 연못 속 작은 동물들에 관한 이야기다. 청개구리 여행사의 사장인 청개구리가 땅 위의 동물들과 연못 탐험을 하는 과정에서 소금쟁이, 송사리와 같이 우리에게 익히 알려진 연못 속 생물뿐만 아니라 물맴이,

물장군처럼 특이한 생김새와 습성을 가진 동물들을 소개한다. 또한 연못 안에서의 포식자와 피식자의 관계를 보여 줌으로써 연못 속 먹이사슬을 알려 준다.

「물들숲 그림책」 시리즈는 우리나라 물, 들, 숲에 사는 동식물의 한살이를 소개한다. 『참나무는 참 좋다!』는 참나무의 종류 및 참나무와 함께 살아가는 곤충과 동물들을 소개하며, 『어흥어흥 어름치야』는 우리나라 천연기념물 제259호인 어름치의 생태를 알려 준다.

『어떻게 잠을 잘까요』는 다양한 동물이 잠을 자는 모습을 흥미롭게 제시한 책이다. '다람쥐는 어떻게 잘까요?' 라고 질문하여 호기심을 유발하고, 이에 대한 답을 다양한 동물의 생김새와 생태를 세밀하게 묘사한 그림으로 보여 준다.

5) 인체에 관한 정보동화

사람의 몸에 관한 정보동화는 입, 코, 귀 등과 같은 인체에 대한 정보를 주는 책으로, 『입이 똥꼬에게』 『뼈』 『움직이는 몸』 등이 있다.

『우리 몸의 구멍』은 코를 비롯해 입, 귀, 눈, 땀구멍 등 우리 몸에 있는 구멍들을 차례차례 보여 주고 그 구멍으로 무엇을 할까 하는 궁금증에 대한 답을 주는 책이다. 짧고 운율 있는 대화체로 씌어 있고, 각 신체기관의 해부도를 쉽게 그려 보여 줌으로써 우리 몸의 구조를 한눈에 보고 이해할 수 있게 하였다.

『입이 똥꼬에게』는 우리 몸의 다양한 기관이 하는 일을 알려 주는 책이다. 입, 코, 눈, 귀 등이 어떤 역할을 하는지, 특히 똥꼬가 얼마나 중요한 역할을 하는지를 이야기 형식을 통해 재미있게 담아냈다.

『뼈』는 우리 몸을 구성하는 뼈와 다양한 동물의 뼈의 생김새를 보여 주는 책으로, 몸의 각 부위에 있는 뼈의 역할에 대해서도 쉽게 알려 준다. 『움직이는 몸』도 뼈와 뼈를 이어 주는 관절, 뼈를 움직이는 근육의 원리를 살펴본 책이다. 해골 선생님에게 춤을 배우는 과정에서 뼈와 근육의 움직임을 통해 우리 몸이 어떻게 움직이는지 알게 된다.

　그 외에도 사람의 몸에 관한 정보동화로는 『냠냠쩝쩝 꾸륵꾸륵 속보이는 뱃속 탐험』『신기한 스쿨버스 10: 눈, 귀, 코, 혀, 피부 속을 탐험하다』 등이 있다.

6) 교통기관에 관한 정보동화

　교통기관에 관한 정보동화는 영유아가 좋아하는 자동차, 배, 비행기, 소방차 등의 생김새와 쓰임새, 종류 등을 알려 주는 책이다. 『칙칙폭폭 꼬마 기차』『내가 최고 자동차』『부릉부릉 트럭 삼 형제』 등이 그 예다.

『칙칙폭폭 꼬마 기차』는 기관차에 관한 책으로, 기관사의 하루를 통해 기관실, 기적, 굴뚝, 큼지막한 바퀴, 보일러 등 증기기관차에 대한 다양한 정보를 소개하고 있다.

『내가 최고 자동차』는 자동차 모양으로 만든 그림책으로, 버스, 소방차, 경찰차, 레미콘, 승용차, 화물차, 택시 그리고 스포츠카 등의 모습과 역할, 특징을 대화 형식으로 소개하였고, 뛰뛰빵빵, 삐뽀삐뽀 같은 의성어와 의태어를 통해 재미를 준다. 『부릉부릉 트럭 삼 형제』는 덤프트럭, 트레일러, 용달의 특징을 잘 포착하여 이야기를 생동감 있게 전개한다.

그 외에도 교통기관에 관한 정보동화로는 『부릉부릉 자동차가 좋아』『궁금해요 비행기 여행』 등이 있다.

7) 직업에 관한 정보동화

　　직업에 관한 정보동화는 영유아에게 다양한 직업을 소개하고 성인이 된 후 되고 싶은 직업에 대해 탐색해 볼 수 있는 기회를 제공한다. 우체부 아저씨가 전해 주는 여섯 통의 편지를 중심으로 그에 얽힌 사연을 짧고 재미나게 풀어 놓은 『우체부 아저씨와 비밀 편지』는 실제 편지의 겉모습처럼 우표와 수신인을 써 두었고, 책장을 넘기면 봉투 안에 들어 있는 편지를 직접 꺼내 볼 수 있게 구성하였다. 이 책을 통해 편지는 어떠한 과정을 거쳐 받아 볼 수 있는지를 자연스럽게 알 수 있고, 우체부라는 직업의 의미와 역할에 대해서도 쉽게 이해할 수 있다.

　　「일과 사람」 시리즈는 다양한 분야에서 일하는 이웃을 소개하는 책이다. 농부, 어부, 축산업자와 같은 1차 생산자부터, 채소가게 주인, 버스 운전사 등 주변에서 쉽게 볼 수 있는 이웃, 초등학교 선생님, 특수학교 선생님처럼 배움을 나누는 사람들, 우편집배원, 경찰, 소방관, 의사, 한의사처럼 우리 생활을 지키고 돌보는 사람들, 뮤지컬 배우, 만화가와 같은 예술가들까지, 그들에게 일이란 무엇이며 어떤 의미가 있는지 알려 준다. 또한 일할 때 입는 옷, 도구, 차, 준비물 등 필요한 것들을 하나하나 세세하게 보여 주면서 정확한 정보를 제공한다. 『내가 만든 옷 어때?』에서는 패션 디자이너가 어떤 생각을 하고 무슨 일을 하는지를 보여 주고, 옷이 살갗을 보호하고 예의를 표현하는 수단이기도 함을 알려 준다. 『나는 농부란다』에서는 농부가 자연의 순환에 맞추어 일하며 살아가는 모습을 보여 준다. 이 책은 목판화가 이윤엽이 실제로 경기도 안성 시골로 내려와 집을 짓고 농사를 지으면서 농부와 이웃하며 살아온 경험을 바탕으로 구성한 것이다.

『백다섯 명의 오케스트라』는 백다섯 명의 오케스트라 단원이 음악회를 준비하는 과정을 통해 오케스트라의 구성원, 의상, 자리 배치, 악기, 무대에 대한 다양한 정보를 제공하는 책이다. 특별한 옷을 입고 특별하게 등장하는 지휘자를 보면서 한 집단의 리더가 되는 꿈도 키워 볼 수 있고, 옷 입는 방식이 제각기 다른 백다섯 명이 하나의 오케스트라가 되어 아름답게 음악을 연주하는 모습을 통해 조화에 대해서도 생각할 기회를 준다.

8) 문화에 관한 정보동화

문화에 관한 정보동화는 우리의 전통문화와 역사, 세계의 다양한 문화에 대한 정보를 제공하는 책으로, 『임금님의 집 창덕궁』『크리스마스까지 아홉 밤』『황제가 사는 고대 중국으로』 등이 있다.

『임금님의 집 창덕궁』은 조선시대 궁궐 중 본모습이 가장 그대로 남아 있고, 자연과 잘 어울리도록 지은 아름다운 창덕궁에 대한 내용이다. 옛날 창덕궁에서 사람들이 어떤 일을 하고 살았는지도 생동감 있게 담아냈다. 부록에서는 창덕궁에 대한 전문적이고 세부적인 지식을 제공하였다.

『크리스마스까지 아홉 밤』은 하얀 눈도, 크리스마스트리도, 산타할아버지도 없는 멕시코의 이색적인 크리스마스에 관한 책이다. 크리스마스 9일 전부터 아홉 개의 집에서 돌아가면서 여는 파티인 '포사다'와 사탕과 오렌지, 땅콩, 레몬, 과자가 듬뿍 담긴 '피냐타' 그리고 멕시코의 여러 가지 생활상 등 우리에게 생소한 멕시코 문화가 책 곳곳에 잘 드러나 있어 멕시코 문화를 자연스럽게 이해할 수 있는 기회를 준다.

『프리즐 선생님의 신기한 역사 여행-황제가 사는 고대 중국으로』는 어린이를 위한 세계 역사 입문서로, 어린이 과학책인 「신기한 스쿨버스」의 저자들이 만든 역사 여행 시리즈 중 한 권이다. '중국의 신부가 입는 빨간색 옷에는 어떤 의미가 담겨 있을까? 만리장성은 몇 년에 걸쳐 만들어졌을까? 비단은 어떻게 만들어질까? 강철, 화약, 나침반, 종이 등 우리 생활에 꼭 필요한 많은 발명품은 다 어디에서 왔을까?'와 같은 다양한 질문에 대한 정보를 담았다.

『으라차차 바야르』는 몽골의 문화와 역사 그리고 몽골 사람들이 사는 모습을 잘 그려 낸 책이다. 아빠가 몽골 사람인 한국 소년 바야르가 겪는 갈등, 바야르가 아빠의 나라를 조금씩 알아 가는 과정을 통해 다문화 사회를 사는 우리 아이들한테 잔잔한 감동을 준다.

그 외에도 문화에 관한 정보동화로는 「알콩달콩 우리 명절」 시리즈, 「우리문화 그림책 온고지신」 시리즈, 보림의 「솔거나라(전통문화그림책)」 시리즈 등이 있다.

9) 과학에 관한 정보동화

어린이를 위한 과학정보동화의 대표적인 책은 「신기한 스쿨버스 키즈」 시리즈
다. 30권으로 구성된 이 시리즈는 프리즐 선생님과 함께 무엇으로든 변하는 신기
한 스쿨버스를 타고 모험을 하면서 다양한 과학 관련 지식을 얻을 수 있도록 구성
되어 있다. 『날씨맨, 폭풍우를 만들다』에서는 날씨가 무엇이고 어떻게 만들어지
는지를 알려 주며, 『물방울로 변한 아이들』에서는 물이 증발되어 구름이 되고 다
시 비가 되는 과정을 아이들이 직접 체험하면서 물의 순환과정을 배울 수 있도록

했다. 이 시리즈에서는 문학적 상상력과 과학적 사실을 접목하여 과학을 배우면
서 모험심과 상상력까지 기를 수 있도록 도와준다.

　『지구로 소풍가는 날!』은 Q 행성에 살고 있는 로봇들이 퀴크 선생님을 따라 지
구로 소풍을 오는 지구여행 이야기다. 대륙, 바다, 북극, 남극, 적도 등 지구와 관
련된 낱말들을 간단한 설명과 그림으로 배울 수 있고, 만리장성, 레드우드 숲, 잉
카 유적, 피라미드, 알프스, 오스트레일리아의 산호초 등 일곱 개 대륙의 대표적
인 곳을 구경하면서 그 지역에 살고 있는 사람들의 의식주를 알 수 있다.

4. 정보동화의 기능

　정보동화는 아동에게 다양한 정보를 제공함으로써 아동의 주변 세계 탐색을 위한 원천적인 자원이자 좋은 교육 매체가 된다(심향분, 2012). 팔머와 스튜어트(Palmer & Stewart, 2003)는 아동의 개인적인 흥미를 고려해 넓은 범위의 내용을 다양한 관점에서 다루고 있는 정보동화를 감상할 필요가 있다고 보았다. 영유아가 다양한 분야에 대한 지식을 담고 있는 정보동화를 접하게 되면 해당 주제에 대해 많은 것을 배우게 된다. 정보동화를 통해 얻을 수 있는 기능과 교육적 가치는 다음과 같다(김세희, 2004).

간접경험을 통해 넓은 시야를 가질 수 있게 도와준다

　여러 나라의 문화와 시대와 관한 정보동화는 우리나라뿐만 아니라 다양한 나라에 대한 간접적 경험을 가능하게 한다. 유아들은 정보동화에 제시된 글과 그림에 대한 대화를 통해 자신의 기존 지식을 드러내고 정보를 공유한다(심향분, 2008). 이를 통해 보다 넓은 시야를 가질 수 있다. 정보동화를 통해 아동은 자신이 속한 세계에 관심을 갖고, 자신의 세계에 대한 호기심과 궁금증에 대해 대답할 수 있다.

개념을 발달시키는 데 도움을 줄 수 있다

　정보동화는 객관적이고 사실적인 정보를 제공해 줌으로써 아동의 학습에 도움을 준다. 특히 단어나 구문의 반복적인 사용으로 어휘력과 읽기 이해력 등 언어발달에 도움이 된다. 또한 의문을 해결함과 동시에 새로운 의문을 갖게 하고 이를 탐구하도록 장려한다. 이 과정에서 아동은 자신이 가지고 있는 개념을 확장시켜 지식을 발달시킬 수 있다.

사전 지식을 증가시키고, 비판적 사고를 할 수 있게 한다

자신이 알고자 하는 답을 얻기 위해 정보동화를 읽고 이 과정에서 자신에게 도움이 되는지 여부를 알 수 있다. 비슷한 주제의 정보동화를 읽으면서 이들을 비교하고 자신에게 필요한 정보가 포함되어 있는지를 판단할 수 있다. 이러한 경험을 통해서 아동은 비판적 사고를 할 수 있게 된다. 또한 필요한 정보자료를 찾고 활용하는 경험을 통해 문제해결능력이 향상될 수 있는데, 예를 들어 4, 5세 아동을 대상으로 정보동화 읽기 프로그램을 실시한 결과, 이들의 비판적 사고와 문제해결력이 발달한 것으로 나타났다(양하연, 2003).

더 알아보기 　 정보동화의 평가기준

정보동화를 평가하는 기준을 정확성, 문체, 내용 제시로 구분하였다.

정확성

정보동화의 주된 요소는 정확성이다. 정확한 사실을 전달하고 있는지, 특정 주제에 대한 전문가의 저서인지가 중요하며, 정보를 뒷받침하기 위한 사진자료나 그림자료를 제공하는 것이 필요하다.

문체

정보동화는 정보 전달에 효과적인 문체를 사용해야 한다. 정보를 명확하게 전달하고, 주제의 중요성을 드러내며, 문학적 특성으로 독자의 흥미를 불러일으킬 수 있는 문체가 적절하다.

내용 제시

정보동화는 내용을 쉽고 명확하게 제시해야 한다. 단순한 것에서 복잡한 것으로 내용을 제시하고, 독자의 이해를 도울 수 있도록 간결하고 매력적으로 내용을 제시하는 것이 필요하다.

출처: 현은자, 김세희(2005).

5. 정보동화의 활용

정보동화는 영유아가 이전에 알지 못했던 다양한 정보를 제공하므로, 정보동화에서 제공된 다양한 지식을 활용한 교육활동과 프로그램은 영유아의 발달에 도움이 된다. 정보동화를 읽는 것으로도 도움이 될 뿐만 아니라, 정보동화에서 제시한 내용들을 실제 교육활동을 통해서도 자신의 것으로 체득할 수 있다. 수 개념을 알려 주는 『사랑스러운 우리 할아버지』를 활용하여 이를 건강하게 관리하는 방법에 대해 알려 주고, 건강한 이와 건강하지 않은 이를 붙여 주는 게임활동을 구성해 볼 수 있다. 『장바구니』를 함께 읽고 장을 보러 갈 때 가지고 나갔던 장바구니가 환경보호에 긍정적 영향을 미치는 것에 대해 이야기를 나누고 초록색 지구를 지키자는 의미를 넣어 스텐실 기법으로 장바구니를 만들어 볼 수 있다. 『날씨맨, 폭풍우를 만들다』에서 본 얼음 결정체를 색종이를 이용하여 만드는 등 미술활동을 이끌어 낼 수도 있다. 『지구로 소풍가는 날!』을 읽고 내가 사는 마을의 지리적 특징, 즉 언덕이나 시냇물, 길, 빌딩 등을 그려서 지도를 만들어 보면 영유아에게 좋은 지리 교육활동이 될 수 있다. 또한 다양한 지도가 있음을 소개하고 어린이집 인구분포 지도와 같은 특색 있는 지도를 만들어 보는 것도 좋은 경험이 될 수 있다. 『예슬이 엄마 이름은 구티엔』과 같은 다문화가정 이야기를 통해 반편견 교육도 실시할 수도 있다.

『사랑스러운 우리 할아버지』를 읽고
건강한 이와 건강하지 않은 이 뒤집기 게임을 하는 모습

『장바구니』를 읽고 스텐실 기법으로 장바구니를 만드는 모습

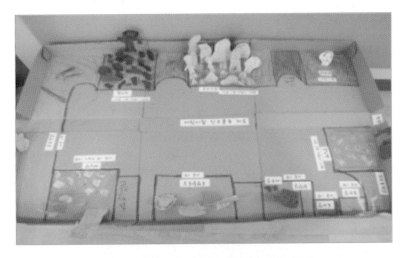

『지구로 소풍가는 날!』을 읽고 어린이집 주변 지도와
어린이집 인구분포 지도를 그린 모습

참고문헌

공인숙, 김영주, 최나야, 한유진(2013). 아동문학. 경기: 양서원.

김세희(2004). 유아문학교육. 경기: 양서원.

김현희, 박상희(2003). 유아문학교육. 서울: 학지사.

심향분(2008). 유아의 정보책 읽기 과정에서 나타난 반응의 의미. 성균관대학교 대학원 박사학위논문.

심향분(2012). 정보그림책 읽기과정에서 교사의 역할 탐구. 어린이문학교육연구, 13(1), 155-179.

양하연(2003). 정보책 읽기 프로그램이 유아의 비판적 사고와 문제해결력에 미치는 영향. 성균관대학교 대학원 석사학위논문.

오유경(2007). 정보그림책을 활용한 교사-유아의 상호작용이 유아의 그림표상능력에 미치는 영향. 중앙대학교 대학원 석사학위논문.

조은정, 현은자(2003). 유아를 위한 정보책의 인식과 활용 실태. 생활과학, 6, 61-85.

최미숙, 박지영(2010). 평가준거에 기초한 유아용 정보그림책의 내용분석. 미래유아교육학회지, 17(1), 427-447.

최지혜(2009). 정보그림책과 이야기그림책 짝지어 읽기 상황에서 유아의 반응. 성균관대학교 대학원 석사학위논문.

현은자, 김세희(2005). 그림책의 이해2. 경기: 사계절.

Cullinan, B. E., & Galda, L. (2002). *Literature and the child ford worth*. TX: Harcount Brace College.

Giblin, J. C. (1996). Trends in children's books today. In S. Egoff, G. Stubbs, R. Ashley, & W. Sutton (Eds.), *Only connect: Readings on children's literature* (3rd ed.). Ontario: Oxford University Press.

Headley, K. N., & Dunston, P. J. (2000). Teacher's choice books and comprehension, strategies as transaction tools. *The Reading Teacher, 54*(3), 260-268.

Huck, C. H., Hepler, S., Hickman, J., & Keifer, B. Z. (1997). *Children's literature in the elementary school*. Madison, WI: Brown & Benchmark.

Palmer, R. G., & Stewart, R. A. (2003). Nonfiction trade book use in primary grades. *The Reading Teacher, 57*(1), 38-48.

본문에 실린 아동문학 작품

개구쟁이 ㄱㄴㄷ   이억배 글 · 그림. 사계절출판사. 2005.

고슴도치야, 무얼 보니? 정지영 · 정혜영 글 · 그림. 비룡소. 2005.

궁금해요 비행기 여행   감 글 · 그림. 시공주니어. 2014.

기차 ㄱㄴㄷ   박은영 글 · 그림. 비룡소. 2007.

꼬끼오네 병아리들   이범규 글, 민정영 그림. 비룡소. 2009.

나는 농부란다   이윤엽 글 · 그림. 사계절. 2012.

나의 색깔나라   마거릿 와이즈 브라운 글, 로레타 그루핀스키 그림. 이상희 옮김. 랜덤하우
    스. 2002.

내가 만든 옷 어때?   선현경 글 · 그림. 사계절. 2012.

내가 최고 자동차   김준미 글 · 그림. 키움. 2007.

냠냠쩝쩝 꾸룩꾸룩 속보이는 뱃속 탐험   스티브 알톤 글, 닉 샤렛 그림. 윤소영 옮김. 아이즐.
    2011.

떡 두 개 주면 안 잡아먹지   이범규 글, 김용철 그림. 비룡소. 2009.

배고픈 개미 100마리가 발발발   엘리노어 핀체스 글 · 그림. 신형건 옮김. 보물창고. 2006.

배고픈 애벌레   에릭 칼 글 · 그림. 이희재 옮김. 더큰. 2007.

백다섯 명의 오케스트라   쿠스킨 글, 마크 사이먼트 그림. 정성원 옮김. 비룡소. 2007.

백만은 얼마나 클까요?   데이비드 슈워츠 글, 스티븐 켈로그 그림. 여태경 옮김. 토토북.
    2011.

봉봉 마녀는 10을 좋아해   이범규 글, 윤정주 그림. 비룡소. 2012.

부릉부릉 자동차가 좋아   리처드 스캐리 글 · 그림. 황윤영 옮김. 보물창고. 2007.

부릉부릉 트럭 삼 형제   정하섭 글, 한병호 그림. 비룡소. 1997.

빨주노초파남보 색깔 말놀이   박정선 글, 윤미숙 그림. 시공주니어. 2010.

뼈   호리 우지 세이지 글 · 그림. 엄기원 옮김. 한림출판사. 2001.

사과와 나비   엘라 마리 · 엔조 마리 글 · 그림. 보림. 1996.

사랑스러운 우리 할아버지   렌 반 오프스탈 글, 렌 반 두르메 그림. 김양미 옮김. 중앙출판
    사. 2004.

색깔을 훔치는 마녀   이문영 글, 이현정 그림. 비룡소. 2004.

생각하는 ㄱㄴㄷ   이지원 기획, 이보나 흐미엘레프스카 그림. 논장. 2005.

성형외과에 간 삼각형   마릴린 번즈 글, 고딘 실버리아 그림. 보물창고. 2007.

솔거나라(전통문화그림책) 시리즈　보림.

수를 사랑한 늑대　김세실 글, 김유대 그림. 강완 감수. 아이세움. 2012.

수수께끼 ㄱㄴㄷ　최승호 글, 이선주 그림. 비룡소. 2007.

신기한 스쿨 버스 10: 눈, 귀, 코, 혀, 피부 속을 탐험하다　조애너 콜 글, 브루스 디건 그림. 이강환 옮김. 비룡소. 2000.

신기한 스쿨버스 키즈 - 날씨맨, 폭풍우를 만들다　조애너 콜 글, 브루스 디건 그림. 이현주 옮김. 비룡소. 2003.

신기한 스쿨버스 키즈 - 물방울로 변한 아이들　조애너 콜 글, 브루스 디건 그림. 이강환 옮김. 비룡소. 2003.

아기 세모의 세 번째 생일　필립 세들레츠스키 글 · 그림. 최윤정 옮김. 파랑새. 1999.

알콩달콩 우리명절 시리즈　김미혜 글, 백은희 그림 외. 비룡소(전집). 2011.

앗! 모기다　정미라 글, 김이랑 그림. 비룡소. 2012.

야금야금 사과　정지영 · 정혜영 글 · 그림. 비룡소. 2005.

야옹이가 제일 좋아하는 색깔은?　제인 커브레라 지음. 김향금 옮김. 보림. 1998.

어떻게 잠을 잘까요　야부유치 미사유키 글 · 그림. 박은덕 옮김. 한림출판사. 2006.

어흥어흥 어름치야　이학영 글, 김재홍 그림. 비룡소. 2013.

예술이 엄마 이름은 구티엔　임희옥 글, 김충식 그림. 아이코리아. 2008.

우리 몸의 구멍　허은미 글, 이혜리 그림. 길벗어린이. 2000.

우리문화그림책 온고지신 시리즈　정희재. 책읽는곰(전집). 2013.

우체부 아저씨와 비밀 편지　앨런 앨버그 글 · 그림. 김상욱 옮김. 미래 M&B. 2003.

움직이는 ㄱㄴㄷ　이수지 글 · 그림. 천둥거인. 2006.

움직이는 몸: 인체　소재근 글, 홍선주 그림. 웅진주니어. 2007.

으라차차 바야르　서해경 글, 강수인 그림. 한솔수북. 2014.

이딱딱 로봇의 네모이　정은정 글, 윤정주 그림. 이범규 감수. 비룡소. 2012.

임금님의 집 창덕궁　최재숙 글 · 그림. 웅진주니어. 2008.

입이 똥꼬에게　박경효 글 · 그림. 비룡소. 2008.

잘잘잘 123　이억배 저. 사계절. 2008.

장바구니　존 버닝햄 글 · 그림. 김원석 옮김. 보림. 1996.

준영 ㄱㄴㄷ　박은영 글 · 그림. 비룡소. 1997.

지구로 소풍가는 날!　로렌 리디 글 · 그림. 이지유 옮김. 미래 M&B. 2003.

직업의 세계　라루스 어린이백과 편집부. 길벗어린이. 2004.

참나무는 참 좋다! 이성실 글, 권정선 그림. 비룡소. 2012.

청개구리 여행사 마츠오카 다츠히데 글·그림. 이영미 옮김. 비룡소. 2008.

칙칙폭폭 꼬마 기차 로이스 렌스키 글·그림. 노은정 옮김. 비룡소. 2003.

크리스마스까지 아홉 밤 오로라 라바스티다 글, 마리 홀 엣츠 그림. 최리을 옮김. 비룡소.
    2002.

파란 거위양장 낸시 태퍼리 글·그림. 이상희 옮김. 비룡소. 2014.

프리즐 선생님의 신기한 역사 여행3 - 황제가 사는 고대 중국으로 조애너 콜 글, 브루스 디건
    그림. 장성봉 옮김. 비룡소. 2005.

함께 세어 보아요 안노 미쯔마사 글·그림. 마루벌. 1997.

Chapter

09

동 시

동시는 아동의 문학적 감수성과 언어감각을 키워 주고, 우리말의 아름다움을 전할 수 있는 소중한 문학장르다. 산문과 달리 짧고 간결한 구조에 음악성과 말맛이 살아 있는 단어들이 조합되어 어린 아동도 노래처럼 쉽게 익힐수 있으며, 흥미를 가질 수 있으므로 교육현장에서의 활용도도 높다. 이 장에서는 동시의 정의와 특성을 알아보고, 형식과 내용, 소재에 따라 동시의 유형을 구분해 본다. 그리고 동시가 가지는 교육적 가치와 실제 교육현장에서의활용방법에 대해 살펴보고자 한다.

1. 동시의 정의

동시는 서정시에서 발전한 운문문학의 한 형태로, 아동의 생활과 정서, 관심사 등을 운율과 리듬 있는 언어로 담아 쓴 아동을 위한 시다. 시가 성인 독자만을 대상으로 창작된 것이라면 동시는 독자 가운데 아동이 포함되었다는 것을 의식하고 창작된 시로, 아동이 이해하기 쉬운 언어로 복잡한 구조를 지니지 않은 시라고 할 수 있다(유창근 1999).

동시는 아동의 생각과 감정을 짧고 소박한 언어로 표현하여 이해하기 쉽고, 노래처럼 운율과 리듬이 살아 있어 아동에게 즐거움과 감동을 준다. 또한 어떤 형태의 문학보다도 우리말의 아름다움과 멋을 알게 하고, 언어에 대한 감각과 감수성을 키워 준다는 점에서 중요한 아동문학교육 자료다.

동시의 모태는 동요이지만, 동시가 동요와 크게 다른 점은 바로 정형률이라는 외형적 틀에서 자유롭다는 점이다(노운서 외, 2013). 최근에는 전문적인 동시인들뿐 아니라 최승호, 안도현, 김용택 등 우리나라를 대표하는 시인들이 동시를 쓰기 시작하면서 좀 더 새롭고 다양한 형태의 동시들이 등장하고 있다.

2. 동시의 특성

유아는 동시의 음악적 특성, 이야기 요소, 감각적인 내용으로 인해 동시를 좋아하게 된다(김경화, 2008). 동시의 특성을 구체적으로 살펴보면 다음과 같다.

운율과 리듬이 살아 있고 음악성이 풍부하다

동시에서는 같은 소리나 비슷한 소리의 글자를 반복하여 리듬과 운율을 만들기 때문에 음악성이 풍부하고 소리 내어 읽는 재미가 있다. 3·4자나 7·5자 등과 같이 각 행의 음절 수를 맞추어 리듬을 표현하기도 한다. 어린 유아들을 위한 동시의 경우에는 의성어, 의태어를 반복하여 흥미를 더하고 음악성을 살린다. 의미 중심이었던 기존의 동시와 달리 우리말의 소리에 집중한 「최승호 시인의 말놀이 동시집」 시리즈는 의성어, 의태어가 풍부할 뿐 아니라 두운과 각운이 잘 살아 있고, 말놀이를 활용해 우리말의 재미와 맛을 한껏 느낄 수 있게 했다.

단순하고 간결하며 함축적이다

동시는 함축성 있는 시어를 통해 동심의 세계를 표현한다(선주원, 2013). 짧고 간결한 언어의 조합과 단어의 생략, 비약은 언어를 경제적이고 효율적으로 사용할 수 있게 도와준다. 다양한 생각이나 느낌을 짧게 압축하여 쓴 동시는 겉으로 드러난 의미 외에도 감추어져 있는 의미가 있으므로 찬찬히 음미하면서 오감을 통해 느끼는 것이 중요하다.

비유와 상징이 풍부하다

동시에서는 비유와 상징을 사용하여 시인의 생각을 효과적으로 표현한다. 비유

는 어떤 현상이나 사물을 그것과 비슷한 현상이나 사물에 빗대어 표현하는 기법
으로, 예를 들면 '빈 깡통같은 소라껍데기' '감꽃은 내 동생 귓속같다' 등이 있
다. 비유는 친근한 시어를 낯설게, 낯선 시어를 친근하게 느끼게 해 줌으로써 아
동의 상상력을 자극하고 관찰력을 키워 준다. 상징은 추상적인 사물이나 관념 또
는 사상을 구체적인 사물로 나타내는 기법으로, 예를 들면 '비둘기'를 통해 '평
화'라는 추상적인 관념을 나타내는 경우다. 시인은 직접적인 표현보다는 비유나
상징을 통해 더욱 생생하고 구체적으로 말할 수 있으며, 이런 표현들은 아동에게
즐거움을 주고 아동의 감정을 더욱 풍부하게 해 준다.

아동의 눈과 마음으로 바라본 세상을 담고 있다

동시는 아동의 눈과 마음으로 세계를 보고 어린이다운 생각과 느낌이 잘 드러
나야 한다(선주원, 2013). 즉, 세상을 바라보는 아동만의 독특한 생각과 정서, 관점
을 담고 있어야 한다는 것이다. 사람과 사물, 자연을 바라보는 개성 있는 시선과
생활에서 경험하는 다양한 감정과 느낌이 솔직하면서도 재치 있는 시어들로 표현
된 동시는 아동의 시적 상상력과 창의성을 키워 주고, 삶에 대한 통찰과 깨달음을
얻게 해 준다.

3. 동시의 유형

동시의 유형은 형식, 내용, 소재에 따라 구분되는데, 형식에 따라서는 정형동
시, 자유동시, 산문동시로 분류되고, 내용에 따라서는 서정동시, 서사동시로 분류
된다. 소재에 따라서는 식물, 동물, 자연현상, 가족, 일상생활에 대한 동시 등으로
구분된다.

1) 형식에 따른 분류

(1) 정형동시

정형동시는 글자 수나 행의 수가 정해져 있는 동시로, 운율이 겉으로 드러나는 외형률을 띤다. 음악성이 강하여 동요로 만들어진 경우가 많다. 4·3조나 4·4조, 7·5조 형식이 일반적이다. 시의 표현에서는 비유나 상징, 은유보다는 직설적이고 직접적인 표현이 많다. 내용과 시적 이미지에 따라 좀 더 자유로운 형태를 취하기도 한다.

더 알아보기　**4·3조로 된 정형동시의 예**

누가 누가 잠자나

목일신

넓고 넓은 밤 하늘에　　　　깊고 깊은 숲 속에선
누가 누가 잠자나　　　　　누가 누가 잠자나
하늘나라 아기별이　　　　　산새들이 모여 앉아
깜빡깜빡 잠자지.　　　　　　꼬박꼬박 잠자지.

(2) 자유동시

자유동시는 정형적인 글자 수나 행 수, 운율에 구애받지 않고 자유롭게 쓴 동시다. 겉으로 명확하게 리듬이 드러나지는 않지만 내용이나 언어의 배치를 통해 느낄 수 있는 잠재적인 운율인 내재율을 띤다. 1930년대 박목월, 김영일 등에 의해 처음 시도되었으며, 오늘날 가장 많이 창작되고 있다(임원재, 2000).

(3) 산문동시

산문동시는 리듬이나 형식에 구애받지 않고 행을 구분하지 않은 채 산문 형식으로 쓴 동시로, 리듬의 단위가 문장이나 문단에 있다. 산문과 달리 음악성, 상징성, 함축성을 갖추고 있으며, 대상을 시화하여 서정적으로 묘사하는 것이 특징이다. 비교적 최근에 시도된 형식이다.

더 알아보기　**산문동시의 예**

살구나무 새순에

노원호

살구나무 새순에 봄빛이 묻어 있다. 껍질 속에 갇혀 있던 파란 빛깔 집어 들고 마당가 한 귀퉁이에 우뚝 선 살구나무

〈이하 생략〉

2) 내용에 따른 분류

(1) 서정동시

서정동시는 개인의 감정이나 정서, 생각을 주관적으로 자유롭게 표현한 동시다. 아동이 좋아하고 잘 알려진 짤막한 동시들은 대부분 서정동시에 속한다.

(2) 서사동시

서사동시는 신화나 전설, 역사적 사건, 영웅 이야기 등을 소재로 하여 사실을 바탕으로 쓴 동시다. 대표적인 서사시로는 서양의 「일리아드」와 「오디세이」, 우리나라 이규보의 「동명왕편」 등이 있다. 서사동시는 주로 민담과 같이 잘 알려진 이야기를 운율과 리듬을 살려 쓴 경우가 많다.

3) 소재에 따른 분류

동시는 소재에 따라 식물에 관한 동시, 동물에 관한 동시, 자연현상에 관한 동시, 가족에 관한 동시, 일상생활에 관한 동시 등으로 나눌 수 있다. 식물에 관한 동시는 꽃과 씨, 나무 등을 다루고, 동물에 관한 동시는 개미, 달팽이, 다람쥐 등 친숙한 곤충과 동물을 다루며, 자연현상에 관한 동시는 이슬, 바람, 구름, 비, 번개 등을 소재로 한다. 가족에 관한 동시는 동생, 엄마, 아빠, 할머니, 할아버지 등 식구들과의 생활과 사랑에 대해 다루고, 일상생활에 관한 동시에서는 주로 친구나 학교 이야기 등을 소재로 한다. 최근에는 좀 더 다양한 소재의 동시들이 발표되고, 음식을 다룬 안도현 시인의 『냠냠』, 한자를 다룬 최명란 시인의 『하늘天 따地』, 숫자를 다룬 함기석 시인의 『숫자 벌레』 등 같은 소재의 동시를 묶은 동시집도 출간되고 있다.

4. 동시의 기능

문학작품 중 동시는 언어감각과 문학적 상상력을 키워 주고, 아동의 정서를 풍부하게 하며, 인간과 자연을 사랑하는 마음을 갖게 하는 기능을 한다.

> 우리말의 재미를 느끼게 하고 언어감각을 키워 준다

동시는 짧고 간결해야 하며 리듬감과 운율을 살려야 하므로 한 단어 한 단어 심혈을 기울여 고르고 조합한다. 이런 과정을 거쳐 만들어진 좋은 동시에는 우리말의 재미와 멋, 아름다움이 풍부하게 담겨 있다. 특히 외형률이 살아 있는 정형동시나 각운과 두운, 단어 쪼개고 합치기 등을 활용한 말놀이 동시, 의성어, 의태어가 풍부하게 들어 있는 동시들은 소리 내어 읽는 재미를 줄 뿐 아니라 언어에 대한 감각과 감수성을 키워 준다.

> **더 알아보기**　**언어감각을 키워 주는 동시의 예**
>
> ### 감자꽃
>
> 권태응
>
> | 자주꽃 핀건 | 하얀꽃 핀건 |
> |---|---|
> | 자주 감자 | 하얀 감자 |
> | 파보나마나 | 파보나마나 |
> | 자주 감자 | 하얀 감자 |
>
>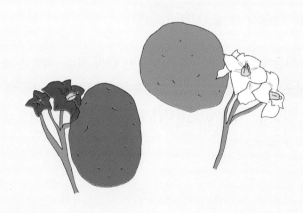

문학적 상상력과 창의성, 관찰력을 길러 준다

동시는 비유와 상징을 통해 말하고자 하는 바를 생생하면서도 함축적으로 보여 준다. 이러한 비유와 상징, 의인화 등은 아동의 문학적 상상력을 자극하고 주변 사물이나 현상을 날카롭고 신선한 시각으로 바라보게 함으로써 관찰력과 창의성을 길러 준다.

정서를 풍부하게 하고 통찰력을 기르도록 도와준다

동시는 짧은 글 속에 기쁨과 슬픔, 두려움, 감동 등 다양한 감정을 담아내어 정서를 풍부하게 하고 자신의 감정을 자연스럽게 표현할 수 있도록 도와준다. 또한 자신과 타인의 삶, 사물과 자연의 이치 등을 면밀하게 들여다보게 함으로써 세상에 대한 통찰력을 길러 준다.

인간과 자연을 사랑하는 마음을 갖게 한다

동시에는 인간과 자연을 사랑하는 마음이 담겨 있다. 시인은 소외되고 힘없는 이웃들, 길모퉁이에 핀 들꽃과 작은 곤충들까지, 사랑과 애정을 가지고 바라본다. 동시를 읽는 아동은 자연스럽게 시인의 마음으로 인간과 자연을 바라보며 사랑하는 마음을 갖게 된다.

5. 동시의 활용

아동이 시를 사랑하게 하려면 아동을 시에 얼마나 노출시키느냐가 중요하다.

시를 사랑하는 것은 타고나는 것이 아니라 만들어지는 것이다(김세희, 2000). 그러므로 좋은 동시를 선별하여 큰 소리로 자주 읽어 주고, 재미난 활동으로 이어지게 한다면 아동은 자연스럽게 동시를 좋아하고 동시와 친숙하게 된다. 유아들은 동물이나 사물에 관한 시, 공통적인 경험을 다룬 시, 반복되는 리듬을 가진 시, 의성어나 의태어 등의 재미있는 소리가 포함되어 있는 시, 유아 자신의 이야기를 담은 시, 추상적 관념보다는 행동을 묘사한 시, 즐길 수 있는 구체적인 이야기나 반복되는 특이한 운율과 리듬을 지닌 시, 긴 시보다는 짧은 시를 좋아한다(강성화, 김경희, 2003).

동시를 활용한 활동으로는 동시 읽고 동시화 그리기, 관심 있는 소재로 동시 지어 보기, 동시 주인공에게 편지 쓰기, 친구들과 동시집 만들기, 동시 읽고 몸으로 느낌 표현해 보기, 동시로 만든 노래 감상하기 등이 있다. 나이가 많은 아동을 대상으로 한다면 『넉 점 반』『시리동동 거미동동』과 같은 시 그림책을 감상하고, 자기가 좋아하는 동시를 활용하여 그림책을 만들어 보는 것도 흥미로울 것이다. 동시는 주제가 다양하고 짧기 때문에 그날의 날씨나 교육 주제 등에 맞는 문학작품을 선택하여 읽음으로써 활동에 대한 아동의 관심을 유발하는 데 활용해도 좋다.

동시화를 그리는 모습

 참고문헌

강성화, 김경희(2003). 유아문학교육 이론과 실제. 서울: 동문사.

김경화(2008). 동시를 통한 문학적 접근이 유아의 어휘력 및 이야기 구성력에 미치는 영향. 경남대학교 대학원 석사학위논문.

김세희(2000). 유아교사를 위한 유아문학교육. 경기: 양서원.

노운서, 노명희, 김명화, 백미열(2013). 아동문학. 경기: 양서원.

선주원(2013). 교육과정 개정에 따른 아동문학교육론. 서울: 박이정.

유창근(1999). 동시창작 12강. 서울: 학지사.

이성은(2003). 아동문학교육. 서울: 교육과학사.

임성규(2008). 초등 문학교육의 담론과 아동문학의 지평. 서울: 한국문화사.

임원재(2000). 아동문학교육론. 서울: 신원문화사.

본문에 실린 아동문학 작품

남남   안도현 시, 설은영 그림. 비룡소. 2010.

넉 점 반   윤석중 시, 이영경 그림. 창비. 2004.

숫자 벌레   함기석 시, 송희진 그림. 비룡소. 2011.

시리동동 거미동동   제주도 꼬리따기노래, 권윤덕 그림. 창비. 2003.

최승호 시인의 말놀이 동시집   최승호 시, 윤정주 그림. 비룡소. 2005.

하늘天 따地   최명란 시, 김선배 그림. 비룡소. 2007.

3 P·A·R·T
아동문학의 교육적 활용

Chapter

10

아동문학활동의
계획

아동문학활동을 지도하기 위해서는 먼저 문학활동을 계획함으로써 이를 실행할 방법을 구체화시켜야 한다. 문학활동에 사용될 도서 선정 시 교사의 역할, 문학활동 계획 시 교사의 역할 그리고 문학활동을 위한 환경구성과 매체활용 등의 내용이 아동문학활동의 계획에 포함되어야 한다. 따라서 이 장에서는 아동문학활동의 계획을 위한 교사의 역할, 환경구성, 매체활용에 대해 살펴보고자 한다.

1. 아동문학활동의 계획과 교사의 역할

아동문학활동의 계획과 교사의 역할에서는 활동을 위한 도서 선정, 활동의 계획과 운영에서의 교사 역할에 관한 내용을 중심으로 살펴본다.

1) 아동문학활동 지도를 위한 도서 선정과 교사의 역할

아동문학활동 지도를 위해 교사는 질적으로 높은 수준의 책을 선정하고, 각각의 책이 영유아의 발달에 어떻게 도움이 될 수 있을지 파악할 필요가 있다. 영유아를 대상으로 문학활동을 지도하기 위해 어떠한 책이 교육활동에 적합한지를 미리 파악하고 이에 대한 정보를 탐색하는 것은 교사들에게 매우 유용하므로 고전부터 신간에 이르기까지 다양한 아동문학작품에 지속적으로 관심을 기울일 필요가 있다. 아동문학 평론집, 아동문학 관련 월간 잡지, 학부모의 블로그나 작가의 홈페이지, 아동용 도서 전문출판사의 홈페이지, 일간지의 어린이 도서 신간 안내 등 다양한 정보원을 참고하여 질적으로 우수한 책에 대한 정보를 미리 수집해 두는 것이 중요하다(공인숙 외, 2013).

비룡소 출판사 홈페이지

시공주니어 홈페이지

국립어린이청소년도서관 홈페이지

자료실에서 그림책을 고르는 교사

교실에서는 이렇게 **아동문학활동 지도를 위한 도서 선정 기준**

- 영유아가 책장을 넘기기 편리하도록 책 표지와 책장이 두껍고 튼튼한 책을 선정한다. 표지는 두꺼우면서 닦을 수 있는 재료가 좋으며, 책을 펼쳤을 때 부드럽고 평평한 것이 좋다.
- 영유아에게 새롭고 흥미로운 단어가 포함된 도서를 선정하여 단어의 의미를 말해 주고, 이야기를 읽고 난 후 그 단어들을 사용한다.
- 영유아의 대화 주제를 파악하여 영유아의 관심사가 포함된 도서를 선정한다. 영유아의 관심사에 따라 미리 선정해 둔 도서가 적절하지 않을 수 있으므로 예비 도서도 준비해 둔다.

출처: 공인숙 외(2013); 이대균, 백경순, 송정원, 이현정(2014).

2) 아동문학활동의 계획 및 운영과 교사의 역할

영유아를 대상으로 문학활동을 계획하고 이를 운영할 경우 교사의 역할이 중요하다. 영유아를 중심으로 문학활동이 진행될 수 있도록 문학작품을 미리 선정해 두거나 영유아의 관심사를 미리 파악하여 관련 자료를 준비할 필요가 있다.

(1) 아동문학활동의 계획과 교사의 역할

아동문학을 중심으로 영유아를 위한 교육활동을 계획할 경우 몇 가지 대표적인 방식이 사용되는데, 교사는 이러한 방식 중 선택하여 아동문학활동을 계획할 필요가 있다(Sawyer, 2000). 첫째, 문학 웹(literature web) 모형으로 영유아와 탐구하고 싶은 특정 주제를 먼저 결정하고 그 주제를 중심으로 구체적인 동시, 동요, 손유희, 이야기 등을 계획하는 방식이다. 해당 주제를 가운데에 제시하고, 이를 중심으로 활동별로 삼각형, 사각형, 원 등의 기호로 구분하여 도표 형태로 구성하는 방식으로 제목, 작가, 출판연도 등 중요 정보도 함께 표시한다.

둘째, 단일 책 확장 교육과정 웹(single-book extension-curriculum web; single-book cross-curriculum web) 모형으로 한 권의 책을 이용하여 영역별 교육활동을 계획하는 방식이다. 선정한 책의 제목과 정보를 가운데에 원형으로 배치하고, 책의 주제, 내용, 등장인물, 배경 등과 관련된 활동을 바깥쪽에 배치하는 방식이다.

셋째, 통합적 교육과정 웹(integrated-curriculum web) 모형으로 본격적으로 통합 교육활동 계획을 수립하기 위한 방식이다. 특정 주제를 중심으로 언어, 수학, 과학, 미술, 음악 등의 영역별 활동이 계획되고, 문학영역에서는 해당 주제와 관련된 전래동화나 정보동화가 활용된다(공인숙 외, 2013).

문학활동을 위해 주제망을 작성하는 모습

문학활동 중인 모습

(2) 아동문학활동의 운영과 교사의 역할

교사가 아동문학활동을 계획하고 나면 실제로 활동을 어떻게 운영할 것인지를 고려해야 한다. 먼저, 영유아에게 책을 어떤 방법으로 읽어 줄 것인지를 결정해야 한다. 영유아에게 책을 읽어 줄 방법을 결정할 때 가장 중요한 고려사항은 영유아의 관심을 유지하는 것이다. 교사가 영유아에 대한 정보, 즉 유머 감각, 상식 등을 많이 알고 있을수록 책 읽기 시간을 효율적으로 운영할 수 있다.

영유아교육기관에서 나이 어린 영아들을 위해 아동문학활동을 운영할 경우 교육활동시간 이외에도 낮잠 시간, 수유 시간, 간식 시간을 이용하여 간단한 이야기를 들려준다. 이러한 활동을 통해 하루에 여러 번 영아와 일대일로, 또는 두세 명의 영아와 함께 이야기를 나누거나 책을 읽어 주는 시간을 가진다(Sawyer, 2000).

아동문학활동의 운영에서 중요한 교사의 역할 중 하나는 책을 읽어 주는 장소를 선정하는 것이다. 기본적으로는 소음이 적게 발생하는 조용한 공간에서 책을

 **아동문학활동 지도 시 교사의 역할**

- 책을 읽어 주는 연습을 통해 자신의 목소리가 극적인지, 높낮이와 속도, 크기는 알맞은지, 설명이나 질문할 시기가 언제인지 미리 파악해 둔다.
- 목소리, 표정, 몸짓을 적절하게 사용하여 이야기를 들려줌으로써 영유아가 메시지를 전달하는 방법을 이해하도록 돕는다.
- 책의 등장인물과 배경을 효과적으로 표현하기 위해 다양한 의상과 소품을 미리 준비한다.
- 책을 읽어 주는 동안 영유아가 책의 내용에 대해 질문하고 교사가 대답해 줌으로써 교사와 영유아, 영유아와 영유아 간의 의사소통을 장려한다.
- 책을 읽어 주는 동안 영유아가 책 읽기에 집중하도록 유도하되, 움직이지 않고 앉아서 조용히 듣도록 강요하지는 않는다.

읽어 주고, 매트, 소파, 쿠션 등을 책 읽는 장소에 비치하여 편안하고 안락한 읽기 공간을 마련해 준다. 연령이 높은 유아의 경우에는 놀이집에 도서영역을 마련하여 자유롭게 책을 읽도록 한다.

2. 아동문학활동의 계획과 환경구성

영유아는 환경구성에 따라 문학활동을 활성화시킨다. 문학활동 지도를 위한 환경은 영유아의 읽기 및 쓰기 행동을 탐구하도록 돕고, 자신을 둘러싼 세상에 대한 의미를 발견하도록 도와준다. 아동문학활동을 지도하기 위한 환경을 준비할 때 영유아가 연령별로 선호하는 그림 이야기책의 특성, 언어, 유머, 흥미 등을 파악하여 그에 적합한 도서영역 환경을 준비해야 한다(고문숙 외, 2013; Sawyer & Comer, 1996).

더 알아보기　　**도서영역의 환경구성 원리**

영유아교육기관에서 도서영역은 언어영역의 일부로 배치하거나, 별도로 분리하여 배치한다. 적절하고 풍부한 도서영역의 구성은 영유아가 책과 상호작용하면서 책에 대한 즐거움을 경험해 보는 기회를 제공하므로 다음과 같은 원리를 고려하여 환경을 구성할 필요가 있다.
- 영유아의 활동성을 고려하여 충분한 공간을 확보한다.
- 영유아가 책과 문학작품에 흥미를 가지도록 환경을 구성한다.
- 다른 영역의 활동과 연계되도록 공간을 배치한다.

출처: 김현희, 박상희(2008); 심성경 외(2003).

1) 영아를 위한 도서영역

영아의 신체적 특징을 고려하여 공간을 구성한다

영아는 교사의 무릎에 앉거나 기어 다니거나 걸어 다니는 등 다양한 자세로 책을 보므로 편안한 의자나 쿠션, 매트, 푹신한 인형 등을 마련하여 편안한 자세로 책을 보도록 해 준다. 더불어 영아가 좋아하는 아기 사진이나 그림, 안전거울을 영아의 눈높이에 맞게 제시하여 호기심을 자극한다(심성경 외, 2003).

영아의 흥미와 안전을 고려하여 공간을 구성한다

영아를 위한 도서영역은 영아의 흥미를 끌 수 있는 장소여야 하며, 안전이 확보되어야 한다. 흥미로운 승용 장난감이나 곰인형 등을 비치해 영아의 호기심을 유도하고, 흔들의자를 비치해 교사가 영아에게 책을 읽어 주는 것도 효과적이다.

영아의 오감을 자극하는 다양한 책을 비치한다

영아의 오감을 자극하는 책을 선택하여 비치한다. 예를 들어, 따뜻함과 푹신함이 느껴지는 헝겊책, 물에 젖지 않는 비닐책, 그림 조각을 떼었다 붙일 수 있는 퍼즐책, 책을 열면 물체가 튀어나오는 팝업북 등을 제공한다.

영아의 상상력을 자극하도록 소품을 비치한다

모빌, 벽걸이, 부드러운 인형을 도서영역에 비치하고, 두꺼운 종이상자를 이용해 이야기와 관련된 차, 보트, 기차를 만들어 비치한다. 도서영역에 비치된 그림책 속에 등장하는 인물과 같은 인형이나 물건을 함께 비치하여 영아가 그림책과 친숙해지도록 한다(고문숙 외, 2013).

영아반 도서영역

유아반 도서영역

2) 유아를 위한 도서영역

유아의 창의성을 자극하도록 공간을 구성한다

도서영역에서 유아는 책을 읽고 난 후 책의 내용을 재창작하거나 재구성하기도 한다. 따라서 도서영역에는 유아들이 스스로 문학활동을 할 수 있는 간단한 소품을 비치해 두는 것이 바람직하다. 교사는 유아가 책과 창의적으로 상호작용하고 도서영역의 환경을 자유롭게 변경할 수 있도록 융통성 있게 구성한다.

유아의 발달수준을 고려한 다양한 종류의 책을 비치한다

유아의 발달수준을 고려하여 그림책, 동시, 전래동화, 정보동화, 환상동화 등 다양한 유형의 책을 도서영역에 비치한다. 아직 글자를 읽지 못하는 유아를 위해 그림만 있거나 그림 위주로 된 책, 문장이나 단어가 반복적으로 제시되어 내용이 예측 가능한 책 등을 비치한다.

교사와 유아가 함께 도서영역을 구성한다

유아를 대상으로 한 도서영역의 구성은 영역을 계획하고 구성하고 변경하는 모든 활동을 교사와 유아가 함께 수행하는 것이 좋다. 도서영역에 어떤 책을, 어디에, 어떤 방식으로 비치할 것인지에 관해 의논하고 결정하는 과정에서 유아가 환경에 관심을 갖도록 한다. 환상동화를 읽고 나서 교사와 유아가 함께 환상동화에 등장한 배경을 도서영역에 꾸밀 수 있는데, 이처럼 도서영역의 창의적인 배경은 문학활동을 활성화시키는 중요한 기능을 한다(고문숙 외, 2013).

다양한 읽기 자료를 도서영역에 비치한다

유아의 경우 도서영역에 책만 제공하기보다는 교사나 유아가 제작한 그림사전, 그림동화, 단어카드, 친구들의 사진과 이름이 적힌 카드, 그림 자료, 글자 자료 등 다양한 읽기 자료를 제공하는 것이 좋다.

다양한 소품을 도서영역에 비치한다

유아를 위한 도서영역에는 책과 함께 녹음기와 녹음테이프, 자석판 또는 융판, 인형 등 책읽기 활동을 확장시키는 다양한 소품을 비치한다. 교사가 도서영역에 그림책과 함께 책의 내용을 녹음한 테이프, 녹음기, 헤드폰을 제공하면, 유아가 성인의 도움 없이 스스로 책을 읽고, 문어와 구어의 관련성을 이해하게 된다. 교사가 대집단의 유아를 위해 자석ㆍ융판동화를 도서영역에 비치해 두면, 유아는 개별적 또는 소집단으로 자석ㆍ융판동화의 내용을 재구성해 보는 기회를 가진다 (심성경 외, 2003).

교실에서는 이렇게　　　**도서영역의 물리적 환경 구성**

- 소음이 적게 발생하며, 조용하고 아늑한 곳에 배치한다.
- 보육실의 출입문에서 멀리 떨어져 있는 곳에 배치한다.
- 블록영역, 소꿉영역과 같이 소란스럽고 혼란스러운 영역과 분리해서 배치한다.
- 자연광이 들어오는 창문 옆이 좋으며, 어둡지 않게 인공조명 등을 준비한다.
- 벽, 칸막이 등을 이용하여 ㄷ자 형태로 구성하여 닫힌 느낌을 갖도록 한다.
- 천장에는 천으로 만든 커튼을 달아 편안함과 안정된 분위기를 제공한다.

출처: 심성경 외(2003).

교실에서는 이렇게   도서영역의 책 전시방법

• 영유아가 편리하게 책을 볼 수 있도록 눈높이에 맞는 책꽂이에 책을 전시한다.
• 겉표지의 전면이 보이도록 전시하여 책의 내용에 대한 시각적 단서를 제공한다.
• 영유아가 다양한 책을 선택할 수 있도록 책의 주제와 장르를 구분하여 전시한다.
• 새로운 책을 소개하는 코너 등 다양한 방법으로 책을 전시한다.

출처: 김현희, 박상희(2008); 심성경 외(2003).

3. 아동문학활동의 계획과 매체 활용

1) 매체 활용의 필요성과 고려사항

아동문학의 독자인 영유아의 발달단계상 특성을 고려하여 아동문학활동을 지도하기 위해 다양한 매체를 활용한다. 영유아는 아동문학의 내용을 상징적이고 이미지 중심적으로 인식하므로 문자언어만으로 책의 내용을 전달하기에는 한계가 있다. 혼자서 책을 읽기 어려운 영유아를 위해서는 책의 내용을 효과적으로 전달해 줄 수단이 필요하다. 또한 영유아교육기관에서 대집단의 영유아를 대상으로 문학활동을 실시할 경우 낱권의 책은 효과적이지 못하다. 이러한 이유로 최근에는 영유아에게 문학작품의 내용을 효과적으로 전달하기 위해 다양한 교육공학 매체가 활용되고 있다. 교사는 아동문학의 장르와 내용, 특성을 고려하여 이를 전달하기에 가장 적절한 매체를 선택할 필요가 있다.

책만으로 전달하는 것과 달리 다양한 매체를 사용해 문학작품을 전달하는 것은 영유아에게 새로운 경험을 제공한다는 점에서 효과적이다. 영유아는 매체에 의한 경험을 통해 이야기에 대한 흥미와 즐거움을 더 많이 느끼고, 시각, 청각, 촉각 등에 동시에 의존하여 책의 내용을 접하게 된다. 또한 한 번 활용된 매체를 이후 스스로 활용해 보는 추후 활동을 실시하여 언어적 상호작용의 기회를 가질 경우, 매체를 활용한 문학활동은 다양한 교육적 가치를 가진다.

영유아를 대상으로 문학활동을 지도할 경우 다양한 매체를 활용하기만 한다고 해서 효과가 있는 것은 아니므로, 개별 문학작품의 특성에 적합한 방식으로 매체를 활용해야 한다. 아동문학활동 지도에서 매체는 수단일 뿐이므로 교사는 문학작품의 질과 교수방법의 질 그리고 문학작품을 통해 영유아가 획득할 수 있는 경험과 사고의 질적 측면을 더 중요하게 고려해야 한다.

> **더 알아보기** **문학작품 전달매체 선택 시 고려사항**
>
> • 문학작품을 전달하기 위해 매체를 활용할 경우 개별 문학작품의 내용과 특성에 적절한 매체를 선택하는 것이 중요하다.
> • 문학작품을 전달하기 위해 매체를 활용할 경우 원작이 질적으로 우수한 문학작품을 선택하는 것은 의미가 있다.
> • 반복된 연습과 훈련을 통해 교사가 능숙하게 실연함으로써 효과적으로 전달매체를 활용한다.
> • 교사는 견고하게 제작된 매체로 작품을 실연한 후 영유아가 직접 전달매체를 사용해 볼 수 있도록 흥미영역에 배치한다.
> • 원작의 질을 유지함과 동시에 관중인 영유아가 원작인 책에 대해 흥미를 갖도록 하는 전달매체를 선택한다.

출처: 김세희, 박남숙(1999); Rickelman & Henk(1990).

2) 매체의 종류 및 특징

영유아는 문학활동에 활용되는 매체를 통해 문학을 색다르게 경험하고 해석할 수 있다. 영유아를 위해 책을 보여 주거나 책 이외의 방법으로 문학을 전달할 때 유용하게 사용되는 매체의 종류와 특징은 다음과 같다.

(1) 그림동화

그림동화는 그림책 등 문학작품의 이야기를 그림으로 표현하여 전달하는 방법이다. 자료의 제작방법에 따라 낱장 그림동화, TV동화, OHP동화, 융판동화, 자석동화로 구분된다.

① 낱장 그림동화

낱장 그림동화는 동화의 장면을 낱장 그림으로 그려서 교사의 무릎이나 책상위에 세우고 한 장씩 뒤로 넘기면서 이야기를 전달하는 그림동화의 종류다. 낱장그림동화는 책의 내용에서 선정한 그림을 크게 제작하여 보여 주며 이야기를 들려주는 방식이다. 대집단 활동에서 큰 책을 사용하면 많은 영유아가 참여할 수 있으므로 교실에서 대집단 활동을 할 경우 일반 판형의 그림책보다 크기가 큰 책이적절하다. 일반 판형의 그림책은 대집단 활동에 이용하기에는 크기가 작을 뿐 아니라 교사가 페이지를 넘기며 보여 주기도 어려우므로, 영유아교육기관에서는 그림책을 확대하여 제작하는 낱장 그림동화를 많이 활용한다.

그림책 원본의 그림을 따라서 그리거나 원본을 확대복사하여 채색하더라도 전문삽화가 작품만큼 완성도가 높은 그림으로 제작하기는 어려우며, 낱장 그림동화는 형식이 단순하여 영유아의 흥미가 낮다는 단점이 있다.

낱장 그림동화를 제작할 때는 사전에 책의 내용을 파악하여 장면을 선택하고, 그림의 재료도 결정해야 한다. 집단의 크기를 고려하여 8절 이상 4절 이하 정도의 너무 얇지 않은 종이를 선택하고, 영유아의 발달수준을 고려하여 전체 장수를 15~20장 정도로 한다(공인숙 외, 2013).

영유아에게 그림을 보여 주며 들려줄 이야기는 다음 장의 뒷면에 적어 놓아야편리하므로 마지막 장의 뒷면에 제목 등의 도입 내용을, 표지의 뒷면에 첫 장의 내용을, 두 번째 장에 첫 번째 장의 내용을 적어 두고, 번호도 순서대로 표시한다.

② TV동화

TV동화는 두껍지 않아 말릴 수 있는 종이에 장면의 순서대로 그림을 그려 붙인 다음, 막대에 고정시켜서 TV동화 틀에 끼우고 그림을 좌우나 상하로 감으면서 들려주는 그림동화다. 낱장의 그림을 넘겨 주며 활용하는 낱장 그림동화에 비해 시각적으로 몰입이 잘되고, 두루마리 기법으로 돌릴 수 있어 편리하게 활용할 수 있는 장점이 있다. TV동화는 사건의 연속성이 강조되거나, 배경이 중요한 이야기를 들려주는 데 적절하다.

낱장 그림동화

TV동화

③ OHP동화

OHP동화는 오버헤드 프로젝터(over head projector)를 이용해 책의 내용을 시각적으로 표현하는 그림동화의 종류다. OHP필름은 색이 그대로 투영되므로 색상이 아름답게 표현된 그림책을 보여 주기에 적절하며, 그림의 일부를 가리거나 필름을 여러 장 겹쳐서 제시할 수 있다.

그림책 위에 OHP필름을 올려놓고 따라 그릴 수 있어서 제작이 편리하고, 색을 칠하거나 컬러 시트를 붙일 수 있으며, 그림책을 직접 OHP필름에 컬러복사하여 사용할 수 있다. 스크린에 자료를 확대하여 볼 수 있어 대집단의 영유아가 함께 볼 수 있다는 장점이 있다. 그림의 방향이 바뀌지 않도록 특정 위치에 번호를 표시해 두고, OHP필름이 서로 붙지 않도록 흰 종이를 OHP필름 사이에 끼워 주며, 필름을 틀에 끼워 보관한다.

> **더 알아보기   슬라이드 동화**
>
> 그림책을 슬라이드 필름으로 찍어 현상한 뒤 슬라이드 프로젝터를 통해 확대 및 영사하여 보여 주는 그림동화의 한 종류다. 작은 크기의 그림책을 대집단에게 보여 줄 경우나 원작의 그림을 그대로 확대하여 보여 줄 경우 효과적인 방법이다. 그림책의 그림을 전부 또는 일부 선택하여 사진으로 촬영하여 현상한 후 필름을 순서대로 배열한다. 완성된 슬라이드의 하단 우측에 화면 번호를 기입하고, 슬라이드 상자에 넣어 보관한다.
>
> 출처: 심성경 외(2008).

④ 융판동화

융판동화는 융판 자료를 융판 위에 붙이거나 떼면서 이야기를 들려주는 방법이다. 융판은 하드보드지나 베니어판 위에 융이나 약간의 보풀이 있는 헝겊을 씌워서 만든 판이며, 그림, 사진, 부직포 등으로 만든 자료 뒤에 벨크로와 같은 접착 재료를 붙여서 융판 자료를 제작한다.

융판동화는 영유아교육기관에서 가장 보편적으로 활용하는 매체로 이야기 나누기나 동화 감상을 위해 주로 사용되고, 이야기의 진행에 따라 순차적으로 융판 자료를 제시할 수 있기 때문에 단어나 문장 표현을 쉽게 배울 수 있다. 또한 융판 자료를 배경판에 쉽게 붙였다 떼었다 할 수 있기 때문에 상황에 따라 자료의 일부를 줄이거나 첨가하여 영유아의 이해를 도울 수 있다.

융판동화

더 알아보기   **융판동화 활용 시 유의사항**

• 구나 문장이 하나씩 첨가되는 누적적인 이야기 구성이 가장 적당하므로 등장인
  물이나 사물을 하나씩 추가하여 붙이는 방식으로 이야기를 진행한다.
• 섬세하게 묘사된 그림이 원래의 문학작품에서 중요한 비중을 차지하는 동화는
  융판으로 그림의 세부사항을 표현하기 어려우므로 적절하지 않다.
• 등장인물의 수가 제한되어 있고 배경이 중요하지 않으며 사건이 분명하면서도
  간단한 이야기가 적당하다.
• 유머가 있으면서 쉽게 기억할 수 있는 이야기가 적당하다.

출처: 김현희, 박상희(2008).

⑤ 자석동화

자석동화는 자석판에 자석 자료를 붙이면서 이야기를 들려주는 방법이다. 자석 자료를 밀면서 이동할 수 있어서 자연스러운 이동을 표현할 수 있고 자료를 겹칠 수 있으므로 융판에 비해 더 다양한 표현이 가능하다. 또한 자석판 대신 아크릴판을 이용하면 자석 자료를 아크릴판 뒤에서 조정할 수도 있다. 자석을 붙이는 배경판으로는 시트지를 씌운 함석판을 사용한다. 그림조각은 모든 영유아가 보기 적절한 크기로 만들어 뒷면에 번호를 적어 두며, 보관하는 봉투에 전체 조각의 수를 표시해 둔다.

더 알아보기   **앞치마동화**

앞치마동화는 융판 대신 부직포로 만든 앞치마를 입고, 융판 자료를 앞치마에 붙여 가며 이야기를 들려주는 그림동화의 종류다. 앞치마동화는 융판동화에 비해 장소에 구애받지 않고 어디서나 동화를 들려줄 수 있으며 영유아의 주의집중 정도가 높은 것이 장점이며, 앞치마의 주머니에 그림 조각을 넣어 두었다가 꺼내어 사용하면 편리하다.

출처: 이대균 외(2014).

앞치마동화

(2) 인형극

인형은 영유아가 가장 쉽게 접하며 친밀감을 느끼는 매체로 언어발달에 좋은 자극이 된다. 인형극은 인형을 이용하여 극놀이를 하는 것으로, 언어뿐 아니라 미술, 음악, 동작 등이 통합적으로 사용되어 다양한 즐거움과 경험을 제공한다.

인형은 처음에는 주술적인 의미로 질병이나 재난으로부터 벗어나기 위해 인형을 만들어 불로 태운다든지, 개울에 떠내려 보내는 등의 의식적인 행위에 주로 활용되었다가 점차 영유아에게 친밀감을 느끼고 감정과 마음을 가진 의인화 존재로서 그들의 생활에 필요한 매체가 되었다. 인형극은 극화활동의 한 형태로 등장인물이 극의 성격에 적합하게 만들어진 인형에게 생명을 불어넣어 무대에서 연기하게 하는 활동이다. 즉, 인형극은 배우 대신 인형을 무대에 등장시켜 이를 사람이 조종, 연출하는 연극의 형태에 해당한다. 교실에서 영유아와 함께 사용할 수 있는 인형의 종류는 매우 다양한데, 줄 인형, 막대 인형, 손 인형, 손가락 인형 등이 대표적이다.

① 줄 인형

마리오네트(mario-nettes)라고 불리는 줄 인형은 인형의 위에서 줄이나 철사로 조종하는 인형이다. 각 인형마다 하나의 십자막대나 두 개의 막대를 사용하여 여러 줄을 연결시켜 입술, 눈동자, 눈썹의 움직임, 팔다리의 움직임, 춤추는 동작 등 섬세한 움직임을 표현할 수 있는 인형극의 형태다.

헝겊, 종이, 나무 등이 인형의 재료로 사용되며, 조종하고 싶은 몸의 부분들을 막대로 분리하여 할핀 등으로 고정시키고, 투명한 줄을 달아 인형의 머리 위 막대와 연결한다. 줄 인형을 제시할 때는 막대가 보이지 않도록 무대의 위를 가리는 것이 일반적이지만, 교사의 인형 조작과정을 영유아에게 보여 주면서 영유아의 반응을 확인할 수도 있다. 줄 인형을 조종할 때는 조종하는 막대를 수평으로 잡은 다음 위에서부터 내리고, 발이 허공에 뜨거나 너무 아래로 내려와 무릎이 꺾이지 않도록 자세를 유지하면서 조종한다(성미영, 권윤정, 유주연, 2015).

② 막대 인형

막대 인형은 가장 단순한 형태의 인형으로 평면이나 입체로 된 인형의 사이 또는 뒤에 막대를 연결하여, 막대를 잡고 이야기 진행에 따라 앞, 뒤, 좌, 우로 움직이거나 흔들어 조작하는 인형극이다. 막대 인형은 종이나 헝겊으로 만든 인형에 막대를 붙인 다음 막대를 잡고 조작하게 되는데, 그림, 과일, 야채 등 다양한 물건에 막대를 끼워 사용할 수 있으며, 제작과 활용이 쉬워 연령이 낮은 영유아도 직접 조작할 수 있다.

더 알아보기 | **재료에 따른 막대 인형의 종류**

- 접시 인형: 두 장의 종이접시를 붙여서 등장인물을 꾸민 다음 나무젓가락을 테이프로 감아 종이접시 뒤쪽에 고정시켜 만든 막대 인형
- 그림 인형: 그림을 그려 오린 후 아이스크림의 스틱막대나 나무스푼을 이용하여 그림 사이에 끼우고 풀을 붙여 만든 막대 인형
- 편지봉투 인형: 편지봉투에 등장인물을 꾸민 다음 막대를 끼워 봉투 끝에 테이프로 고정하여 만든 막대 인형
- 과일 인형: 등장인물의 특성에 적합한 과일을 선택하여 얼굴을 꾸미고 막대로 고정시켜 만든 막대 인형

출처: 이대균 외(2014).

③ 손 인형

손 인형은 장갑 인형이라고도 하며, 장갑 모양의 인형 속에 손을 집어넣어 조종하는 인형극이다. 손 인형은 인형이 말할 때 입을 움직여 열었다 닫았다 할 수 있도록 만들거나, 손의 움직임을 표현할 수 있도록 손에 손가락을 넣게 만든다. 또는 두 손을 사용하여 한 손은 인형의 입 역할을 하고 다른 한 손은 인형의 손이 되어 말하는 동작과 팔의 동작을 함께 하도록 만든다. 입을 움직이는 손 인형의 경우 인형의 말하는 행위에 집중하게 함으로써 주의 깊은 듣기를 촉진하고, 말하기에 문제가 있는 영유아의 경우 자신의 대행자로 동일시하여 자신의 의견이나 느낌을 손 인형을 통해 쉽게 표현할 수 있다.

> **더 알아보기** **재료에 따른 손 인형의 종류**
>
> • 양말 인형: 양말의 윗부분을 자르고 마분지 조각을 입 안의 아래, 위에 붙여 네 손가락을 윗부분에, 엄지손가락을 아랫부분에 넣어 만드는 인형
> • 헝겊 인형: 인형 속으로 손을 넣어 인형의 머리와 손·팔이 움직이는 인형
> • 상자 인형: 긴 직육면체 상자나 원통을 이용해서 만드는 인형
> • 장갑 인형: 두 개의 장갑으로 각각 가운데 손가락을 묶은 다음, 한 개의 장갑을 말아서 둥글게 하여 인형의 머리를 만들고, 묶여 있는 다른 장갑을 손에 끼어 가운데 손가락이 인형의 머리와 연결되도록 만드는 인형

출처: 이대균 외(2014).

④ 손가락 인형

손가락 인형은 이야기나 활동의 진행에 따라 인형을 손가락에 끼웠다 뺐다 혹은 붙였다 떼었다 하는 방식으로 조작하는 인형극이다. 조작이 매우 쉬워 영유아가 직접 제작하여 사용하기 좋고, 한 사람이 여러 역할을 할 수 있어 극화 활동에 효과적이다. 손가락 인형은 인형 그림에 띠만 덧대어 반지 모양으로 끼우거나 골무처럼 만들어 손가락에 씌울 수 있게 제작한다. 또는 손가락이 인형의 손이나 다리 역할을 하게 하여 움직임을 보여 주도록 제작할 수도 있다.

손가락 인형은 연출자의 손가락에 끼워 사용하는 것으로 골무처럼 각 손가락에 하나씩 끼우는 작은 것부터, 손가락이 인형의 손이나 다리 역할을 하는 것, 장갑의 형태로 만들어져 벨크로가 부착된 다른 인형을 붙였다 뗄 수 있는 것까지 그 형태가 다양하다. 손 인형과 손가락 인형은 인형극을 감상한 영유아 스스로 다시 시연해 볼 수 있어 극놀이에 활용된다.

⑤ 테이블 인형

테이블 위에서 인형극이 이루어지는 형태로 테이블 위에 배경들을 3차원적으로 제시하고 인형을 세워서 손으로 움직여 가면서 동화를 들려주는 인형극이다. 테이블 인형은 교사가 테이블 위에 인형을 세워 놓거나 움직이면서 극을 보여 줄 수 있다. 준비한 무대에 세워 놓기 위해 플라스틱 통, 빈 캔 등 재활용품에 그림을 붙여 만든다. 인형 밑에 이쑤시개와 같은 꼬챙이를 달아 스티로폼 무대에 꽂으면서 극을 보여 줄 수도 있다. 테이블 인형극을 하기 위해서는 무대의 뒷면을 배경으로 꾸민다.

⑥ 그림자 인형

그림자 인형은 빛에 의해 그림자가 생기는 원리를 이용하여 인형의 그림자를 스크린에 비추어 보여 주는 평면 인형극이다. 다른 인형극보다 상상력과 깊은 감정적인 호소력을 지니고 있는 것이 특징이며, 두꺼운 종이나 플라스틱판을 이용해서 인형을 제작하는 경우와 손으로 등장인물을 표현하는 경우가 있다.

(3) 미디어

전자기기의 발달과 대중적인 보급은 교육현장에도 많은 변화를 가져와 다양한 방식으로 활용되고 있다. 오디오, TV, 컴퓨터 등의 매체는 다양한 감각을 자극하여 영유아가 쉽게 흥미를 갖고 집중을 유지하도록 한다. 각 매체는 지식을 전달하는 고유의 특성을 가지는데, 책이 활자와 그림을 통해 사고의 기회를 제공한다면, TV는 시청각적인 방식으로 정보를 전달하므로 2차원의 표상을 제공한다. 또한 오디오 테이프를 들으며 책을 읽으면 청각적 이미지와 함께 영유아가 인쇄글자를 익히는 데 도움을 준다. 교육용 컴퓨터 게임이나 프로그램은 상호작용이 가능하여 영유아의 적극적 참여를 고취시킨다(성미영 외, 2015).

① 오디오

오디오는 청각적인 매체로 인식되기 쉬우나 아동문학작품의 내용을 효과적으로 전달하는 대표적인 매체로 듣기, 말하기, 읽기 영역에서 다양하게 활용된다. 동화책과 함께 판매되는 동화 오디오 자료를 이용해 영유아는 주의 깊은 듣기 활동을 하고, 자유롭게 장면을 상상해 보며, 책과 함께 사용하여 문해력을 발달시킨다. 판매되는 자료뿐 아니라 교사나 부모가 직접 동화를 읽고 이를 녹음하여 사용하면, 익숙하고 따뜻한 목소리를 통해 영유아가 안정감을 얻는다. 문학작품을 성인의 목소리로 녹음하여 제공하면 영유아가 반복적으로 들을 수 있어 외국에서는 우수한 문학작품을 전문 성우의 목소리로 녹음하여 오디오북으로도 제공하는 것이 일반화되어 있다. 오디오북은 이야기를 읽을 때의 경험을 재창조해 주므로 부모가 가정에서도 오디오북을 이용하면 영유아와 부모가 이야기 내용을 함께 공유할 수 있다(Sawyer, 2000).

② TV

TV는 인쇄 매체에 비해 화려한 색감과 동적인 느낌, 다양한 음향효과가 더해져 영유아에게 문학작품의 내용을 전달하는 데 매력적인 매체다. 동화를 원작 그대로 비디오로 만들거나, 동화의 내용을 재구성하여 교육용 프로그램으로 제작하거나, 문해 능력을 키우기 위한 체계적인 프로그램을 구성할 수 있다. TV는 영유아가 쉽게 몰입할 수 있는 반면, 상호작용은 불가능한 매체의 특성으로 인해 장시간 노출 시 소통의 부재로 인한 발달 문제가 발생할 수 있으므로 교사나 부모의 지도가 필요하다.

③ 컴퓨터

컴퓨터를 통한 언어활동은 주로 교육용 CD-ROM과 인터넷 사이트를 통해 이루어진다. 컴퓨터를 통한 언어지도는 게임 등을 활용하여 양방향적인 프로그램으로 이루어지므로 학습 동기를 고취시키고 소집단으로 참여할 경우 의사소통과 사회적 상호작용을 촉진시킨다. 인터넷의 급속한 보급으로 이를 기반으로 한 언어 교육 소프트웨어를 쉽게 접할 수 있는데, 동화나 동요를 플래시로 보여 주는 것에서부터 읽기나 쓰기를 체계적으로 돕는 문해 관련 프로그램까지 다양하게 제공되고 있어 컴퓨터를 이용하여 문학작품을 경험하게 되었다. 일반적인 종이책과 함께 전자책을 경험한 영유아는 한 가지 책만을 경험한 영유아에 비해 상상력과 창의력 수준이 높은 것으로 나타났는데(박현주, 2001), 이는 컴퓨터가 보조적 기제로서 영유아의 문해발달과 문학에 대한 이해를 도울 수 있음을 보여 준다. 교사와 부모는 영유아의 요구와 발달적 필요에 맞추어 적절한 내용을 선별해 주고, 바른 자세로 정해진 시간 동안 컴퓨터를 사용하도록 지도해야 한다.

> **더 알아보기**   **실물 화상기**
>
> 실물 화상기는 실물을 스크린에 투사시켜 영유아에게 보다 큰 화면을 제공하는 매체다. 실물 화상기는 그림책, 신문, 잡지 등 빛이 투과되지 않는 불투명한 자료뿐 아니라 슬라이드 필름이나 OHP 자료를 투영하여 볼 수 있는 장점이 있다. 물체의 크기를 확대하여 살펴보기에 좋고, 컴퓨터와 연결하여 영상을 저장·편집할 수도 있다. 이처럼 실물 화상기는 물체를 좀 더 세밀하게 관찰할 수 있고, 실물 환등기보다 손쉽게 활용할 수 있는 교수매체다. 실물 화상기는 그림책을 바로 투사·확대하여 보여 줄 수 있어 대집단을 위한 교육에서 활용하기에 적합하다.

출처: 심성경 외(2008).

참고문헌

고문숙, 임영심, 김수향, 손혜숙(2013). 아동문학교육. 경기: 양서원.

공인숙, 김영주, 최나야, 한유진(2013). 아동문학. 경기: 양서원.

김세희(2001). 유아교사와 부모를 위한 유아문학교육. 경기: 양서원.

김세희, 박남숙(1999). 아동문학의 전달매체: 아동문학작품의 실제적 적용. 경기: 양서원.

김현자, 조미영, 김기웅, 노희연, 서화니, 조득현(2012). 아동문학. 서울: 창지사.

김현희, 박상희(2008). 유아문학 이론과 적용. 서울: 학지사.

박현주(2001). 종이책·전자책의 경험과 활용시간 제한이 유아의 확산적 사고 및 읽기에 미치는 영향. 유아교육연구, 21(2), 205-223.

서정숙, 남규(2013). 유아문학교육(개정증보). 서울: 창지사.

성미영, 권윤정, 유주연(2015). 영유아 언어지도(2판). 서울: 학지사.

심성경, 김경의, 변길희, 김나림, 최대훈, 박주희(2008). 영유아를 위한 교수매체의 이론과 실제. 서울: 학지사.

심성경, 이선경, 김경의, 이효숙, 김나림, 허은주(2003). 유아문학의 이론과 실제. 서울: 학지사.

이경화(2000). 큰책 함께 읽기 경험이 유아의 읽기 태도와 인쇄물 개념에 미치는 영향. 한국영유아보육학, 21, 871-889.

이대균, 백경순, 송정원, 이현정(2014). 유아문학교육(개정증보). 경기: 공동체.

이윤경, 임충기, 이선희(2004). 유아의 쓰기 능력, 쓰기 흥미 및 책 내용 이해능력에 미치는 '큰 책 접근법'의 적용기간에 따른 효과. 유아교육연구, 24(3), 259-276.

Rickelman, R. J., & Henk, W. A. (1990). Children's literature and audio/visual technologies (Reading technology). *Reading Teacher, 43*(9), 682-684.

Sawyer, W. E. (2000). *Growing up with literature* (3rd ed.). New York, NY: Delmar Learning.

Sawyer, W. E., & Comer, D. E. (1996). *Growing up with literature* (2nd ed.). New York, NY: Delmar Learning.

Chapter

11

아동문학활동의
지도

교사는 영유아의 문학적 소양과 사고를 계발하기 위해 다양한 교수방법을 활용해 문학활동을 지도한다. 아동문학활동을 지도하는 일차적인 방법은 성인이 영유아에게 문학작품을 보여 주거나 들려주는 소개활동이다. 문학작품을 이야기로 들려주거나 책을 읽어 주는 방법, 영유아가 스스로 책을 읽도록 돕는 방법, 인형극과 같은 매체를 활용하는 방법이 대표적이다. 이 장에서는 이야기 들려주기와 책 읽어 주기 활동을 중심으로 아동문학활동의 지도에 대해 살펴보고자 한다.

더 알아보기 **아동문학의 교수학습방법**

아동문학의 교수학습방법은 문학작품 소개활동, 문학적 사고활동, 문학작품에 기초한 통합 활동으로 구분된다. 문학작품 소개활동은 영유아가 관심을 가지는 문학작품이 무엇인지 그리고 이를 어떤 방법으로 제시할 것인지와 관련된 활동이고, 문학적 사고활동은 영유아가 문학작품을 탐구하면서 무엇에 관심이 있는지를 교사가 주의 깊게 살펴 영유아의 관심에서 시작하여 사고를 확장시키도록 지원하는 활동이다. 문학작품을 영유아에게 제시하는 소개활동과 영유아의 관점에서 문학작품의 의미를 재구성해 보는 문학적 사고활동은 문학작품과 관련된 다양한 교육내용을 직접적 또는 간접적으로 타 영역과 연계하여 문학작품에 기초한 통합 활동으로 확장시킬 수 있다.

출처: 김현자 외(2012).

1. 이야기 들려주기

이야기 들려주기는 영유아를 대상으로 문학을 지도하는 대표적인 활동으로 이야기를 글이나 그림에 의존하지 않고 말로 들려주는 것을 의미한다. 동화의 내용, 즉 이야기를 입에서 귀로 전달하는 방식인 이야기 들려주기는 이야기를 들려주는 구연자, 이야기, 들려주는 이야기를 듣는 청자가 필요하다. 여기에서는 이야기 들려주기의 개념에 대해 살펴보고, 이야기 들려주기의 과정을 단계별로 구분하여 각 단계의 특징에 대해 살펴보고자 한다.

1) 이야기 들려주기의 개념

이야기 들려주기(storytelling)는 이야기를 들려주는 도구로서 구연자의 신체와 음성만 사용될 뿐 다른 매체를 이용하지 않고, 영유아에게 직접 옛이야기나 그림책 이야기 또는 동화를 구연해 주는 활동이다. 흔히 '동화구연'이라는 용어로 사용되는데, 동화구연이란 영유아에게 동화를 들려주면 영유아가 이를 듣고 장면을 상상하며 감동을 느끼는 문학의 전달방법이다. 교사는 영유아를 대상으로 동화를 구연하기 위해 기존의 문학작품을 개작하게 되는데, 개작한 동화를 구연할 경우 매체를 사용하여 구연하는 방식과 매체를 사용하지 않고 구연동화로 들려주는 방식이 있다.

더 알아보기　　**동화구연과 구연동화의 차이**

동화구연은 이야기를 목소리 연기로 영유아에게 전달하는 활동을 의미하며, 구연동화는 동화를 전달하는 여러 가지 방법 중 구연의 방법으로 제시된 동화의 한 형태로 정의된다(류혜원, 2008). 동화구연은 문장으로 씌인 동화를 그대로 읽어 줄 수는 없으므로 '개작'이 필요한 반면, 구연동화는 처음부터 구연을 목적으로 만들어졌기 때문에 개작과정이 필요하지 않다.

출처: 이은경(2008).

동화구연하는 모습

2) 이야기 들려주기의 단계

이야기 들려주기가 영유아의 언어발달을 촉진하기 위한 성공적인 활동이 되려면 어떠한 이야기를 선택하고, 어떠한 방법을 사용해서 이야기를 진행시켜 나갈지 계획하는 과정이 필요하다. 좋은 이야기로 주의집중을 유도하고 적절한 기술을 사용하여 극적 긴장감을 제공하면 영유아는 이야기 들려주기를 통해 새로운 단어를 빠르고 쉽게 받아들이게 되고, 구어의 재미를 경험하게 된다. 영유아는 이야기 들려주기를 통해 재미와 흥미를 느끼며 자신의 감정을 표현하고 욕구를 해소할 수 있는 기회를 가지게 되므로, 이야기를 들려주는 구연자는 일방적으로 이야기만 전달하기보다 영유아가 표현하고 싶은 욕구를 가지도록 적절한 자극과 편안한 분위기를 조성해야 한다(성미영 외, 2015).

다음에서는 이야기 들려주기의 단계를 이야기 선정하기, 이야기 개작하기, 이야기 들려주기로 구분하고, 각 단계별로 고려해야 할 사항에 대해 살펴보고자 한다.

(1) 이야기 선정하기 단계

이야기 들려주기가 효과적으로 진행되기 위해서는 적절한 이야기를 선택하는 것이 매우 중요하다. 이야기 들려주기에서는 이야기를 들려주는 구연자의 어조도 중요하지만, 가장 중요한 것은 이야기 자체의 분위기에 적절하게 구연하는 것이다(이송은, 2004). 이를 위해서는 이야기 들려주기에 적합한 이야기를 선택할 필요가 있다. 이야기를 들려주기 위해 이야기를 선정할 경우 영유아의 흥미와 발달수준, 생활 경험을 고려해야 한다. 영유아가 이야기를 듣는 것만으로도 자신의 머릿속에서 충분히 상상하고 구체화시킬 수 있어야 하므로 이야기의 배경은 단순해야 하고, 발단-전개-결말의 이야기 구성이 분명해야 하며, 등장인물의 수는 2~5명 정도가 적당하다(성미영 외, 2015).

더 알아보기   **이야기 들려주기의 이야기 선정 기준**

- 구연자도 이야기의 내용이 재미있는가?
- 이야기가 구연자의 성격과 스타일에 맞는가?
- 이야기가 영유아의 연령, 흥미, 요구에 적절한가?
- 이야기의 내용을 개작하여도 줄거리에 변화가 없는가?
- 이야기 전개과정에 대화와 몸짓이 충분히 포함되어 있는가?
- 문장이 너무 길지 않으며 내용을 쉽게 요약 · 정리할 수 있는가?
- 구연자가 준비하기에 용이한가?

출처: Coody(1983).

이야기를 개작하기 이전에 들려줄 이야기를 선택하는 기준은 내용면과 구성면에서 다음과 같다(류혜원, 2008). 먼저, 이야기의 내용면에서는 교사가 읽었을 때도 재미가 느껴지고 영유아에게 들려주고 싶다는 생각이 드는 이야기, 예술성이 적절하게 조화를 이루고 있는 이야기, 교육적 가치가 포함되어 있는 이야기를 선

정한다. 또한 이야기의 구성면에서는 발단, 전개, 절정, 결말의 구성이 명확해서 영유아가 몰입하기 쉬운 이야기, 주인공을 중심으로 내용이 전개되고 시간의 순서에 따라 내용이 전개되는 단순한 구성의 이야기, 활동적인 변화가 있는 이야기를 선정한다.

(2) 이야기 개작하기 단계

동화, 동요, 동시 등 다양한 출처에서 찾은 이야기는 이야기 들려주기에 적합하도록 수정하고 보완하는 과정이 필요하다. 대부분의 아동문학작품은 문어체, 낭독체로 쓰여 있으므로 이야기 들려주기를 위해 장소, 대상, 목적을 고려하여 구어체, 대화체로 개작할 필요가 있다.

이야기 들려주기를 위한 이야기의 개작은 다음과 같은 원리에 따라 이루어진다 (이대균 외, 2014). 첫째, '보존'의 원리에 의해 이야기를 개작한다. 이야기 개작에서의 보존은 원작의 중심 내용을 그대로 살리는 것으로, 원작을 영유아의 발달수준과 흥미에 맞춰 개작하더라도 원작의 철학이나 교훈은 유지해야 한다. 둘째, '삭제'의 원리에 의해 이야기를 개작한다. 개작에서의 삭제는 원작의 내용이 현재 상황이나 시대에 맞지 않거나 불필요한 경우 생략하는 것을 의미하는데, 특히 영유아에게 부정적이거나 공포를 유발하는 표현은 삭제한다. 셋째, '첨가'의 원리에 의해 이야기를 개작한다. 이야기 개작에서 첨가란 새로운 내용이나 표현을 덧붙여 이야기하는 사람이 자신만의 독특한 이야기로 만드는 것으로, 재미있는 말투나 새로운 사건을 첨가하여 이야기의 맛을 살린다.

이야기 들려주기를 위한 이야기의 개작은 다음과 같은 방법으로 진행된다(김현희, 박상희, 2008).

- 사건을 중심으로 이야기를 전개한다.
- 원작의 해설 부분을 대화체로 바꾼다.
- 문어체의 문장을 구어체 문장으로 바꾼다.

- 긴 문장을 짧고 리듬감 있는 문장으로 바꾼다.
- 어려운 단어를 쉬운 단어로 바꾼다.
- 상상력을 자극하도록 의성어와 의태어를 사용한다.
- 직유법과 반복법을 적절하게 사용한다.

(3) 이야기 들려주기 단계

이야기 들려주기 단계에서는 이야기의 의미를 더해 주는 재미있는 음성과 동작이 매우 중요한 역할을 한다. 음성언어는 목소리에 다양한 변화를 주어 이야기의 상황이나 주인공의 특징, 감정 등을 담아내며, 몸짓언어는 신체의 일부분인 얼굴 표정, 눈짓, 고개 흔들기, 팔, 다리 등의 움직임을 사용해 이야기의 내용을 전달함으로써 이야기의 재미를 더한다. 이야기 들려주기에서 음성언어와 몸짓언어를 자연스럽고 편안하게 사용하면, 청자인 영유아의 주의집중을 돕고 불필요한 말을 생략할 수 있으며, 이야기의 의미를 부각시킬 수 있다.

이야기 들려주기 단계에서는 이야기의 중심사건을 위주로 구연자가 자신만의 언어로 이야기를 들려준다. 따라서 이야기 들려주기는 영유아의 연령이나 발달 수준에 따라 적절한 표현을 사용하고, 내용을 추가하거나 삭제할 수 있으며, 영유아의 흥미나 반응을 관찰하여 이를 즉각적으로 반영할 수 있는 장점이 있다. 영유아는 이야기를 들으며 이야기를 자연스럽게 상상해 볼 수 있으며, 이를 통해 듣는 능력이 발달한다. 이야기 들려주기 활동을 통해 즐거움을 경험한 영유아는 문학 작품에 대한 긍정적인 태도를 기를 수 있으므로, 영유아의 문해능력 발달을 촉진하고 좋은 독서습관을 형성한다. 또한 이야기 속에 등장하는 흥미로운 단어들을 통해 즐거움을 느끼며 자연스럽게 어휘력이 발달하고 다양한 상황에서의 문제해결능력도 향상된다.

이야기 들려주기 단계에서 성공하기 위한 관건은 교사의 역량이다. 교사는 다양한 방식으로 이야기를 창조하여 자신의 경험을 영유아와 나누고, 교사의 상상력을 영유아에게 전달할 수 있다. 이야기의 절정에 도달하는 방식은 교사에 따라

차이가 있으나, 기본적으로 바른 자세로 말하며 이야기 내용에 따라 변화 있는 표정을 연출한다. 영유아에게 이야기를 들려줄 경우 발음이 정확해야 하는데, 발음이 정확하지 않을 경우 이야기 전달력이 떨어지고 영유아가 부정확한 발음을 습득하게 되는 문제가 발생한다. 교사가 영유아에게 이야기를 들려줄 때 영유아의 반응을 살피면서 서로의 감정 흐름을 조절하는 것이 필요한데, 다양한 상호작용을 통해 개별 영유아의 정서적 반응을 지지하면서 편안한 분위기에서 감동을 나누도록 한다(성미영 외, 2015).

이야기 들려주기 단계에서 원작의 내용을 책을 읽듯이 그대로 들려준다면, 영유아가 이해하기 어렵거나 이야기 들려주기가 자연스럽지 않게 되므로 이야기를 들려주는 교사나 듣는 영유아의 흥미가 떨어질 수 있다.

이야기를 실제로 들려주기 이전에 적절한 이야기를 선정하고 이를 개작하는 단계에서 실제 들려줄 때를 감안하여 이야기 선정과 개작을 진행해야 한다. 이러한 준비 단계가 충실하게 진행되었다면 실제로 이야기를 들려주는 단계가 상대적으로 편안하게 진행된다. 구연자는 이야기를 들려줄 때 호흡을 조절하면서 모든 인물의 대사를 힘 있게 읽어야 한다. 구연자의 호흡 조절에 따라 대사 전달력이 좌우되므로 사전에 끊어 읽기를 충분히 연습한다. 이야기의 내용을 사실적으로 전

더 알아보기　**이야기를 들려주기 단계에서의 유의점**

- 이야기에 대한 애정과 열정을 가지고 이야기를 들려준다.
- 교사 자신이 이야기의 내용에 공감하여 표현한다.
- 이야기에서 대화와 지문을 구분하여 소리가 다르게 들려준다.
- 이야기의 흐름이 자연스럽게 표현되도록 이야기를 끊어 들려준다.
- 말이나 분위기를 강조하기 위해 몸짓과 손짓을 적절하게 사용한다.
- 이야기의 길이가 길 경우 이야기를 여러 번 나누어 들려준다.

출처: 김현자 외(2012).

달하기 위해 적절한 표정과 몸짓을 활용하며, 영유아의 기대를 충족시키기 위해 자신감을 갖고 즐거운 표정으로 구연한다. 영유아가 흥미를 갖고 이야기의 전체적인 흐름을 이해하고 감상할 수 있도록 영유아의 자유로운 사고와 상상력을 방해하지 않도록 한다.

2. 책 읽어 주기

교사는 좋은 내용과 그림이 있는 책을 영유아에게 제시하고 읽어 줌으로써 아동문학활동을 지도할 수 있다. 책을 읽어 줄 때는 영유아에게 책과 글자, 그림을 탐색할 수 있는 기회를 주고 다양한 질문과 반응을 끌어내는 상호작용을 시도한다. 집단의 크기에 따라 책 읽어 주기 지도방법은 달라질 수 있으므로 개별 영아나 유아에게 책을 읽어 주는 경우, 대집단 영아나 유아에게 책을 읽어 주는 경우로 구분하여 아동문학활동 지도방법을 살펴볼 필요가 있다. 또한 책 읽어 주기의 단계에 따라서도 아동문학활동의 지도방법이 달라질 수 있으므로 책 읽어 주기의 단계별 지도방법에 대해서도 살펴보고자 한다.

1) 대상에 따른 책 읽어 주기

책 읽어 주기는 가정과 영유아교육기관에서 거의 매일 이루어지는 반복적인 활동으로, 교사는 그림책을 이용하여 영유아에게 개별적으로나 집단으로 읽어 줄 수 있다.

(1) 개별적으로 책 읽어 주기

영유아에게 개별적으로 책을 읽어 주는 것은 교사가 개별 영유아의 발달수준, 성향, 흥미 등을 배려해 줄 수 있다는 점에서 효과적인 아동문학활동 지도방법이다. 연령에 따른 발달의 차이를 고려하여 영아와 유아를 대상으로 한 책 읽어 주기는 다음과 같은 방식으로 진행한다(이영자 역, 2002).

① 영아에게 책 읽어 주기

책 읽어 주기는 생의 초기부터 가능하므로 영아가 시선을 맞추기 시작하면 간단한 도형이나 그림이 포함된 초점책을 보여 주며 말을 걸어 주고, 고개를 가눌 수 있게 되면 무릎에 앉혀 책을 보여 준다. 이 시기 영아에게 책은 다른 장난감과 마찬가지로 손으로 잡아 보고 입으로 빨아 보는 탐색의 대상이다. 이때는 책의 내용을 읽어 주기보다는 책을 친숙하게 느끼도록 책을 쌓아 보거나 책장을 넘겨 보며 영아가 주의를 기울이는 그림에 대해 "사과네. 냠냠 사과네."와 같이 말을 걸듯이 짧게 이야기해 준다. 1세경이 되면 영아는 책의 그림에 관심을 보이며, 그림을 통해 책을 변별하게 된다. 책에서 반복해서 들었던 단어나 표현을 표지나 그림과 연결시킬 수 있어서 "사과 책, 사과가 쿵 책 보자."라고 하면 해당하는 책을 골라 온다. 또한 책장을 넘기는 것 자체에 재미를 느끼기도 하고, 빠른 속도로 책장을 넘기며 그림이 변해 가는 것을 즐기기도 한다. 이 시기에는 혼자서도 책을 선택해 보고, 익숙하거나 좋아하는 그림을 보며 소리 내어 웃기도 한다(성미영 외, 2015).

2, 3세경이 되면 책을 읽으면서 대화가 가능해지므로 책의 그림을 보며 "이거, 이거." "이건 뭐야?"와 같이 사물의 이름을 묻는 것에서 시작하여 이야기 내용을 확인(예, "왜 슬펐대.")하고, 이야기에 대한 자신의 생각을 표현(예, "그렇게 하면 돼지들이 무서워. 늑대가 나빠.")한다. 이 시기에는 단순히 이야기를 듣는 것에서 벗어나 자신이 누군가에게 책을 읽어 주는 역할을 하고자 시도한다. 처음에는 그림을 보고 마음대로 이야기를 꾸미지만 이러한 경험을 토대로 하여 이후 책 읽기에서 내용에 좀 더 집중하고 글자를 읽는 데 관심을 갖게 된다.

교사가 영아에게 책을 읽어 주는 모습

교사가 유아에게 책을 읽어 주는 모습

② 유아에게 책 읽어 주기

개별 유아에게 책을 읽어 줄 경우 유아가 각자 선호하는 책이 있다는 점을 고려하여 유아가 읽고 싶은 책을 직접 선택하도록 한다. 유아는 책에 있는 글자가 이야기의 내용임을 알게 되고, 글자와 자신이 아는 이야기를 연결시키려고 한다. 처음에는 짧고 간결한 책의 제목과 글자를 짝짓는 것에서 시작하여, 점차적으로 본문 문장의 글자와 말소리를 연결함으로써 책 읽기를 경험한다. 교사는 문장 안에서 유아에게 익숙한 단어를 찾아보게 하거나, 책의 내용에서 사용 빈도가 높은 단어에 먼저 관심을 가지도록 도와주어 읽기를 자극한다. 내용을 잘 알고 스스로 읽고자 하는 욕구가 강한 유아의 경우 글자를 손가락으로 짚어 가며 읽어 주거나, 책의 내용이 녹음된 오디오 자료를 준비하여 유아가 자신의 손가락으로 따라가며 읽도록 유도한다.

(2) 대집단으로 책 읽어 주기

대집단으로 책을 읽어 줄 때는 사전에 활동을 계획할 필요가 있다. 영유아의 발달수준과 흥미, 진행 중인 교육활동 주제를 고려하여 책을 선정한다(이순형 외, 2010). 동일한 내용의 책이라도 다양한 판형과 재질로 나오는 경우가 많은데, 대집단으로 책을 읽을 때는 큰 판형의 책(Big Book)을 활용하는 것이 좋다. 큰 책의 경우 활자와 그림이 모두 커서 영유아가 앉아 있는 반경이 넓은 경우에도 책에 집중할 수 있다는 장점이 있다. 대집단 영유아에게 효과적으로 책의 내용을 전달하기 위해서 대집단활동에서 교사는 단순히 책을 읽어 주는 활동에서 벗어나 이야기 들려주기, 인형극 등 다양한 방식으로 책의 내용을 개작하여 전달하거나 손 인형, 막대 인형, 소품 등을 활용한 활동을 계획해 볼 수 있다.

대집단으로 책을 읽어 줄 경우 영유아 개개인의 주의집중 시간에 차이가 있다는 점을 고려해야 한다. 교사가 개별 영유아의 특성을 고려하여 책을 읽어 줄 경우 영유아의 주의집중 시간과 몰입 정도는 높아진다.

성공적인 책 읽기를 위한 교사의 준비사항

- 책의 내용에 나타난 상황이나 등장인물의 성격에 적합하게 읽어 준다.
- 해설은 편안한 목소리로 읽어 주고, 대화는 목소리만으로도 등장인물의 특성을 유추할 수 있도록 특색 있는 목소리로 읽어 준다.
- 장면이 전환되거나 이야기가 절정에 도달한 경우 목소리의 크기, 높낮이, 속도를 다르게 하여 읽어 준다.
- 이야기가 흘러가듯이 또는 말하듯이 읽어 준다.

출처: 이대균 외(2014).

교사가 영아들에게 책을 읽어 주는 모습

교사가 유아들에게 책을 읽어 주는 모습

(3) 함께 책 읽기

함께 책 읽기는 외우기 쉽게 같은 표현이 반복되는 책이나 동시를 영유아가 함께 낭송하듯 읽어 나가는 것을 말한다. 리듬과 운율이 있는 책은 듣는 즐거움과 함께 말하는 즐거움을 느끼게 해 주므로, 영유아는 언어를 편안하고 즐겁게 경험하고 사용하게 된다. 함께 읽기를 위해서는 우선 교사가 이야기의 내용과 분위기가 잘 전달되도록 여러 번 반복해서 읽어 준다. 반복해서 읽어 줄 때는 주요 단어나 되풀이되는 문장에 주목하도록 목소리의 크기에 변화를 준다. 책의 내용에 익숙해지면 교사와 영유아가 한 줄씩 읽거나 내용을 나누어 읽도록 한다.

교사가 영아와 함께 책을 읽는 모습

교사가 유아와 함께 책을 읽는 모습

2) 책 읽어 주기의 단계

이야기 들려주기와 함께 성인의 책 읽어 주기 활동은 아주 오래전부터 가정과 영유아교육현장에서 활용되고 있는 아동문학 활동의 지도 방법이다. 영유아를 위한 그림책은 영유아가 혼자 읽어서는 그 가치를 제대로 체험하기 어렵고, 듣는 것과 보는 것이 동시에 이루어질 때 이 둘의 상호작용으로 의미가 재구성되며, 듣는 것과 보는 것이 하나가 되는 상상의 과정을 통해 생생한 이야기 세계를 경험하게 된다(김현자 외, 2012). 이처럼 책을 읽어 주는 활동은 단순히 글자를 읽어 주는 것 이상의 가치가 있는데, 영유아가 책의 내용을 듣고 그림을 보면서 책에 포함된 그림과 글을 연결 지어 유추하고 상상하는 기회를 부여한다는 점에 의의가 있는 활동이다.

(1) 책 읽어 주기 이전 단계

실제로 책을 읽어 주기 이전에 교사는 영유아의 책 읽기와 관련된 연구결과를 조사함으로써 보다 효율적으로 아동문학활동을 지도할 수 있다. 예를 들어, 책 읽기에 대한 영유아의 사전 경험, 영유아가 관심을 보이는 책 목록, 영유아의 주의집중 능력과 발달수준 등에 관한 자료를 살펴봄으로써 책 읽어 주기 활동에 영유아가 보다 적극적으로 참여하도록 돕는다. 영유아의 흥미와 관심을 반영하여 읽을 책을 선정한 경우 읽을 책과 관련된 자료, 즉 책의 저자, 책 내용의 시간적·공간적 배경, 책의 주제 등에 대한 추가적인 조사를 진행한다.

영유아에게 책을 읽어 주기 전에 교사가 먼저 책을 읽어 보고 책의 내용을 영유아에게 전달하기 위해 어떻게 읽어 줄 것인지를 사전에 계획한다. 영유아의 사전 경험이 읽어 주고자 하는 책의 내용과 어떻게 연결되는지, 이전에 읽어 주었던 책과 읽어 주고자 하는 책의 내용이 어떻게 연결되는지를 고려하여 책 읽어 주기를 통해 영유아가 책의 내용을 충분히 숙지할 수 있도록 준비한다(김현자 외, 2012).

이외에도 교사는 영유아에게 책을 읽어 주기 위해 영유아가 책 읽기에 몰입할 수 있도록 밝고 차분하며 조용한 공간을 준비한다.

교실에서는 이렇게　　　**책 읽어 주기 이전 단계에서 교사의 준비사항**

- 책의 내용을 교사가 먼저 숙지하여 영유아가 이해하기 어려운 내용이 포함되어 있는지 살펴본다.
- 책의 내용에 영유아가 이해하기 어려운 단어는 없는지, 책을 읽어 줄 때 강조해야 할 단어가 있는지 살펴본다.
- 책을 읽어 주는 도중 읽어 주기를 중단하고 영유아와 함께 다음 내용을 예측해 보거나 토의해 볼 수 있는 내용이 포함되어 있는지 살펴본다.
- 책의 내용에 영유아의 부정적 정서 반응을 유발하는 내용, 즉 죽음, 이혼, 사고 등의 사건이 포함되어 있는지 살펴본다.

출처: 김현희, 박상희(2008).

---

(2) 책 읽어 주기 단계

교사는 영유아에게 책을 읽어 주기 이전에 어떤 책이 적절한 책인지 선정하고, 읽어 줄 책과 관련된 자료를 찾아보며, 미리 책을 읽어 보고 연습을 충분히 한 다음에 영유아를 대상으로 실제로 책을 읽어 준다. 책 읽어 주기 활동은 하루 일과 중 다양한 시간에 가능하지만, 책 읽어 주기 시간을 정해 두고 규칙적으로 책 읽어 주기 활동을 실시하는 것이 좋다.

책 읽어 주기 단계에서 교사는 영유아와 직접 눈을 맞추며 자연스러운 목소리와 정확한 발음으로 읽어 준다. 책을 읽어 주는 동안 영유아가 자신이 들은 내용에 대해 머릿속에 이미지를 그려 보고, 삽화와 연결하여 생각할 수 있도록 교사는 천천히 책을 읽어 준다(김세희, 현은자, 1997).

영유아의 반응을 살펴보며 읽어 주는 내용의 흐름이 끊어지지 않도록 주의하여 읽어 주고, 동일한 책을 반복적으로 읽어 줄 경우 영유아가 이야기 줄거리를 기억하거나 함께 읽기가 가능하게 되므로, 영유아가 반복해서 읽어 주기를 원하면 동일한 책을 반복해서 읽어 준다.

영유아를 위한 책은 내용이 반복되는 경우가 많은데, 책의 내용에서 영유아가 좋아하는 단어나 문장이 반복적으로 나올 경우 영유아가 이를 기억하고 있다가 외워서 말해 보도록 교사가 기다려 주거나 천천히 읽어 준다(김세희, 2001).

교사는 책 읽어 주기 활동을 시작할 때, 영유아가 그림책에 흥미를 갖도록 책의 내용에 적절한 소품을 준비하거나 그림책과 관련된 정보, 질문목록을 준비한다. 책을 읽어 주는 대상이 유아인 경우 이야기에 관련된 사물이나 그림 자료를 전시할 때 짧은 설명을 함께 기록함으로써 영유아에게 읽고 쓰는 활동을 경험하도록 한다(Rothlein & Meinbach, 1991).

영유아는 성인이 읽어 주는 책의 내용을 듣는 동안 자신의 경험에 비추어 책의 내용을 이해하고 해석함으로써 스스로 의미를 구성하게 되는데, 교사가 영유아에게 그림책을 읽어 주는 것과 영유아가 스스로 그 의미를 해석하고 재구성해 나가는 과정은 지속적으로 순환된다(김현자 외, 2012).

교실에서는 이렇게   ◀   **책 읽어 주기 단계에서 교사와 영유아의 상호작용**

영유아에게 책을 읽어 준 다음 영유아와의 상호작용을 위해 책을 읽어 주는 상황에서 사후활동을 준비하도록 한다. 교사가 영유아에게 책의 표지를 보여 주면서 "이 책에는 어떤 이야기가 숨어 있을까?"라고 질문함으로써 책의 내용에 등장할 이야기를 예측해 보도록 한다. 이러한 과정을 통해 영유아로 하여금 책을 다 읽고 난 이후 어떤 활동을 할 것인지 예고한다. 예를 들어, "책을 다 읽고 나서 이야기해 보자." "책을 다 읽고 나서 재미있었던 내용을 그림으로 그려 보자."라고 제안하면서 사후활동을 계획한다.

출처: 노운서 외(2013).

(3) 책 읽어 주기 이후 단계

영유아에게 책을 끝까지 다 읽어 준 다음에는 소리를 내지 않고 그림만 다시 보여 주거나, 재미있었던 내용이나 느낀 점에 대해 이야기해 보도록 한다(이대균 외, 2014). 영유아가 책의 내용과 관련된 교사의 질문에 대해 대답을 하지 못하면 관련된 책의 내용을 다시 읽어 보도록 한다. 책의 내용과 관련된 질문이 마무리되면 영유아가 주인공이 되어 보는 상상을 해 보도록 한다.

영유아에게 책을 읽어 주는 목적은 영유아가 등장인물의 생각과 느낌에 대해 교감하고 책의 내용을 통해 즐거움과 감동을 느끼도록 하는 것이므로 책을 읽어 준 이후 영유아에게 도덕적인 측면과 교훈을 강요하지 않는 것이 좋다.

책 읽어 주기 활동이 끝나면 읽은 책을 도서영역에 비치하여 영유아가 보고 싶을 때 다시 책을 꺼내 볼 수 있도록 한다. 책을 읽어 준 후에는 영유아가 책의 내용을 이해하도록 시간적 여유를 준 다음, 교사는 다시 책을 보여 주며 책의 내용에 대해 회상해 보도록 하고, 읽은 책의 내용에 대한 깊이 있는 사고와 의미의 재구성이 가능하도록 확장활동, 연계활동을 영유아와 함께 실시한다.

 참고문헌

공인숙, 김영주, 최나야, 한유진(2013). 아동문학(2판). 경기: 양서원.

김세희(2001). 유아교사와 부모를 위한 유아문학교육. 경기: 양서원.

김세희, 현은자(1997). 어린이의 세계와 그림이야기책. 서울: 양서원.

김현자, 조미영, 김기웅, 노희연, 서화니, 조득현(2012). 아동문학. 서울: 창지사.

김현희, 박상희(2008). 유아문학 이론과 적용. 서울: 학지사.

노운서, 노명희, 김명화, 백미열(2013). 아동문학(2판). 경기: 양서원.

류혜원(2008). 동화구연의 이론과 실제. 서울: 동문사.

서정숙, 남규(2013). 유아문학교육(개정증보). 서울: 창지사.

성미영, 권윤정, 유주연(2015). 영유아 언어지도(2판). 서울: 학지사.

이대균, 백경순, 송정원, 이현정(2014). 유아문학교육(개정증보). 경기: 공동체.

이송은(2004). 누구나 할 수 있는 이야기 들려주기: 동화구연의 이론과 실제. 서울: 창지사.

이순형, 권미경, 최인화, 김미정, 서주현, 최나야, 김지현(2010). 영유아 언어지도. 서울: 교문사.

이영자 역(2002). 놀이를 통한 읽기와 쓰기의 지도. 서울: 이화여자대학교 출판부.

이은경(2008). 동화구연의 이론과 실제. 서울: 청목출판사.

Coody, B. (1983). *Using literature with young children*. Madison, WI: Brown & Benchmark.

Rothlein, L., & Meinbach, A. M. (1991). *The literature connection: Using children's books in the classroom*. Glenview, IL: Scott Foresman/GoodYear.

아동문학활동의 실행 및 평가

아동문학활동을 계획하고 이를 토대로 문학활동을 실행하기 위해서는 영유아의 연령별 특성과 국가수준의 교육과정을 고려할 필요가 있다. 또한 아동문학활동을 실행한 이후에는 영유아 및 교사를 대상으로 평가를 실시하고 이를 다음 문학활동에 반영해야 한다. 따라서 이 장에서는 국가수준에서 제시되고 있는 표준보육과정 및 누리과정에 기초한 보육프로그램을 근거로 0~5세 영유아 대상의 아동문학활동의 실제를 살펴보고, 영유아의 문학활동과 교사의 문학 교수활동으로 구분하여 아동문학활동 평가에 대해 알아보고자 한다.

1. 아동문학활동의 실행

다양한 문학작품을 활용하여 연령에 적합한 문학활동을 할 수 있다.

1) 0~2세 영아 문학활동

문학작품을 영아에게 들려주거나 읽어 주기 위해서는 영아와의 친밀한 관계 형성이 전제조건이 되어야 한다. 영아와 신뢰감을 형성하기 위해서는 영아에게 그림책을 읽어 주거나 문학작품을 보여 줄 때 항상 영아의 반응에 민감하게 반응하며 대화를 나누듯이 상호작용을 해 주어야 한다. 또한 영아에게 책을 읽어 주고자 할 때 교사의 무릎 위에 앉히거나 영아와 같은 방향으로 나란히 앉아서 그림책을 함께 보면서 친밀한 신체적 관계로 영아가 안정감과 신뢰감을 느끼도록 하는 것이 중요하다. 영아가 좋아하는 그림책을 여러 번 반복하여 읽어 주다가 내용에 익숙해지면 그림책을 읽어 주면서 영아에게 내용에 대하여 간단하게 질문하거나 영아의 생각을 표현해 보도록 시도해 볼 수 있다. 그러나 새로운 그림책을 읽어 줄 때에는 영아가 그림책의 이야기에 몰입할 수 있도록 질문을 하거나 영아의 생각을 묻는 등 말 걸기를 하기보다는 천천히 읽어 주는 것이 바람직하다.

0~2세의 문학활동은 월간 또는 주간 보육계획안에 계획한 실내자유놀이의 '언어' 흥미영역을 중심으로 개별 또는 소집단 형태로 이루어진다. 즉, 0~2세 영아의 문학활동은 다른 교육활동과 마찬가지로 놀이를 통해 일상적으로 다루어진다. 특히 2세반에서 대집단활동을 통해 문학활동이 이루어지지 않도록 유의해야한다. 0~2세 영아의 문학활동 예시를 제시하면 다음과 같다.

0세 까꿍놀이 책

1세 아기 목욕책

2세 엄마랑 뽀뽀책

3세 방귀쟁이 며느리

4세 트럭 삼형제

5세 지구를 굴리는 곰 이야기

〈표 12-1〉 0세 문학활동의 예시

주제	놀이는 재미있어요
소주제	까꿍 놀잇감
활동명	까꿍놀이 그림책
활동목표	• 까꿍놀이를 하며 그림책에 흥미를 느낀다. • 가려진 부분이 나타나는 것에 관심을 보인다.
표준보육 과정 관련요소	• 의사소통 > 읽기 > 그림책과 환경인쇄물에 관심 가지기 > 읽어 주는 짧은 그림책에 관심을 가진다 • 자연탐구 > 수학적 탐구하기 > 주변 공간 탐색하기 > 도움을 받아 주변의 공간을 탐색한다
활동자료	팝업북 형태의 까꿍놀이책
활동방법	1. 영아와 함께 앉아 까꿍놀이 그림책을 본다. 　– (영아의 눈높이에 책을 가져다주고 책 표지를 보게 하며) 우리 그림책 볼까? 　– (영아에게 표지의 그림에 대해 말해 주며) 까꿍? 책 속에 친구들과 까꿍 할까? 2. 책의 까꿍 장면에서 가려진 부분을 선생님의 손으로 열어 보이며 숨겼던 것이 나타날 때, '까꿍'이라고 한다. 　– (책 속의 감춰진 부분을 손으로 열어 주며) 누굴까? 나타나라! 까꿍! 　– (영아와 눈을 마주 보고 웃으며) 까꿍! 3. 책 속에 나왔던 까꿍놀이 방법(영아의 눈을 가리는 방법, 교사의 눈을 가리는 방법, 어디에 숨었다가 나타나는 방법 등)으로 영아와 까꿍놀이를 반복적으로 한다. 　– 우리도 까꿍 하자! 　– (눈을 가렸다가 열면서) 까꿍! 　– (얼굴을 가렸다가 보여 주면서) 까꿍! 　– (숨었다가 찾으면) 까꿍!
참고사항	• 다양한 형태와 재질의 까꿍놀이 책을 제공한다.

〈표 12-2〉 1세 문학활동의 예시

주제	놀이할 수 있어요
소주제	물놀이는 재미있어요
활동명	물에 뜨는 그림책
활동목표	• 그림책을 보며 흥미를 갖는다. • 물에 뜨는 그림책을 탐색한다.
표준보육 과정 관련요소	• 의사소통 〉 읽기 〉 그림책과 환경인쇄물에 관심 가지기 〉 다양한 감각책을 탐색해 본다 • 자연탐구 〉 탐구하는 태도 기르기 〉 탐색 시도하기 〉 주변의 사물에 대해 의도적인 탐색을 시도한다
활동자료	물에 뜨는 그림책, 수조, 매트
활동방법	1. 물에 들어가도 젖지 않는 재질의 그림책을 탐색한다. 　－ ○○아, 그림책을 만져 볼까요? 　－ 이불처럼 푹신푹신하네요. 　－ 비닐처럼 미끌미끌하기도 하구나. 2. 교사가 수조에 담긴 물에 그림책을 띄운다. 　－ 그림책이 물에 둥둥 뜨네요. 　－ 물에서 그림책을 한 장 한 장 넘겨 볼까요? 　－ 젖지 않아서 물에서도 그림책을 볼 수 있구나. 　－ (그림책을 보며) 물을 만지면서 책을 보니깐 정말 차갑네요. 　－ 물 안에서도 □□그림이 보인다!
참고사항	• 바닥에 물이 흘러서 미끄러지지 않도록 헝겊 매트를 깐다. • 실외 물놀이를 할 때 진행할 수 있다.

출처: 보건복지부(2013b).

〈표 12-3〉 2세 문학활동의 예시

주제	동물놀이해요
소주제	엄마동물 아기동물
활동명	그림책 『엄마랑 뽀뽀』 그림에 끼적이기
활동목표	• 『엄마랑 뽀뽀』 그림책을 읽어 본다. • 그림책을 읽으며 가족 구성원이 있음을 안다.

표준보육
과정
관련요소
	• 의사소통 > 읽기 > 그림책과 환경인쇄물에 흥미 가지기 > 친숙한 그림과 환경
	  인쇄물을 보고 읽는 흉내를 내 본다
	• 사회관계 > 더불어 생활하기 > 내 가족 알기 > 내 가족에게 다른 사람과는 구
	  별된 특별한 감정을 갖는다

활동자료	『엄마랑 뽀뽀』 그림(그림책을 스캔하여 출력한 종이), 여러 가지 쓰기 도구(사인 펜, 색연필, 크레파스 등)

활동방법	1. 『엄마랑 뽀뽀』 그림책을 읽은 후 엄마 동물과 아기 동물의 모습에 관심을 가
	   지고 살펴본다.
	   – 모든 아기 동물이 엄마 동물과 함께 있네요.
	   – 코끼리와 아기 코끼리가 무엇을 하고 있나요?
	   – 엄마 토끼가 아기 토끼를 꼭 안아 주었네요. 아기 토끼의 표정이 어떤가요?
	   – ○○이 엄마가 ○○이를 안아 줬을 때 기분이 어땠니?
	2. 영아가 원하는 동물이 나온 그림을 선택하여 끼적여 본다.
	   – 그림책에 나와 있는 동물들이 있네요. ○○는 어떤 동물을 꾸며 주고 싶어요?
	   – 엄마 토끼의 몸을 어떻게 꾸며 줄까요?
	3. 영아가 끼적인 그림을 보고 이야기해 본다.
	   – ○○는 어떤 동물 그림을 꾸며 보았나요?
	   – ○○가 꾸민 그림에 대해 이야기해 볼까요?

참고사항	• 그림 자료를 만들 때 스캔한 그림 컷을 연하게 출력하여 영아들이 끼적인 것 이 잘 나타나도록 한다.

출처: 보건복지부(2013c).

2) 3~5세 유아 문학활동

유아의 문학 경험에서 가장 중요한 것은 독자인 유아 스스로 몰입하고 즐거운 감정을 느끼도록 하는 것이다. 그러므로 다양한 문학작품을 주제와 관련하여 유아에게 소개하여야 한다. 또한 문학 경험은 문학작품을 듣거나 읽으면서 유아 자신의 경험과 연결시켜 의미를 이해하고 유아 스스로가 작품을 접하면서 자신의 감정과 연결지어 공감하는 과정이므로 이야기에 집중하고 몰입하는 것이 충분히 이루어진 후에 문학활동에 대한 탐구활동을 실행하거나 문학작품을 중심으로 통합적 교육활동으로 확장시키는 것이 바람직하다.

3~5세 유아의 문학활동은 월간 및 주간 보육계획안에 계획한 대소집단활동의 '이야기나누기' '동화 · 동시 · 동극'과 실내자유선택활동의 '언어영역'을 중심으로 이루어진다. 3~5세 유아의 문학활동 예시를 제시하면 다음과 같다.

〈표 12-4〉 3세 문학활동의 예시

주제	우리나라
소주제	우리나라의 놀이와 예술
활동명	방귀쟁이 며느리
활동목표	• 우리나라 옛이야기에 관심을 갖는다. • 우리나라 옛이야기에 흥미를 느끼고 즐겁게 듣는다.
누리과정 관련요소	• 의사소통 > 듣기 > 동요, 동시, 동화 듣고 이해하기 • 사회관계 > 사회에 관심 갖기 > 우리나라에 관심 갖고 이해하기
활동자료	『방귀쟁이 며느리』(신세정 글·그림, 사계절, 2008)
활동방법	1. 유아들과 방귀에 대해 이야기를 나눈다. 　－ 방귀는 언제 나오니? 　－ 방귀에서 어떤 소리가 나올까? 　－ 오늘 이야기는 옛날에 방귀를 엄청 크게 뀌는 며느리에 관한 이야기야. 감상해 보자. 2. 『방귀쟁이 며느리』 동화를 함께 감상한다. 　－ 이 이야기 속에는 누가 나왔니? 　－ 며느리는 왜 방귀를 참았을까? 　－ 어떤 장면이 재미있었니? 3. 『방귀쟁이 며느리』에서 가장 재미있는 장면을 유아들과 몸으로 표현해 본다.
유의점	• 언어영역에 『방귀쟁이 며느리』 도서를 비치하여 유아들이 매체에 따른 이야기의 경험을 해 볼 수 있도록 한다. • 3세의 유아들은 '방귀'라는 어휘를 말하는 것을 재미있어 하므로, '방귀'의 어휘를 과잉일반화하여 다른 유아들을 놀리지 않도록 한다.
활동평가	• 우리나라 옛이야기에 관심을 갖는지 평가한다. • 우리나라 옛이야기에 흥미를 느끼고 즐겁게 듣는지 평가한다.
확장 활동	• 동화를 듣고 유아들이 미술활동에서 소품을 만들고 동극활동을 할 수 있다. • 『방귀쟁이 며느리』를 막대동화로 만들어서 유아들이 동화를 구연해 본다.

출처: 보건복지부, 교육부(2014a).

〈표 12-5〉 4세 문학활동의 예시

주제	교통기관
소주제	고마운 육상교통기관
활동명	트럭 삼형제
활동목표	• 일하는 자동차의 역할을 이해한다. • 동화를 듣고 자신의 생각과 느낌을 말한다.
누리과정 관련요소	• 의사소통 > 듣기 > 동요, 동시, 동화를 듣고 이해하기 • 사회관계 > 다른 사람과 더불어 생활하기 > 친구와 사이좋게 지내기 • 사회관계 > 다른 사람과 더불어 생활하기 > 공동체에서 화목하게 지내기
활동자료	일하는 자동차 부분카드(덤프트럭, 트레일러, 용달차), 동화 『부릉부릉 트럭 삼형제』(정하섭 글, 한병호 그림, 비룡소, 1997)
활동방법	1. 덤프트럭, 트레일러, 용달차의 특징을 알 수 있는 부분 카드를 보여 준다. 　– (덤프트럭 부분 카드를 제시하며) 나는 흙이나 돌을 실어서 다른 곳에 쉽게 옮길 수 있어. 내 몸은 차 밑바닥에 연결되어서 뒤쪽으로 기울어져. 나는 누구일까? 　– (트레일러 부분 카드를 제시하며) 나는 다른 차에 연결해서 무겁고 커다란 짐을 실을 수 있어. 나는 누구일까? 　– (용달차 부분 카드 제시) 나는 덤프트럭이나 트레일러보다는 작아. 그래서 작은 물건이나 택배 등을 실어서 사람들에게 배달을 해 줄 수 있어. 나는 누구일까? 2. 동화 『부릉부릉 트럭 삼형제』를 듣는다. 　– 누가 나오는지, 무슨 이야기를 하는지 잘 들어 보자. 3. 동화 내용과 등장인물이 한 대화를 회상한다. 　– 동화 속에 어떤 자동차들이 나왔니? 　– 씩씩이 덤프는 어떤 일을 하지?
유의점	• 일하는 자동차의 부분 카드와 전체 카드를 보며 하는 일에 대해 먼저 이야기 나누며, 동화에 대한 이해를 돕는다.
활동평가	• 동화의 내용을 이해하는지 평가한다. • 동화를 듣고 느낌을 말하는지 평가한다.
확장 활동	• 역할놀이 영역에서 '트럭 삼형제' 동극을 해 본다.

출처: 보건복지부, 교육부(2014b).

〈표 12-6〉 5세 문학활동의 예시

주제	지구와 환경
소주제	지구의 변화
활동명	지구를 굴리는 곰 이야기
활동목표	• 동화의 내용을 이해하고 즐겁게 듣는다. • 동화의 내용을 재구성하여 적절한 언어로 표현한다.
누리과정 관련요소	• 의사소통 > 듣기 > 동요, 동시, 동화 듣고 이해하기 > 동요, 동시, 동화를 다양한 방법으로 듣고 즐긴다 • 의사소통 > 말하기 > 느낌, 생각, 경험 말하기 > 자신의 느낌, 생각, 경험을 적절한 단어와 문장으로 말한다
활동자료	동화 『지구를 굴리는 곰 이야기』(주영삼 글·그림, 비룡소, 1998)
활동방법	1. 동화 『지구를 굴리는 곰 이야기』를 PPT로 제작하여 준비한다. 2. 동화책의 제목을 읽어 본다. – 이 동화의 제목을 함께 읽어 볼까요? – 곰은 왜 지구 위에 서 있을까요? 3. 동화를 들려준다. 4. 동화의 내용을 회상해 본다. – 별마을에는 누가 살고 있었나요? – 곰은 왜 지구를 돌리기 시작했나요? 5. 지구를 굴리는 곰을 만나면 하고 싶은 이야기를 생각해 보고 이야기 나눈다. – 곰에게 하고 싶은 말을 언어영역에서 편지로 써 보도록 해요. 6. 활동을 마무리한다.
유의점	• 집단활동을 하기에는 그림책이 작아 교수자료로 적절하지 않으므로 그대로 사용하지 않는다. • 지구를 굴리는 곰의 사진을 크게 출력하여 게시한 후 유아들이 곰에게 하고 싶은 말을 적어 붙여 준다. • PPT로 제작하는 것이 어려울 경우 우주배경판과 등장인물(사물)을 막대인형으로 제작하여 들려준다.
확장 활동	• 지구를 굴리는 곰에게 편지를 쓴다.

출처: 보건복지부(2012).

2. 아동문학활동의 평가

아동문학활동에 대한 평가는 프로그램 운영의 적절성과 프로그램의 효과를 평가하기 위하여 프로그램의 계획, 실행, 평가의 측면에서 단계적으로 이루어져야 한다. 평가는 대상에 따라 아동의 문학활동에 대한 평가와 교사의 문학교수활동에 대한 평가로 구분해 볼 수 있다(노운서 외, 2013).

1) 아동의 문학활동 평가

아동의 문학활동에 대한 평가는 자유선택활동의 언어영역과 대소집단활동에서의 행동 관찰을 통해 이루어질 수 있다.

■ 자유선택활동에서의 문학활동 평가
• 언어영역을 좋아하는가?
• 다양한 종류의 책을 선택하고 보는가?
• 책의 줄거리에 대해서 교사 및 또래와 이야기를 나누는가?
• 책을 소중히 여기며 잘 관리하는가?

■ 대소집단 활동에서의 문학활동 평가
• 바른 태도로 참여하는가?
• 다른 아동과의 상호작용에 참여하는가?
• 교사의 질문에 반응하는가?
• 자신이 느낀 점이나 생각을 적극적으로 말하는가?
• 문학적 활동에 관심을 갖는가?

아동의 문학활동은 관찰척도인 '누리과정 유아관찰척도'에 따라서도 이루어
질 수 있다. 유아관찰척도는 교사의 관찰에 기초하는데, 교사는 자유선택활동,
대소집단활동 및 등하원, 급간식, 전이시간 등 전체 일과 시간을 통해 유아의 전
반적인 활동을 관찰하여 1~3점으로 평가한다. 교사는 유아에 대한 정보를 수집
하기 위하여 관찰뿐 아니라, 활동결과물 분석, 대답이나 반응을 이끌어 내기, 부
모면담 등 다양한 방법을 사용할 수 있다. 유아를 관찰할 때에는 학급 내 유아의
상대평가가 아닌 개별 유아의 절대평가여야 한다. 연령별 평가표를 살펴보면 다
음과 같다.

〈표 12-7〉 3세-듣기: 동요, 동시, 동화 듣고 이해하기

내용	세부 내용	관찰문항 (관찰요소)	관찰준거		
			1	2	3
듣기: 동요, 동시, 동화 듣고 이해하기	동요, 동시, 동화를 다양한 방법으로 듣고 즐긴다.	동요, 동시, 동화를 다양한 방법으로 듣고 즐긴다. (흥미, 매체의 다양성 반응)	동요, 동시, 동화 듣기를 즐기지 않는다.	특정한 방법으로 제시할 경우에 동요, 동시, 동화를 듣는 것을 즐긴다.	동요, 동시, 동화를 다양한 방법으로 듣고 즐긴다.
			관찰 및 활동 사례		
			• 대집단으로 동시를 들려주면 듣지 않고 혼자 뒤돌아 앉아 있거나 친구와 장난을 한다. • 익숙한 동요를 들려주었을 때, 옆의 친구들은 즐겁게 불러도 부르지 않는다. • 동화를 듣고 난 후, 동화자료를 언어영역에 준비를 해 주면 다시 보지 않는다.	• 대집단으로 동시를 들려주면 관심을 보이며 듣지만 동시의 내용이나 느낌을 물으면 대답하기 힘들어한다. • 동요를 부를 때, 재미있는 표현이 있는 부분만 즐겁게 부른다. 「올챙이와 개구리」에서 '뒷다리가 쑤욱~앞다리가 쑤욱~'에서 '쑤욱~'만 부른다. • 책보다 매체(융판동화, 막대동화)를 사용하여 동화를 들려주었을 때에만 재미있어 한다.	• 대집단으로 동시를 들려주면 흥미를 갖고 듣고, 동시에 나온 내용을 질문하거나 단어를 따라서 중얼거린다. • 새로 알려 주는 동요라도 흥미를 갖고 듣고 다시 한 번 들려 달라고 이야기한다. • 특정매체만을 선호하지 않고 거의 모든 동화를 듣는 것을 재미있어 한다.

출처: 육아정책연구소(2014).

〈표 12-8〉 5세-읽기: 책 읽기에 관심 가지기

내용	세부 내용	관찰문항 (관찰요소)	관찰준거		
			1	2	3
읽기: 책 읽기에 관심 가지기	책 보는 것을 즐기고 소중하게 다룬다.

책의 그림을 단서로 내용을 이해한다.

궁금한 것을 책에서 찾아본다. | 책 보는 것을 즐기고 내용을 이해하며 궁금한 것을 찾는다. (책 읽기에 대한 관심, 책 내용 이해, 책 활용) | 책 보는 것에 관심이 없거나 그림을 단서로 책의 내용을 이해하지 못한다. | 책 보는 것을 즐기고, 그림을 단서로 책의 내용을 이해한다. | 책 보는 것을 즐기고 책의 내용을 이해하며, 궁금한 것이 있으면 책에서 찾아본다. |
| | | | 관찰 및 활동사례 | | |
| | | | • 책을 볼 때 집중해서 보지 않고 건성으로 본다.
• 책의 그림을 보고 내용을 이야기하는 것을 어려워한다.
• '겨울잠 자는 동물'에 대해 자유선택시간에 책에서 찾아보기로 하였는데, 책 보기 활동에 참여하지 않는다. | • 책을 볼 때, 반응을 보이면서 읽으며 책의 그림을 가지고 내용을 이야기한다.
• 동화시간에 책의 표지그림을 보고 어떤 내용이 들어 있는지 이야기해 보자고 하면, 그림을 단서로 책의 내용과 관련된 내용을 이야기한다.
• '겨울잠 자는 동물'에 대해 자유선택시간에 책에서 찾아보기로 하였는데, 책의 내용에 관심을 보이며 즐겨 읽는다. | • 자유선택시간에 자주 언어영역에 가며, 책을 볼 때 그림을 꼼꼼하게 보고 새로운 내용이 나오면 책을 이용해서 알아본다.
• 책의 그림을 보고 어떤 내용인지 이야기할 뿐 아니라 궁금한 것이 있으면 책을 활용하여 찾아본다.
• '겨울잠 자는 동물'에 대해 자유선택시간에 책에서 찾아보기로 하였는데, 스스로 책을 읽고 친구들과 함께 이야기할 뿐 아니라, 궁금한 것을 더 알아보고자 책을 활용한다. |

출처: 육아정책연구소(2014).

2) 교사의 문학교수활동 평가

교사는 아동들이 책에 얼마나 관심을 갖고 있는가에 항상 주의를 기울여야 하며, 아동이 책을 읽을 수 있는 환경을 제공해야 한다. 교사가 책을 읽어 주는 대소집단활동, 자유선택활동 상황에서 아동의 흥미와 발달을 촉진하도록 질문, 발문, 확산적 사고의 기회를 주었는가에 대해 평가할 수 있다.

- 문학활동을 위한 환경구성을 하였는가?
- 주제에 맞는 그림책을 언어영역에 배치하였는가?
- 아동이 책을 자유롭게 선택하도록 하였는가?
- 보육실에 책을 잘 볼 수 있는 공간과 자료를 준비해 주었는가?
- 이야기를 잘 소개하였는가?
- 책에 대한 배경 정보를 제공하였는가?
- 자연스럽게 멈추어야 할 대목에 이르렀을 때 이야기를 통해서 질문을 하거나 의견을 말하도록 아동을 참여시켰는가?
- 아동에게 문학적 감수성을 주었는가?
- 아동의 질문에 대답을 잘 해 주었는가?
- 아동의 코멘트에 상호작용을 하였는가?
- 아동의 반응을 실생활의 경험과 연결시켰는가?
- 아동의 반응에 대해 긍정적인 강화를 하였는가?

참고문헌

김현자, 조미영, 김기웅, 노희연, 서화니, 조득현(2012). 아동문학. 서울: 창지사.

노운서, 노명희, 김명화, 백미열(2013). 아동문학. 경기: 양서원.

보건복지부(2012). 5세 누리과정에 기초한 어린이집 프로그램.

보건복지부(2013a). 어린이집 표준보육과정에 기초한 영아보육프로그램 0세.

보건복지부(2013b). 어린이집 표준보육과정에 기초한 영아보육프로그램 1세.

보건복지부(2013c). 어린이집 표준보육과정에 기초한 영아보육프로그램 2세.

보건복지부, 교육부(2014a). 3세 누리과정 교사용 지도서.

보건복지부, 교육부(2014b). 4세 누리과정 교사용 지도서.

육아정책연구소(2014). 「3~5세 누리과정 유아관찰척도」를 활용한 누리과정 효과 분석 연
　　구.

 본문에 실린 아동문학 작품

엄마랑 뽀뽀　김동수 글 · 그림. 보림. 2008.

방귀쟁이 며느리　신세정 저. 사계절. 2008.

부릉부릉 트럭 삼형제　정하섭 글, 한병호 그림. 비룡소. 1997.

지구를 굴리는 곰 이야기　주영삼 저. 비룡소. 1998.

부록

부록 1

수상작 동화의 매체 변경 사례

제목	일곱 마리 눈먼 생쥐
책 소개	**1993년 칼데콧 아너상 수상** 눈이 먼 생쥐들이 연못가에서 발견한 코끼리를 두고 무엇인지 몰라 서로 옥신각신하다가 드디어 전체를 꼼꼼히 관찰한 하얀 생쥐가 무엇인지를 알아맞힌다. 앞이 보이지 않는 눈 먼 생쥐들이 사물에 대해 그들의 나름대로 우스꽝스러운 판단을 내린다는 인도의 설화를 바탕으로 씌었다. '부분만 알고서도 아는 척을 할 수는 있지만, 참된 지혜는 전체를 보는 데서 나온다.'라는 교훈을 준다.
매체 변경	**인형극**: 일곱 색의 생쥐가 나오기 때문에 인형으로 표현하면 시각적인 효과를 얻을 수 있고 단순히 책만 보는 것보다는 사실적·입체적이라 흥미를 유발하고 집중력을 높일 수 있다. **퍼즐**: 부분과 전체라는 개념을 퍼즐놀이를 통하여 자연스럽게 익힐 수 있다.
준비물	솜, 나무젓가락, 바늘, 실, 가위, 풀, 칼, 양면테이프, 펠트지, 색지, 검정 하드보드지, 두꺼운 상자, 시트지

	1. 펠트지에 쥐 모양을 그리고 오린 후 꾸미고 바느질을 해 준다. 2. 바느질을 한 후 솜을 넣어 입체적이게 한다. 3. 나무젓가락을 안에 넣어 막대인형을 완성한다. 
	4. 절벽, 부채, 창, 뱀, 기둥, 밧줄을 각 색지에 그려 오린다. 5. 퍼즐 모양을 하드보드지에 그린 후 각 위치에 오린 그림을 붙인다. 6. 하드보드지를 퍼즐모양에 따라 오린다. 
제작과정	7. 틀을 만들기 위해 상자에 사각형으로 구멍을 낸다. 8. 상자를 펠트지를 이용해 꾸며 준다. 
	9. 마지막 장면에 쓰일 코끼리를 하드보드지에 그린다. 10. 퍼즐 배경으로 쓰일 큰 코끼리를 4절지에 그려 주고, 시트지로 덮고 난 후 각 퍼즐과 큰 코끼리 그림에 벨크로를 붙인다. 
	완성된 인형극과 퍼즐동화  

제작: 윤채린, 이다솜, 정혜연, 조원.

제목	꿈틀꿈틀 자벌레
책 소개	1961년 칼데콧 아너상 수상 / 열린어린이 2004 여름방학 권장도서 선정 나뭇가지에서 꿈틀거리는 자벌레를 발견한 개똥지빠귀는 한입에 삼키려 했지만, 꼬리의 길이를 재 준다는 자벌레의 얘기에 넘어가고 만다. 위기를 모면한 자벌레는 개똥지빠귀 등을 타고 날아가 홍학의 목, 큰부리새의 부리, 꿩의 꼬리, 또 다른 새들의 몸을 재 준다. 하지만 어느날 밤꾀꼬리가 자벌레에게 자신의 노래를 재 보라는 어려운 제안을 했고, 밤꾀꼬리의 아침밥이 되기 전에 피해야 했던 자벌레는 노래를 재는 척하고 빨리 몸을 움직여 보이지 않는 곳으로 도망을 친다.
매체 변경	**융판동화** – 유아가 이야기를 듣는 것과 동시에 배경판의 인물이나 사물의 움직임을 보게 되므로 쉽게 흥미를 갖고 집중하게 된다. – 자료를 배경판에 쉽게 붙였다 떼었다 할 수 있기 때문에 상황에 따라 자료의 일부를 줄이거나 첨가하여 영유아의 이해를 돕고 수업을 효율적으로 진행할 수 있다. – 융판 자료는 이야기의 진행에 따라 순차적으로 자료를 제시할 수 있기 때문에 단어나 문장 표현을 쉽게 배울 수 있다.
준비물	새 그림 도안, 가위, 풀, 양면테이프, 스카치테이프, 글루건, 펠트지, 솜, 장갑, 실, 바늘, 하드보드지, 융천, 벨크로 테이프, 펀치, 고리

제작과정	1. 새를 만든다.	
	2. 나뭇잎, 나무, 풀을 만들어 글루건으로 붙인다.	
	3. 자벌레를 만든다.	
	4. 하드보드지에 고리를 연결한다.	
	완성된 융판동화	

제작: 오현진, 장혜영, 노정아, 김세현, 김지숙, 장하영.

제목	숲 속에서
책 소개	**1945년 칼데콧 아너상 수상** 주인공인 '나'는 모자를 쓰고 나팔을 불며 혼자 숲을 산책하다 사자, 코끼리, 곰, 토끼, 원숭이, 캥거루, 황새 등 숲 속의 동물들을 만난다. 숲 속의 동물들은 모두 나와 함께 따라가며 멋진 행렬을 한다. 넓은 공터에 모인 나와 동물들은 과자 먹기, 수건 돌리기, 숨바꼭질과 같은 놀이를 함께 한다. 놀이를 하던 중 나를 찾던 아버지가 나타나 집으로 돌아간다. 나는 동물 친구들과 헤어짐을 아쉬워하며 다시 놀러 오겠다고 소리친다.
매체 변경	**그림자동화**: 그림자동화는 아동의 상상력을 자극할 수 있다.
준비물	동화책, 박스, 필름지, 두꺼운 도화지, 검정 시트지, 가위, 풀, 테이프, 나무젓가락, 빛
제작과정	1. 동화책의 등장인물 그림을 두꺼운 도화지에 그린다.

제작과정	2. 등장인물 그림을 오린다.	
	3. 오린 그림을 나무젓가락에 붙인다.	
	4. 박스와 필름지, 검정 시트지를 사용하여 그림자 동화 무대를 만든다.	
	완성된 그림자동화	

제작: 김정하, 김희선, 변지혜, 안소림, 양은서.

제목	프레드릭
책 소개	**1968년 칼데콧 아너상 수상** 늦가을, 다른 들쥐들은 겨우살이 준비에 여념이 없는데 프레드릭은 다른 들쥐들처럼 양식을 모으지 않고, 태양의 따뜻한 온기와 여름에 볼 수 있는 찬란한 색깔 그리고 계절에 어울리는 낱말을 모으느라 바쁘다. 겨울이 되어 저장해 놓은 먹이가 떨어지자 프레드릭은 가을날 모아 둔 자신의 양식을 꺼내 다른 들쥐들에게 나누어 준다. 쥐들은 프레드릭이 모아 놓은 햇살과 색깔과 아름다운 낱말에 추위와 배고픔을 잊고 행복해한다.
매체변경	**자석동화**: 책 속 쥐들의 움직임을 효과적으로 나타내서 아동의 주의를 집중시키고, 아동이 직접 조작하여 자유롭게 표현하고 이야기를 꾸밀 수 있으므로 언어발달과 창의성발달에 도움이 된다.
준비물	다양한 색깔의 펠트지, 색지, 솜, 자석, 가위, 풀, 하드보드지, 실, 바늘, 유성매직, 스티로폼 공
제작과정	＊ 소품 만들기 1. 펠트지를 이용하여 바느질해 쥐를 만든다.

제작과정	2. 펠트지를 이용하여 바느질해 나무를 만든다.	
	3. 스티로폼 공을 매직으로 색칠해 열매를 만든다.	
	* 배경 만들기 1. 겨울 배경을 만든다.	
	2. 늦가을 배경을 만든다.	
	완성된 자석동화	

제작: 오지희, 이미성, 임경은, 임현화, 정소영, 조혜인.

제목	토끼 아저씨와 멋진 선물
책 소개	1963년 칼데콧 아너상 수상 엄마의 생일을 맞은 소녀는 어머니의 생일선물을 결정하기 위해 토끼 아저씨를 만난다. 무엇이 좋을지 묻는 소녀에게 토끼 아저씨는 똑같은 질문을 다시 소녀에게 묻는다. '빨간색, 노란색, 초록색, 파란색' 순서로 소녀의 엄마가 좋아하는 색깔로 만들어진 것들 중에 선물을 더 고른다. 토끼 아저씨의 도움으로 선물을 다 고른 소녀는 선물을 준비한 바구니에 담고 토끼 아저씨에게 감사의 인사를 하며 헤어진다.
매체변경	**상자동화**: 입체적인 매체를 통해 아동의 흥미를 유발하고, 감각적인 탐색이 가능하다.
준비물	박스, 펠트지, 우드락, 스티로폼 공, 펠트지, 실, 바늘, 솜
제작과정	**＊ 선물 만들기** 1. 동화책에 나온 선물의 도안을 펠트지에 그린다. 2. 도안을 오리고, 그 안에 솜을 넣은 후 바느질해 만든다.

제작과정	**＊ 상자 만들기** 1. 원형의 박스 겉면을 4등분으로 나누어 각각 빨간색, 노란색, 초록색, 파란색 펠트지로 붙인다.  2. 상자의 내부는 4등분 된 겉면에 맞추어 우드락을 세워 4등분으로 나눈다. 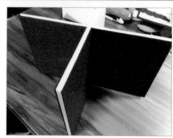 완성된 상자동화   

제작: 박재원, 김희원, 민지혜, 송희연, 이세웅, 임수연.

제목	샘과 데이브가 땅을 팠어요
책 소개	2013년 칼데콧 아너상 수상 / 2014년 케이트 그리너웨이상 수상 샘과 데이브가 지루한 일상을 벗어나게 해 줄 무언가를 찾기 위해 땅을 파기 시작한 이야기다. 컴컴한 땅속에서 하루 종일 고생만 하다 결국 아무것도 손에 넣지 못한 채 집으로 돌아왔지만 "정말 어마어마하게 멋졌어."라고 이야기한다. 반짝이는 보석이었는지, 땅속에 묻힌 보물지도였는지, 몰래 숨겨 놓은 장난감이었는지 설명해 주지 않는다.
매체변경	**애니메이션**: 반복되는 내용이 지루함을 줄 수 있으므로, 시간과 청각을 동시에 자극하여 아동의 흥미를 유발한다.
제작과정	1. 갈색 우드락 판에 하늘색 종이로 하늘과 땅을 구분한다. 2. 초록색과 연두색 한지로 땅 위의 풀을 표현하고 솜으로 구름을 만든다.

제작과정	3. 반짝이는 종이와 부직포를 사용하여 보석을 만든다. 
	4. 황토색 종이를 일정한 크기로 자른 뒤 구겨서 길을 만든다. 
	5. 샘과 데이브, 강아지 캐릭터를 인쇄하여 자른다. 
	6. 책 내용 순서에 맞게 사진을 여러 장 찍고 대사를 녹음하여 영상을 만든다. 

제작: 김유림, 김현아, 김희은, 변지영, 봉선화, 설지윤.

부록 2

전국 어린이도서관 목록

지역	도서관 이름	주소
서울특별시	국립어린이청소년도서관	http://www.nlcy.go.kr/
	구립서초어린이도서관	http://kidslib.seocho.go.kr/
	송파어린이도서관	http://www.splib.or.kr/spclib/index.jsp
	서울시립어린이도서관	http://childlib.sen.go.kr/childlib_index.jsp
	노원어린이도서관	http://www.nowonlib.kr/local/html/childrenLocation
	종암새날어린이도서관	https://sn.sblib.seoul.kr/
	하늘샘어린이도서관	https://sky.winbook.kr/
	구로꿈나무어린이도서관	http://lib.guro.go.kr/
	개봉어린이도서관	
	글마루 한옥어린이도서관	
	해오름어린이도서관	https://hor.sblib.seoul.kr/
	동작어린이도서관	http://lib.dongjak.go.kr/
	대방어린이도서관	
	도봉어린이문화정보도서관	http://www.kidlib.dobong.kr/
	마포어린이영어도서관	http://elc.mapo.go.kr/
	환원어린이도서관	https://hwanwonlib.winbook.kr/
	도봉기적의도서관	http://www.miraclelib.dobong.kr/
	용암어린이영어도서관	http://www.yelc.go.kr/index.html
	청파어린이영어도서관	http://www.celc.go.kr/index.html
	다문화어린이도서관	http://www.modoobook.org/xe/
	인표어린이도서관	http://www.inpyolib.or.kr/
	장안어린이도서관	http://www.l4d.or.kr/ddmeach/index.php?libCho=MB
	용두어린이영어도서관	http://www.l4d.or.kr/ddmeach/index.php?libCho=MC
	휘경어린이도서관	http://www.l4d.or.kr/ddmeach/index.php?libCho=MC
	이문어린이도서관	http://www.l4d.or.kr/ddmeach/index.php?libCho=MC
	남가좌새롬어린이도서관	http://lib.sdm.or.kr/main/main.asp
	산돌어린이도서관	http://www.sandolc.com/

지역		도서관 이름	주소
경기도	고양시	화정어린이도서관	http://www.goyanglib.or.kr/hwac/main/index.asp
		행신어린이도서관	http://www.goyanglib.or.kr/hangc/main/index.asp
		주엽어린이도서관	http://www.goyanglib.or.kr/juc/main/index.asp
	안산시	단원어린이도서관	http://lib.iansan.net/main.do?sitekey=6
		상록어린이도서관	http://lib.iansan.net/main.do?sitekey=5
	의정부시	의정부어린이도서관	http://ucl.uilib.net/
	이천시	이천시립어린이도서관	http://www.icheonlib.go.kr/child/
	성남시	성남시중원어린이도서관	http://cjw.snlib.net/
		성남시 판교어린이도서관	http://cpg.snlib.net/index.do
		구미어린이도서관	http://lib.libportal.co.kr/GUMI/
	화성시	두빛나래어린이도서관	http://www.hscitylib.or.kr/dbnarae/index.jsp
		둥지나래어린이도서관	http://www.hscitylib.or.kr/djnarae/index.jsp
	파주시	행복어린이도서관	http://www.pajulib.or.kr/hclib/
	수원시	반달어린이도서관	http://bandal.suwonlib.go.kr/
		지혜샘어린이도서관	http://jkid.suwonlib.go.kr/
		바른샘어린이도서관	http://bkid.suwonlib.go.kr/
		슬기샘어린이도서관	http://skid.suwonlib.go.kr/
		화홍어린이도서관	http://hwahong.suwonlib.go.kr/
		한길어린이도서관	http://happylog.naver.com/hangilkids.do
	안양시	안양시립어린이도서관	http://www.anyanglib.or.kr/hermes/web.main.SubMain.ex?command=SubMain&theme_id=child&menu_id=4703&parent_menu_id=4696&menu_name=어린이도서관&theme=child
		푸른어린이도서관	http://happylog.naver.com/greenbook.do
	시흥시	대야어린이도서관	https://www.shcitylib.or.kr/guide/Static.ax?page=Info_01
		정왕어린이도서관	
	광명시	광명옹달샘어린이도서관	http://www.gmlib.or.kr/OngdalsaemMain.do

지역		도서관 이름	주소
인천광역시		만수2동 어린이도서관	http://namdonglib.go.kr/manlib/index.jsp
		간석3동 어린이도서관	http://www.namdonglib.go.kr/ganlib/index.jsp
		반디어린이도서관	http://bandylib.tistory.com/
		진달래어린이도서관	http://happylog.naver.com/jdr0313.do
		부개어린이도서관	http://www.bppl.or.kr/mainIndexLib.do?libcd=2
		아름드리어린이도서관	http://happylog.naver.com/armdri.do
		신나는어린이도서관	http://happylog.naver.com/sinnakid.do
		짱뚱이어린이도서관	http://happylog.naver.com/chd6725.do
		송도국제어린이도서관	http://www.yspubliclib.go.kr/egovMain.do
		연수어린이도서관	
		부평기적의도서관	http://www.bppl.or.kr/mainIndexLib.do?libcd=5
		길벗어린이도서관	http://gilbutchildlib.modoo.at/
강원도	춘천시	담작은도서관	https://dam.winbook.kr/customer/Mainlayout.aspx?lib_code=P7065822
	양양군	의상어린이도서관	http://www.musanwf.org/kid_lib/
	홍천군	두란노어린이도서관	http://happylog.naver.com/tyrannus1.do
충청북도	청주시	청주기적의도서관	http://www.cjmiraclelib.com/
		청주신율봉어린이도서관	http://library.cheongju.go.kr/lib-sy/index.do
	제천시	제천기적의도서관	http://www.kidslib.org/vishome/
충청남도	서산시	서산어린이도서관	http://www.ssclib.or.kr/
	금산군	금산기적의도서관	http://library.geumsan.go.kr/
대전광역시		한밭어린이도서관	http://child.hanbatlibrary.kr/child.do
		알짬마을 어린이도서관	http://happylog.naver.com/alzzam66.do
		퍼스트서구 어린이도서관	http://childlib.or.kr/flow/
		해뜰마을어린이도서관	http://cafe.naver.com/gwanjeotown
		모퉁이어린이도서관	http://cafe.daum.net/cornerlib/
		꾸러기어린이도서관	http://cafe.daum.net/biraechildren/

지역		도서관 이름	주소
경상북도	구미시	경상북도립구미어린이도서관	http://www.gumilib.go.kr/gumi_child/index.html
	청도군	청도어린이도서관	http://lib.cd.go.kr/
대구광역시		달서어린이도서관	http://www.dalseolib.kr/index.php
		서구어린이도서관	http://kids-lib.dgs.go.kr/
		고산어린이도서관	http://library.suseong.kr/beomeo/library/03.htm
		남구다문화어린이도서관	http://www.dgmodoo.com/
		그루터기어린이도서관	http://happylog.naver.com/stumptroot.do
		햇빛따라도서관	http://happylog.naver.com/seogumun.do
경상남도	진주시	마하어린이도서관	http://mahacl.com/
		어린이전문도서관	http://www.jinjulib.or.kr/001/sub1_01.php
		비봉어린이도서관	
		도동어린이도서관	
	김해시	김해기적의도서관	http://lib.gimhae.go.kr/02libraryinfo/03_05.asp
	창원시	창원다문화어린이도서관	http://www.mlibrary.or.kr/
		진해기적의도서관	http://www.jhml.or.kr/_jhml_public_html/category/main.php
	사천시	사천시어린이영어도서관	http://elc.sacheon.go.kr/
울산광역시		옥현어린이도서관	http://book.ulsannamgu.go.kr/
		작은도서관 책마을	http://cafe.daum.net/dream-book/
		울산기적의도서관	https://www.usbl.or.kr/infor/infor04_02.html
부산광역시		부산여자대학교 어린이도서관	http://magic.bwc.ac.kr/
		보수동책방골목어린이도서관	http://blog.naver.com/okelib
		더불어 어린이도서관	http://cafe.daum.net/donghoarang/
		재송어린이도서관	http://jschildlib.haeundae.go.kr/
		정관어린이도서관	http://jgchildlib.gijang.go.kr/

지역		도서관 이름	주소
전 라 북 도	정읍시	정읍기적의도서관	http://jmlib.jeongeup.go.kr/
	전주시	전주책마루어린이도서관	https://bookfloor.winbook.kr/customer/Mainlayout.aspx?lib_code=P7068093
전 라 남 도	순천시	순천기적의도서관	http://www.scml.or.kr/
	목포시	목포어린이도서관	http://www.mokpochildlib.or.kr/main/
	장흥군	장흥공공도서관-어린이도서관	http://www.jhlib.or.kr/sub/page.php?page_code=child_01
광주광역시		광주광역시립도서관-어린이도서관	http://www.citylib.gwangju.kr/main/sub.php?mno=6
		기아꿈터어린이도서관	http://cafe.naver.com/kiadreamlib/
		꿈틀어린이작은도서관	http://cafe.daum.net/ggumt
		운남어린이도서관	http://lib.gwangsan.go.kr/cms/bbs/dk_content.php?ht_id=intro_05&tab_num=4
		단비어린이도서관	http://www.childfund-kwangju.or.kr/service/service05.htm
제주특별 자치도		설문대어린이도서관	http://www.seoli.kr/
		제주기적의도서관	http://lib.jeju.go.kr/lib/use/LIB004
		서귀포기적의도서관	http://lib.jeju.go.kr/lib/use/LIB012

저자소개

성미영(Sung, Miyoung)
서울대학교 대학원 아동학박사
서울법원어린이집 원장
서울시 서초구 · 강북구 보육정책위원
서경대학교 아동학과 교수
현 동덕여자대학교 아동학과 교수

민미희(Min, Mihee)
서울대학교 대학원 아동학박사
서울법원어린이집 원감
(재)한국보육진흥원 팀장
현 서경대학교 아동학과 교수

정현심(Jung, Hyunsim)
서울대학교 대학원 아동학 박사
SK하이닉스어린이집 원장
서울대학교 어린이보육지원센터 백학어린이집 원장
현 한국방송통신대학교 생활과학과 강의교수

김효영(Kim, Hyoyoung)
서울대학교 대학원 아동학석사
SK하이닉스어린이집 교사
비룡소 출판사 편집부 팀장

아동문학교육

Children's Literature Education

2016년 6월 20일 1판 1쇄 발행
2019년 9월 10일 1판 2쇄 발행

지은이 • 성미영 · 민미희 · 정현심 · 김효영
펴낸이 • 김진환
펴낸곳 • (주) **학 지사**
　　　　 04031 서울특별시 마포구 양화로 15길 20 마인드월드빌딩
대표전화 • 02)330-5114　　　팩스 • 02)324-2345
등록번호 • 제313-2006-000265호

홈페이지 • http://www.hakjisa.co.kr
페이스북 • https://www.facebook.com/hakjisa

ISBN 978-89-997-0965-4 93370

정가 20,000원

이 도서의 국립중앙도서관 출판시도서목록(CIP)은 서지정보유통지
원시스템 홈페이지(http://seoji.nl.go.kr)와 국가자료공동목록시스템
(http://www.nl.go.kr/kolisnet)에서 이용하실 수 있습니다.
(CIP 제어번호: CIP2016012621)

출판 · 교육 · 미디어기업 **학 지사**

간호보건의학출판 **학지사메디컬** www.hakjisamd.co.kr
심리검사연구소 **인싸이트** www.inpsyt.co.kr
학술논문서비스 **뉴논문** www.newnonmun.com
원격교육연수원 **카운피아** www.counpia.com